DAS LEBEN PASSIERT FÜR DICH

Mit Mukoviszidose und Rucksack
um die Welt

DENISE YAHRLING

1. Auflage, 2017

Wiesbadener Straße 1
40225 Düsseldorf
www.travelousmind.com

Lektorat & Klappentext: Katharina Perlbach

Umschlaggestaltung: Susanne Kreutzmann
www.su-kahpunkt.de

Umschlagfoto: Florian Schulz
Foto, Autorentext: Loan Temming

Druck: Buch- und Offsetdruckerei Häuser KG

ISBN **978-3-9819145-0-4**

Die Namen und charakteristischen Identifikationsmerkmale der meisten Personen, die in diesem Buch auftreten, wurden abgeändert. Trotz dass die Ereignisse in diesem Buch der Wahrheit entsprechen, wurden sie teilweise verdichtet, gekürzt oder neu angeordnet. Alle Ereignisse, sowie Dialoge, habe ich, laut meiner Erinnerung, so genau wie möglich wiedergegeben.

Denise Yahrling, 1991 in Bernkastel-Kues geboren, ist leidenschaftliche Reisende, Mediengestalterin, Teilzeitnomadin und schreibt seit Anfang 2016 auf ihrem Blog, Travelous Mind, über das Leben und Reisen mit chronischer Erkrankung, sowie über Themen wie Persönlichkeitsentwicklung, Selbstreflexion und Achtsamkeit. Denise lebt seit ihrer Geburt mit der chronischen Stoffwechselerkrankung, Mukoviszidose, die sie dennoch nicht von ihrer größten Leidenschaft, dem Reisen, abhält.

Vorwort

Unendlich viele Ereignisse haben stattgefunden und auch mussten sie in meinem Leben einfach stattfinden, bevor dieses Buch zustande kommen konnte. Große, sowie kleine Dinge, ergeben zusammengefügt den Moment, den wir das **Jetzt** nennen. All diese Momente im Laufe unseres Lebens bringen uns irgendwann an einen Punkt, an dem wir, wenn wir dieses Glück denn erleben dürfen, realisieren, dass alles um uns herum eine harmonische, fantastische Fügung von Dingen, Momenten, Eindrücken und Elementen ist und dass wir ein Teil dieses großen Ganzen sind. Ich möchte dir von meiner Reise erzählen, die mich zu diesem Moment, zu diesem Augenblick, an dem plötzlich alles zusammenkam und einen höheren Sinn ergab, hingeführt hat.

Bislang bin ich nie ein spiritueller Mensch gewesen. Ich habe nie an irgendeine höhere Macht geglaubt, geschweige denn an einen Gott. In der Kirche schaute ich oft nur mit einem fragenden Blick drein und dass es irgendeine Instanz geben konnte, die uns im Leben leitet und in schlechten Zeiten auffängt, war für mich undenkbar. Doch während ich diese Zeilen schreibe, die Zeilen dieses Buches, das du gerade in den Händen hältst, tue ich genau das: Ich lasse mich bewusst leiten.

Was diese Instanz ist, die mich bei der Hand zu nehmen und liebevoll neben sich her zu ziehen scheint und wo sie herkommt, das kann ich dir nicht sagen. Ich weiß nichts besser als du und daher ist dieses Buch nicht zum Zwecke geschrieben, dich zu belehren oder dich von der Existenz einer höheren Macht zu überzeugen. Es ist eher ein Appell an dich- in dich hineinzuhorchen und auf diese Stimme zu hören, die in dir drin ist, denn sie weiß eigentlich schon alles. Alles, was du brauchst in diesem Leben, ist in dir. Wir müssen „nur“ lernen, in das Leben zu vertrauen und unser Herz für neues zu öffnen. Unserer inneren Stimme zu lauschen und uns von ihr leiten zu lassen.

Ich werde lediglich meine Geschichte mit dir teilen- was danach kommt oder was du damit machst, liegt ganz bei dir.

"In dem Augenblick, in dem man sich endgültig einer Aufgabe verschreibt, bewegt sich die Vorsehung auch.
Alle möglichen Dinge, die sonst nie geschehen wären, geschehen um einem zu helfen.
Ein ganzer Strom von Ereignissen wird in Gang gesetzt durch diese Entscheidung und sie sorgt zu den eigenen Gunsten für zahlreiche unvorhergesehene Zufälle, Begegnungen und materielle Hilfen, die sich kein Mensch vorher je erträumt haben könnte.
Was immer du kannst oder dir vorstellst, dass du es kannst, beginne es. Kühnheit trägt Genie, Macht und Magie in sich. Beginne es!"

- Johann Wolfgang von Goethe

2. Mai 2012

„Ich liege in meinem Bett und starre in Richtung Decke, ohne mit den Augen einen festen Punkt anzufixieren. Ich fühle eine unendliche Leere in mir und um mich herum. Bruchstücke von Gedanken erscheinen in meinem Kopf, nur um im nächsten Moment wieder zu verschwinden. Ich habe Hunger und wage mich dennoch nicht aus meinem Bett, um in die Küche zu laufen, geschweige denn einen Topf Wasser aufzusetzen, um mir einfache Nudeln mit Soße zuzubereiten. Nicht einmal um die Fernbedienung zu holen und den Fernseher einzuschalten, kann ich mich rühren.

Ich weiß nicht, was ich will. Ich weiß nicht, wofür ich kämpfen soll oder wofür ich mich überhaupt noch einsetzen will. Und ich weiß vor allem nicht, wie ich es schaffen soll, mich selbst wieder für irgendetwas zu begeistern oder zu motivieren. Meine Zukunft liegt schwammig und schwer greifbar, wie von einer dichten Nebelwand verdeckt, vor mir. Ich habe keinen blassen Schimmer, was mit mir los ist, was diese Hoffnungslosigkeit und fehlende Vorstellung meiner eigenen Zukunft hervorgerufen hat. Ich erkenne mein altes Selbst nirgends in mir wieder. Ich fühle mich wie ein Körper ganz ohne Seele. Ein lebloses Etwas.

Ich schließe die Augen wieder und schlafe ein, um meinen eigenen Gedanken zu entkommen."

TEIL I

Mein Aufbruch

„Verdammt, ist das viel Zeugs,“ sagte ich zu mir selbst, als ich das Sammelsurium an Dingen, die ich auf meine geplante, zweimonatige Reise mitnehmen würde, auf dem Bett verteilt betrachtete. Dort lagen ein dickes Spanisch-Deutsch Wörterbuch, ein Spanisch-Übungsbuch, eine faltbare Landkarte Spaniens, eine kleine Isomatte, ein Reisekissen, zwei ultraleichte, schnelltrocknende Reisehandtücher, eine Auswahl an Tops, Shorts, Unterwäsche, eine Kargohose, zwei Bikinis, zwei Pullis, eine Regenjacke, Stifte, meine Digitalkamera, einige Päckchen Kontaktlinsen, Kosmetika, Shampoos und Cremes. Hinzu kam außerdem die Sammlung an Medikamenten, in Form von Tabletten, Inhalationslösungen und Inhalatoren, die ich alle zur Behandlung meiner chronischen Lungenerkrankung, Mukoviszidose, benötigte. Ich hatte die Medikamente aus ihren Verpackungen genommen, sauber in Ziplocktüten gepackt und diese dann mit den Etiketten des jeweiligen Medikamentes versehen, damit man an der Sicherheitskontrolle auf einen Blick erkennen konnte, um welchen Inhalt es sich in den Tüten handelte. Ich würde außerdem ein kleines Taschenmesser mitnehmen, ein Reisewaschmittel, einen Sarong, verschiedene Ladekabel, ein Notizbuch und drei Paar Schuhe. Neben all diesen Dingen lag mein 80L-Rucksack, den ich am Flughafen aufgeben würde und in den wahrscheinlich ein halbes Rind gepasst hätte, und mein kleinerer Rucksack, der als mein Handgepäck dienen sollte. Ich stopfte alles in meine beiden Rucksäcke hinein und zum Schluss befestigte ich noch meinen Schlafsack am unteren Ende des großen Rucksacks. Zur Probe hievte ich das Monstrum auf meinen Rücken und auch wenn die Tasche unerträglich schwer war, fühlte ich mich unendlich stolz.

Ich würde in meine allererste Soloreise starten. Zwei Monate durch Spanien tingeln, ganz allein. Mich überkam eine leichte Angst, wenn ich darüber nachdachte, dass ich ganz allein unterwegs sein würde, doch dann dachte ich an all die Blogs, die ich gelesen hatte, in denen beschrieben wurde, dass man beim Backpacken selten einsam wäre, weil man unheimlich schnell Leute kennenlernte. Auch dass dies meine allererste Reise sein würde, bei der ich hinsichtlich meiner Erkrankung ganz auf mich gestellt sein würde, gab mir in dem einen oder anderen Moment ein Gefühl der Verunsicherung, denn schließlich war es nicht ganz „normal" mit einem Rucksack voller Medikamente und einer recht schweren, chronischen Erkrankung in die Welt aufzubrechen. Dennoch wollte ich mich nicht von Gedanken wie diesen abhalten lassen. Ich betrachtete mich selbst, mit der Riesenladung auf meinem Rücken, im Spiegel und mir wurde plötzlich klar, dass etwas wirklich Großes bevorstand.

Nach vielem Lesen verschiedener Reiseblogs, dem Durchstöbern einiger Reiseführer und nach viel Träumerei, hatte ich etwa zwei Monate zuvor beschlossen, auf meine erste Solo-Backpackingreise loszuziehen. Sobald die Idee sich in meinem Kopf manifestiert hatte, konnte ich sie nicht mehr abschütteln. Ich verbrachte Stunden im Internet und recherchierte, wohin ich reisen wollte, welche Orte mich reizten und welche Unterkünfte mir am besten gefielen. Ich schrieb Listen, wofür ich wohl wie viel ausgeben müsste und wie viel Geld ich im Gesamten brauchen würde, ohne an jeder kleinsten Ecke sparen zu müssen. Ich hatte meine Route ziemlich genau geplant. Es sollte in den Süden Spaniens gehen und von dort wollte ich mich Richtung Zentrum des Landes bewegen, um meine Reise dann in Barcelona abzuschließen. Von hier hatte ich auch schon meinen Rückflug gebucht. Dass eine so genaue Routenplanung bei einer Backpackingreise wie dieser eher witzlos war, würde ich erst später lernen.

Was das Ziel meiner Reise war? Diese Frage stellten mir so einige Menschen in in meinem Umfeld zu jener Zeit. Auch fragte man mich, ob ich eigentlich noch alle Tassen im Schrank hätte, so ganz alleine loszuziehen. Meine Absicht war es hauptsächlich, Neues zu entdecken und meinen Abenteuergeist zu füttern, um dann mit gestilltem Reisehunger in mein altes Leben zurückzukehren. Zu meinem Leben als 22-jährige Mode-Studentin, die vor kurzem mit ihrem langjährigen Freund in einer schönen Wohnung auf einem Bauernhof am Rhein zusammengezogen war und voraussichtlich in 1 bis 2 Jahren heiraten und das erste Kind kriegen würde. So sah meine Zukunft zu jener Zeit aus, auch wenn ich mich nie bewusst für eine solche Zukunft entschieden hatte. Wie unglücklich ich tatsächlich war, war mir selbst noch gar nicht so bewusst, wenn auch viele Dinge darauf hinwiesen. Ich hatte eher das Gefühl, einfach so vor mich hin zu dümpeln. Ich lebte in einer Art Blase, machte jeden Tag mein Ding, hinterfragte wenig und hatte keinen wirklichen Bezug zur „Welt da draußen“. Auf diese Reise loszuziehen war rückblickend mein persönlicher Hilfeschrei, ein Aufruf meines Unterbewusstseins, etwas zu verändern, herauszufinden, was es sonst so da draußen noch gibt und mein Leben überhaupt zum ersten Mal zu hinterfragen. Kurz gefasst: Ich musste einfach nur mal **raus**.

All das war mir, ehrlich gesagt, noch nicht so bewusst und ich ahnte zu jenem Zeitpunkt auch nicht, was diese Reise in meinem Leben bewegen würde. Ich wusste nicht, welchen Einfluss sie auf meine Beziehung und meinen weiteren Lebensweg haben würde. Ich wusste nur instinktiv, dass es das Richtige war, wenn auch alles andere in meinem Leben eher unklar und schwammig war.

Off and Away

Ich saß am Gang der Boeing 737 von Ryanair und schaute auf die Stewardess, deren Sicherheitsanweisungen ich nicht hörte, weil schon laute Musik aus meinem iPod in meine Ohren tönte und beobachtete ihre Bewegungen, als würde ich einen Stummfilm betrachten. Ich spürte die Nervosität und Vorfreude- in meinem Bauch, in meinem Kopf und in meiner Brust. Es war, als würde ich das erste Mal in meinem Leben etwas alleine machen, das erste Mal dem nachgehen, was mein Herz mir zugeflüstert hatte. Ich fühlte mich so, als würde ich alles mir Bekannte hinter mir lassen und in ein völlig anderes Universum fliegen. Meine Hände schwitzten und mein Herz raste, nicht nur wegen der Reise, die bevorstand, sondern auch weil ich ein wenig unter Flugangst litt. Ich schaute mich um und traf mit meinen Augen den Blick meines Sitznachbarn, der mir zulächelte und fragte, ob alles OK bei mir sei. Ich nickte glücklich. Er war ein sympathisch-aussehender, grauhaariger Mann, der scheinbar mit seiner Frau verreiste. Plötzlich fühlte ich mich sehr, sehr jung und es überkam mich ein Gefühl von Angst.

Hatte ich mir da zu viel vorgenommen? War das nicht unglaublich gefährlich, alleine zu verreisen, ganz besonders weil ich so unerfahren war? Konnte das alles wirklich gut gehen und wäre ich nicht besser dran, würde ich einfach in meiner Blase bleiben?

Bevor allerdings das Kopfkino losgehen konnte, entschied ich mich dazu, die Ruhe zu bewahren. Ich holte mir ins Bewusstsein, dass ich bis ins kleinste Detail schon alle Szenarien in meinem Kopf durchgespielt und mich auch dementsprechend ausgiebig vorbereitet hatte. Ich ging noch einmal vorsichtig alles im Kopf durch. Ich hatte all meine Medikamente, vor allem jene für den Notfall und ich hatte all meine Dokumente- das waren die allerwichtigsten Dinge. Alles, was ich darüber hinaus hätte vergessen können, wäre zumindest nicht fatal gewesen, weil ich alles andere auch vor Ort hätte kaufen können. Ich atmete tief durch und beschloss, von nun an einfach zu vertrauen. In das Leben, in mich selbst und in meine Fähigkeit, vorausschauend zu denken und vernünftig zu handeln. Es würde alles schon gut werden. Ich lauschte wieder meiner Musik und spürte erneut die Vorfreude, groß und laut und bunt in mir, und ließ mich voll und ganz auf dieses Gefühl ein.

Bei dem Anblick der Berge und Palmen um mich herum machte mein Herz gefühlt tausend Sprünge. Auch wenn ich schon den ein oder anderen Flug angetreten hatte, war ich plötzlich von der Tatsache, dass ich nur drei Stunden zuvor noch in Deutschland gewesen und nun auf einmal hier war, total fasziniert. Ich machte mich voller Freude auf den Weg ins Flughafengebäude vom Flughafen in Málaga, um meinen Monsterrucksack abzuholen und ging dann zu den Schaltern, an denen Autos vermietet wurden. Ich hatte im Voraus einen Mietwagen für die erste Woche gebucht, denn ich wollte diese erste Woche nutzen, um ein wenig durch die Sierra Nevada zu fahren, mich mit der Natur zu verbinden und vor allem um runterzukommen. Nachdem ich allerdings mit der netten, adrett gekleideten Dame am Schalter gesprochen hatte, stellte sich heraus, dass ich, neben der ersten Tankfüllung und einer Gebühr für Jungfahrer, auch noch eine Extra-Gebühr dafür zahlen musste, dass ich keine „echte" Kreditkarte, sondern lediglich eine Prepaid- Kreditkarte besaß (Ja, so etwas gibt es!). Insgesamt durfte ich über 200€ zusätzlich zahlen und das an meinem allerersten Reisetag. Hallelujah.

Natürlich ärgerte ich mich darüber, dass ich mich scheinbar vorher nicht gründlich genug informiert hatte, schüttelte den ersten Schrecken allerdings wieder ab und machte mich auf den Weg zu meinem Mietauto- mein Wegbegleiter für die kommende Woche. „Mich kann niemand bremsen," dachte ich mir. Dann machte ich mich direkt auf den Weg zur nächsten Decathlon-Filiale, einem Camping- und Sportausstatter und meinem absoluten Lieblingsladen, um mir dort ein Zelt und einen kleinen Gaskocher samt Aluminium-Topf zu kaufen. Ich befand es als äußerst schlau von mir, denn so hatte ich das Zeug nicht aus Deutschland mitnehmen müssen, sondern konnte ganz gemütlich mit meinem Auto bei Decathlon vorfahren und das Gekaufte direkt in meinem Kofferraum deponieren.

Leider hatte ich jedoch nicht bedacht, dass mein Ankunftstag ein Sonntag war und Decathlon bedauerlicherweise zu hatte. Ich musste einsehen, dass mein ausgeklügelter Plan doch nicht ganz so ausgeklügelt war, denn nun hatte ich keinen Schlafplatz für meine allererste Nacht auf meiner allerersten Soloreise. „Und jetzt?...," schoss es mir durch den Kopf. Ich beschloss also, meine erste Nacht auf der Rückbank des süßen, kleinen Kia Picanto zu verbringen. Würde ja mit Sicherheit auch irgendwie ein cooles Erlebnis werden! Bis ich losfuhr und feststellte, dass ich mich definitiv nicht trauen würde, einfach irgendwo zu parken und als Frau alleine auf der Rückbank meines Autos zu schlafen. Also tat ich, was vermutlich jeder getan hätte: Ich suchte auf meiner Landkarte einen Campingplatz heraus und mietete mich ein, um mein Auto auf eine der Parzellen des Campingplatzes abzustellen und dann in diesem zu schlafen. Es mag albern gewirkt haben, doch ich fühlte mich definitiv sicher. Ich spannte, eher für ein authentisches Feeling als für alles andere, eine Wäscheleine zwischen meinem Auto und einem Baum und verteilte darauf die Klamotten, die ich an dem Tag getragen hatte. Ich fühlte mich irgendwie frei, denn ich wusste, dass ich die ganzen nächsten beiden Monate jeden Tag genau das tun und lassen konnte, was ich wollte- und das war ein ziemlich tolles Gefühl.

Die Nacht war nicht die angenehmste, die ich je verbracht habe. Ich wurde geplagt von Mücken, die durch die offenen Fenster herein geflogen kamen. Da die Hitze im Auto unerträglich war, hatte ich mit offenem Fenster schlafen müssen. Gemütlich war es auch nicht unbedingt, aber es war definitiv auszuhalten. Am nächsten Morgen wachte ich mit einem sehr mulmigen und unguten Gefühl auf. Nachdem ich gefrühstückt hatte, ging ich die wenigen Schritte bis zum Meer und kletterte auf einen Felsen, der darüber hinausragte.

Ich beobachtete das Meer und die Wellen und merkte, wie es eine tiefe Ruhe ausstrahlte, die jedoch nicht so richtig in mir ankam. Stattdessen schreckte ich innerlich jedes Mal ein wenig zusammen, wenn eine Welle kraftvoll gegen den Felsen schlug, auf dem ich saß. Ich bemerkte, wie eine tiefe Angst in meinen Knochen saß und konnte mir nicht erklären, wo sie herkam. Ich fühlte mich zutiefst verunsichert und einsam und der Gedanke, dass ich mir zu viel vorgenommen hatte, schoss mir wieder durch den Kopf. Ich dachte über die letzten Wochen nach, wie stressig alles vor meiner Abreise gewesen war, wie ich meine letzten Nähaufträge in Kürze hatte erledigen müssen, wie meine Uroma, die ich seit meiner Kindheit nicht mehr gesehen hatte und in den USA lebte, vor einigen Tagen gestorben war, wie mein letzter Abend in Deutschland ein ungutes Gefühl in mir hinterlassen hatte.. All das schwirrte nun in meinem Kopf herum und ich wusste nicht, wie ich all diese Dinge verarbeiten sollte.

Mein Plan war es eigentlich gewesen, von Málaga aus mit dem Auto gen Osten zu fahren, doch ich entschied, dass es mir nun gut tun würde, stattdessen an einen Ort zu fahren, an dem ich schon mal gewesen war. Ich entschied mich dafür, nach Granada zu fahren, ein Ort, an dem ich bereits einmal mehrere Wochen in einer Sprachschule verbracht hatte und der mir damals sehr ans Herz gewachsen war. Ich wusste, dass ich jetzt etwas Bekanntes brauchte, um mich erst einmal wieder zu erden.

Dieser Gedanke heiterte mich etwas auf und ich zog los.

Mukoviszidose

An dieser Stelle möchte ich dir gern, um den weiteren Verlauf der Geschichte etwas besser verstehen zu können, einmal erklären, was Mukoviszidose überhaupt ist und wie sie sich auf Erkrankte auswirkt, bzw. auswirken kann. Ich werde bei meinen Erzählungen die Realität nicht verzerren und möchte weder unter- noch übertreiben, sondern ehrlich und offen das Leben mit der Erkrankung schildern. Auch wenn im Verlaufe dieser Geschichte die ein oder andere Sache klarer werden wird, hilft es vielleicht, von vorn herein eine allgemeine Vorstellung dieser recht heimtückischen Erkrankung zu bekommen.

Mukoviszidose ist eine der häufigsten, angeborenen Stoffwechselerkrankungen, die vor allem die Lunge aber auch alle anderen Organe betrifft. Aufgrund eines Gendefektes ist der Salz- und Wassertransport im Körper gestört, sodass ein zähflüssiges Sekret entsteht. Dieses Sekret „verklebt" speziell die Lunge und auch andere Organe, wie zum Beispiel die Bauchspeicheldrüse, was dazu führt, dass diese mit der Zeit dauerhaft beschädigt werden und eine medikamentöse Behandlung unumgänglich ist.

Das Leben mit Mukoviszidose erfordert mehrere Inhalationen täglich, regelmäßigen Sport und Bewegung und die Einnahme vieler verschiedener Medikamente in Tablettenform, speziell um die Funktion der Organe zu unterstützen. Die meisten Mukoviszidose-Betroffene müssen außerdem in regelmäßigen Abständen Antibiotikatherapien durchführen, wobei Antibiotika im Allgemeinen intravenös, also per Infusion, über eine Dauer von zwei Wochen mehrmals täglich verabreicht werden.

Während das Leben mit der Erkrankung noch vor wenigen Jahrzehnten nur schwer umsetzbar war, liegt die durchschnittliche Lebenserwartung heute bei mittlerweile etwa 40 Jahren. In Deutschland leben etwa 8000 Menschen mit Mukoviszidose und jedes Jahr kommen rund 200 Kinder mit CF (CF= Cystic Fibrosis, englisch für „Mukoviszidose") auf die Welt. Wird ein Kind heutzutage mit Mukoviszidose geboren, ist die Wahrscheinlichkeit, die Erkrankung frühzeitig zu erkennen, sehr groß, sodass entsprechend gehandelt werden kann und die Chancen, ein normales Leben zu führen, immer besser stehen.

Eines der größten Probleme bei der CF, das zu einer Verschlechterung der allgemeinen Lungenfunktion führen kann, sind Keime, die sich in der Lunge festsetzen können, sowie Viren und Bakterien, die ein Betroffener einfangen kann. So kann eine ganz „normale“ Erkältung schnell auf die Lunge schlagen und im schlimmsten Falle zum Beispiel in eine Lungenentzündung ausarten.

Wie die Krankheit sich im Gesamten auf eine Person auswirkt, variiert stark von Patient zu Patient. Der Zustand ist von vielen verschiedenen Faktoren abhängig, demnach kann ein Erkrankter möglicherweise viele Jahrzehnte leben, ohne großartig von der Erkrankung eingeschränkt zu werden, während manch anderer schon in jungem Alter eine externe Sauerstoffzufuhr benötigt und sehr regelmäßig Besuche in der Klinik abstatten muss. Dies hängt unter anderem auch von der Keimbesiedlung in der Lunge ab.

Obwohl die Entwicklung in der Forschung immer schneller voranschreitet, ist Mukoviszidose bis heute nicht heilbar, mit einer guten Behandlung und viel Motivation und Ehrgeiz jedoch, lässt es sich in den meisten Fällen gut mit der Erkrankung leben.

Das Fundament

Es erstaunt mich immer wieder, wie die Dinge im Leben zusammenkommen, wie sehr alles zusammenpasst und sich daraus Dinge ergeben, die vollkommen und logisch erscheinen. Dass meine Eltern überhaupt in der Lage waren, mit einer derartigen Situation, wie sie sich ihnen bei meiner Diagnose im Alter von zwei Jahren darbot, so umzugehen, wie sie es getan haben, ergründet sich schon viel, viel früher..

Meine Mutter, die stärkste, gutherzigste und einfühlsamste Person, die ich kenne, wurde 1965 im kleinen und ruhigen Morbach im Hunsrück geboren, als Tochter zweier Bürofachangestellter. Meine Mutter war in den Augen meiner Großeltern ein absolutes Geschenk und ein Goldkind, das sie gern mit all ihrer Liebe und Fürsorge überschütteten. Mein Opa war kein Mann vieler Worte, doch sein Herz war unheimlich groß. Wenn ich an ihn denke, erinnere ich mich nicht an viele Gespräche, doch allein wie er strahlte, wenn er mit uns spielte und Zeit mit uns verbrachte, zeigte, wie liebevoll und gutherzig er war. Nachdem er in Folge einer Kriegsverletzung in Frührente gegangen war- er wurde im zweiten Weltkrieg von zwei Kugeln am Kopf erwischt- begann er, sehr viel im Haus zu machen. Er brachte meiner Mutter bei, wie man Reifen wechselte, malerte und Dinge im Haus reparierte. Die Beziehung zwischen meinen Großeltern hingegen war geprägt von Streitereien, von Funkstillen und gegenseitigen, zum Teil sehr großen Schuldzuweisungen. Meine Oma, ein sehr großzügiger und gutherziger Mensch, war zwar gelernte Bürokauffrau, hatte allerdings immer eine sehr soziale Ader, genau wie meine Mutter, die heute im sozialpädagogischen Bereich und als Deutschlehrerin für Flüchtlinge arbeitet. Vor ihrer Ehe und Rolle als Mutter hatte meine Oma in einem Heim mit behinderten Kindern gearbeitet. Hierin war sie wirklich aufgegangen und bereut bis heute, dass sie diese Tätigkeit später im Leben nicht weitergeführt hat. Oft nahm sie später Studenten bei sich und meinem Opa in ihrem riesigen Haus in Morbach auf und übernahm mehrere Patenschaften für Waisenkinder in Afrika.

Als meine Mutter zur Welt kam, waren meine Großeltern gerade ein Jahr verheiratet. Sie hatten eigentlich viele Kinder bekommen wollen, es war jedoch dann doch nie dazu gekommen. Meine Mutter hatte eine sehr schöne Kindheit, wie sie stets berichtet. Sie durfte immer viel unternehmen, konnte ihre Freunde mit nach Hause bringen, durfte Parties bei sich feiern und unternahm auch einige Reisen, zum Teil bereits in jungen Jahren. Zwar hatte sie, abgesehen von einer Cousine, die ihre Eltern aufgrund einer tragischen Krankheit in der Familie, adoptiert hatten, keine Geschwister. An Freunden mangelte es jedoch nie. Andere Dinge dagegen bewerteten meine Großeltern strenger. Gerade was das Rauchen und Trinken anbelangte, stellte man sich sehr quer, was meine Mutter natürlich trotzdem nicht davon abhielt, mit 16 Jahren mit dem Rauchen anzufangen. Sie brachte immer gute Noten nach Hause, war auch sonst sehr vernünftig und verantwortungsvoll, weshalb sie es sich somit erlauben konnte, außer Haus zu tun und zu lassen, was sie wollte. Seit ich denken kann, ist meine Mutter immer sehr vernünftig gewesen- sehr anständig, jedoch nie konservativ oder spießig.

Ihre Jugend verbrachte meine Mutter teils in ihrer Heimat Morbach oder in den nächstgelegenen, größeren Orten Trier oder Bernkastel-Kues, wo sie später auch auf das Gymnasium ging und viele ihrer Freunde hatte. Mit gerade mal 12 Jahren unternahm sie ihre erste Reise und zwar nach Liberia, wo sie ihre Cousine, deren Mann und Sohn besuchen sollte. Da meine Oma selbst nie gereist war, war es ihr wichtig, dass zumindest ihre Tochter viel von der Welt sah, dennoch konnte meine Mutter nie von einer sehr starken inneren Reiselust sprechen- das würde wohl mir vorbehalten bleiben. Für meine Mutter war es natürlich ein wahres Erlebnis in so jungem Alter in eine so völlig andere Welt einzutauchen. Es war in Liberia unheimlich heiß und schwül, sie bekam nach kurzer Zeit einen Magen-Darm-Infekt und besonders an die vielen Kakerlaken erinnert sie sich bis heute. Ihre Familie lebte zwar in einem schönen Haus, denn der Mann ihrer Cousine arbeitete vor Ort, doch die restlichen Gegenden, die sie mal besuchten, bestanden zum Teil aus den einfachsten Lehmhütten. Hier kam meine Mutter also schon mit dem Thema Armut in Kontakt, was sicher auch dazu beitrug, dass sie heute beruflich das tut, was sie tut.

Nach ihrem Abitur und einer darauf folgenden, kurzen Reise nach Kalifornien, zog sie nach Düsseldorf, um Anglistik auf Lehramt zu studieren. Das Studium machte ihr nicht sonderlich viel Spaß, dennoch zog sie es zunächst durch und verbrachte dann, im späteren Verlaufe ihres Studiums ein Auslandssemester in den USA, diesmal in Seattle an der University of Washington. Hier entwickelte sie ein ganz neues Verhältnis zum Studieren, denn ein amerikanisches Studium sah maßgeblich anders aus, als das, was wir in Deutschland kennen. Sie liebte die alten Gebäude auf dem schönen Campus und genoss es auch, einmal wirklich gefordert zu werden. Hier konnte man sich seine Zeit nicht so frei einteilen, wie es in Deutschland der Fall war, es gab einen recht strengen Lehrplan und die Studenten mussten meist pro Woche ein Buch lesen, bearbeiten und eine Hausarbeit darüber schreiben. Sie genoss die Zeit außerdem sehr, da sie in diesem halben Jahr mit ihrem damaligen Freund, den sie in Deutschland kennen gelernt hatte, zusammen leben konnte- eine spannende Erfahrung für eine junge Frau. Die Beziehung mit Brian hielt noch eine ganze Weile, doch irgendwann verlief sie sich im Sand. Bis auf eine sehr schmerzvolle Beziehung in jungen Jahren, seien all ihre Erfahrungen in diesem Bereich durchweg positiv gewesen, sagt meine Mutter immer. Sie hatte immer lange Beziehungen, die „ziemlich rund" liefen.

Und dann traf sie eines Tages meinen Vater.

Mein Vater ist ebenfalls ein Mensch, zu dem ich immer aufgesehen habe und ist zweifelsfrei derjenige, der mir gezeigt hat, was Willensstärke ist. Drei Jahre nach meiner Mutter wurde er in Lake Wales, im Bundesstaat Florida, als Einzelkind geboren. Er erlebte eine Kindheit und Jugend, die, gegenüber der meiner Mutter, nicht gegensätzlicher hätte sein können. In frühester Kindheit war sein Vater, mein Opa, gänzlich aus seinem jungen Leben verschwunden, woraufhin er ihn nie wieder gesehen hat. Es blieb meine Oma, oder „Grandma", wie ich sie schon immer nenne, die sich als alleinerziehende Mutter um meinen Vater kümmern musste, nachdem sie ihn im zarten Alter von 17 Jahren per Kaiserschnitt in die Welt gebracht hatte. Meine Grandma war schon immer ein sehr willensstarker Mensch, daher besorgte sie sich gleich mehrere Jobs, und gab ihr Allerbestes, um ihren Sohn gut versorgen zu können. Sie wollte ihn nicht nur gut versorgen, sondern ihm auch die bestmögliche Schulausbildung bieten, was sie im Endeffekt auch getan hat.

Meine Grandma war für mich immer ein sehr bemerkenswerter Mensch. Während großer Teile meines Lebens sah ich sie nur selten, da sie die meiste Zeit in den USA lebte, doch wenn wir uns trafen und miteinander sprachen, fühlte ich immer eine starke Verbindung zu ihr und ihrer Art. Sie war so stark, eigenständig und zielstrebig, schien immer zu wissen, was sie wollte und ebnete sich immer ihren eigenen Weg im Leben, ohne sich von irgendwem oder irgendetwas beeindrucken zu lassen. Sie war allerdings während der Kindheit meines Vaters sehr streng und ihre Erziehungsmaßnahmen mögen auch eher fraglich gewesen sein. Wie sie von ihren Eltern in einem noch strikteren Haushalt gelernt hatte, gehörte es zur Erziehung, ihrem Sohn den Mund mit Seife auszuwaschen, wenn er geflucht hatte oder auch mal Prügel auszuteilen, wenn er Mist gemacht oder sich ihr gegenüber respektlos verhalten hatte. Heute verübelt mein Vater ihr diese Erziehungsmethoden nicht, weil ihn, laut eigener Aussage, diese strenge Erziehung im Nachhinein für sein restliches Leben gewappnet hat.

In der 7. Klasse- meine Grandma hatte zu jener Zeit ihre eigene Firma und arbeitete Vollzeit- ging mein Dad im Alter von 12 Jahren noch auf eine Privatschule. Diese musste kurz darauf die Tore schließen. Es stand die Option im Raum, meinen Vater auf ein Militärinternat zu schicken- eine Option, die meine Grandma eher als Drohung verwendete, á la: „Wenn du dich nicht zusammenreißt, kommst du auf die Militärschule!“ Für meinen Vater war diese Vorstellung allerdings weniger eine Drohung, als eine ihm recht willkommene Chance, etwas Neues zu erleben. Als sie sich nämlich bei der Militärschule vorstellten und sich die Schule anschauen wollten, erlebte mein Dad einen für ihn sehr prägenden Moment. Seine Mutter und er waren zusammen zum Administrator der Schule gegangen, um sich vorzustellen. Dieser sagte zu Beginn des Gespräches bestimmt zu meinem Vater: „Du wirst alle meine Fragen mit „Ja, Sir“, oder „Nein, Sir“ beantworten, ist das klar?“ Die Antwort meines Vaters war ein läppisches „Yeah.“ Daraufhin entgegnete der Administrator: „Bitte, wie war das?“ Auch wenn vermutlich die wenigsten diese Situation als einleuchtend oder einschneidend empfinden würde, war dies der Moment, in dem meinem Vater klar wurden, dass für ihn eine ganz neue und aufregende Lebensphase beginnen würde. Daraufhin erwiderte er bestimmt: „Ja, Sir!“

Von der 8. bis 12. Klasse besuchte mein Vater also das Militärinternat, die „Florida Air Academy“, und lernte dort, wie man Gruppen „anführte“. Nachdem er seinen Einser-Abschluss bekommen hatte, ging er dann freiwillig zum Militär. Es war der nächste logische Schritt und er freute sich riesig darauf. Wenn ich mir heute Fotos aus dieser Zeit anschaue, kann ich mir auch vorstellen, warum. Denn beim Militär war er natürlich aufgrund seiner bisherigen Ausbildung von Beginn an ein hohes Tier und hatte direkt die Verantwortung für viele seiner Kameraden, unter anderem auch diejenigen, die älter waren als er. Er erlebte außerdem das erste Mal in seinem Leben das Gefühl von Freiheit. Nun konnte er, im Vergleich zu vorher, tun und lassen, was er wollte und das zeigte sich auch in seiner Lebensweise. Er arbeitete meist nur drei Tage in der Woche und nutzte die restlichen Tage, um Zeit mit seinen Freunden zu verbringen. Sie unternahmen Roadtrips mit ihren Pickups, gefüllt mit Bier, und gewappnet mit einer Stereoanlage. Sie feierten Parties und machten so manchen Mist. In dieser Zeit, nachdem er schon mehrfach in kurzweiligen Beziehungen verletzt worden war, behandelte er Frauen wie Taschentücher und sprang von einer Bekanntschaft zur nächsten, nicht ohne diese damit reihenweise zu verletzen. Bis, wie könnte es anders sein, er eines Tages meine Mutter kennenlernte..

Als meine Eltern sich kennenlernten, war natürlich noch nicht abzusehen, was ihre Liebe zu- und ihre Beziehung miteinander auslösen würde. Sie wussten natürlich nicht, dass sie beide das CF-Gen trugen, dass sie zwei Kinder mit Mukoviszidose bekommen und somit vor eine riesig große Herausforderung gestellt würden. Als sie sich das erste Mal sahen, war mein Dad, im Gegensatz zu meiner Mom, sofort Feuer und Flamme. Sie trafen sich das erste Mal in einer Bar in einem kleinen Ort namens Lautzenhausen, welcher direkt an die Frankfurt Hahn Airbase angrenzte, wo mein Vater stationiert war. Meine Mom war mit einer Freundin unterwegs und mein Dad mit einem seiner Kumpels. Sofort bemühte er sich darum, meiner Mutter zu imponieren: er tänzelte um den Billardtisch, an dem sie spielten, herum und zog alle Register, um sie zu beeindrucken. Doch er ließ sie damit völlig kalt. Sie zeigte ihm von Anfang an die kalte Schulter und machte deutlich, dass er keine Chance bei ihr hatte- vor allem nicht mit seiner aufgeblasenen und überheblichen Art, die er an diesem Abend an den Tag legte. Sie spielten dennoch Billiard zusammen und meine Mutter schlug ihn, eine Runde nach der anderen.

Das zweite Mal trafen sie sich zufällig in einer anderen Bar in der Nähe der ersten. Dieses Mal fragte mein Dad meine Mutter und ihre Freundin, ob sie nicht Lust hätten eine Kleinigkeit essen zu gehen. Sie gingen in einen Laden nebenan, in dem 80er Poprock gespielt, Drinks und Fastfood serviert wurden und die Deko aus bunten Diskolichtern und Billardtischen bestand. Witzigerweise kamen sie auf das Thema zu sprechen, welche Art von Männern meine Mutter „datete" und sie sagte: „Ich würde nie mit einem Kerl ausgehen, der so klein und jung ist wie du." Doch mein Dad gab nicht auf und gab sich sogar, um sie vom Gegenteil zu überzeugen, als fünf Jahre älter aus, was ihm jedoch niemand glaubte. Mein Dad wirkte schon immer jünger als er war und sah auch dementsprechend aus. Das nächste Treffen war wieder rein zufällig. Sie begegneten sich bei einem Weinfest an der Mosel. Sie quatschten allerdings nur kurz und gingen dann wieder ihrer Wege. Beim vierten zufälligen Treffen, etwa sechs Monate später und wieder in einer Bar in Lautzenhausen, nahm mein Vater dann seinen ganzen Mut zusammen und fragte meine Mutter, ob sie mit ihm ausgehen würde. Zu seiner Überraschung sagte sie „Ja".

Sie gingen mehrere Monate miteinander aus und genossen die Zeit in vollsten Zügen. Ihre ganze Beziehung war von dem Punkt an, an dem sie beschlossen, miteinander auszugehen, eine echte Bilderbuchliebe, so kitschig das auch klingen mag. Nachdem sie vier oder fünf Monate zusammen waren, reiste mein Vater in die USA, um seiner Mutter einen Besuch abzustatten. Als er in Key West eines Abends über sein Leben grübelte, kam in ihm der starke Wunsch auf, meiner Mutter, trotz dessen, dass sie erst so kurz zusammen gewesen waren, einen Heiratsantrag zu machen. Als er im September desselben Jahres wieder nach Deutschland kam und sie eines Tages morgens zusammen im Bett lagen, stellte er die Frage auf eine eher untypische Weise. Er fragte sie:

„Was würdest du sagen, wenn ich dich fragen würde, ob du mich heiraten willst?“
„Ich denke ich würde… ‚Ja‘ sagen!“
„Okey, willst du mich heiraten?“

An Silvester des selben Jahres feierten meine Eltern ihre Verlobung.

Etwa zwei Monate vor ihrer kirchlichen Trauung stellte sich dann heraus, dass meine Mutter mit mir schwanger war. Die ganze Familie, sowie Freunde meiner Eltern, freuten sich riesig, wenn auch meine Mutter am Hochzeitstag dank mir nicht mehr in ihr Hochzeitskleid passte. Als meine Mutter sieben Monate später im Krankenhaus im schönen Bernkastel-Kues an der Mosel in den Wehen lag, war mein Vater noch in Frankfurt Hahn stationiert. Er eilte mit dem damaligen Auto meiner Eltern, einem kleinen, heruntergekommenen Ford Capri, im tiefsten Winter bei Schnee die Serpentinen entlang, um schnellstmöglich in der Klinik anzukommen. Zwar kam er rechtzeitig, allerdings eher zu seinem Unglück, denn während mein Dad versuchte, meine Mom zu beruhigen und ihr dabei durch das Gesicht strich, biss sie ihm unerwarteterweise in die Hand, woraufhin meine Mutter nur sagte: „Ich würde meine Hand an deiner Stelle nicht dahin tun, wo sie nicht hingehört.“ Eine erste Lektion für ihn als werdender Papa.

Als es soweit war, ging meine Geburt recht schnell vonstatten, wenn ich auch mehrere Tage auf mich hatte warten lassen. Am Anfang gab es noch keine Anzeichen dafür, dass irgendwas mit mir nicht stimmte, daher durfte meine Mutter nach nur einem Tag wieder nach Hause. Die Anfangszeit mit mir war für meine Eltern traumschön, wenn auch sehr anstrengend. Solange ich gestillt wurde, traten weiterhin keine Probleme auf, doch als ich begann, Babynahrung zu essen, ging der Ärger los. Ich behielt nichts bei mir. Wenn ich nicht gerade mein Essen wieder hochbrachte, bekam ich ständig Durchfall und nahm somit auch nicht an Gewicht zu. Meine Eltern dachten, dass ich mich vielleicht, weil ich auch öfters mal hustete, einfach am Essen verschluckte und ich mich deshalb immer wieder übergab. Auch das Husten nahm in den nächsten Monaten stetig zu und sie brachten mich zu der Klinik der Base meines Vaters. Dort verwies man uns an einen Arzt in der Nähe, der davon überzeugt war, dass es sich um Keuchhusten handelte, ohne die weiteren Symptome in Betracht zu ziehen. Der

Arzt verschrieb mir ein Mittel zur Unterdrückung des Hustens, was sich im Nachhinein als Riesenfehler entpuppte, da das Husten eines Kindes mit Mukoviszidose nicht unterdrückt werden sollte, weil der Schleim, der in der Lunge festsitzt, sonst keinen Weg nach draußen findet. Zu jener Zeit konnten meine Eltern dies aber natürlich nicht wissen.

Als ich etwa ein Jahr alt war, wurde mein Dad versetzt auf eine kleine französische Base in Belgien, die durch die amerikanische Airforce unterstützt wurde. Wir zogen in ein schönes, kleines Haus mit großem Garten, das das Militär uns zur Verfügung stellte. Laut Aussagen meiner Eltern, liebte ich es in dem großen Garten zu spielen und herumzukrabbeln. Meine Mutter blieb mit mir zuhause, während mein Vater weiterhin zur Arbeit ging. Natürlich half das Medikament, das man mir verordnet hatte, nicht und ich nahm weiterhin nicht an Gewicht zu. Auch der Husten wurde nicht besser, sondern verschlimmerte sich eher. Mittlerweile war ich zwei Jahre alt und meine Eltern verzweifelten langsam. Als ich dann noch Fieber bekam und dieses über mehrere Tage anhielt, brachten meine Eltern mich zu einem Arzt in Belgien, der uns mitteilte, dass ich eine starke Lungenentzündung hatte und wir zügigst etwas unternehmen sollten. Meine Mutter fuhr also daraufhin mit mir in eine Klinik nach Idar-Oberstein, wo man mich sofort stationär aufnahm. Meine Mutter rief meinen Vater auf der Arbeit an, der sofort von Belgien aus nach Idar-Oberstein fuhr.

Meine Eltern standen im Flur der Klinik vor meinem Krankenzimmer, als der Arzt ihnen die Diagnose mitteilte. Ich hatte Mukoviszidose. Die erste Reaktion meiner Eltern war: „Aber da kann man ja gut mit leben, oder?“ Als der Arzt daraufhin ein wenig rumdruckste, verfielen meine Eltern in eine Art Panikmodus. Für sie brach in jenem Moment ihre ganze Welt um sie herum zusammen. Sie hatten zuvor noch nie von der Erkrankung gehört und wussten so gut wie gar nichts über sie. Der Arzt teilte ihnen in jenem Moment nur mit, dass ich viele Inhalationen machen und eine Menge Medikamente nehmen müsste und dass das Ganze sehr aufwändig und zeitintensiv werden würde.

Freiheitsgefühle

In dem Moment, in dem ich am Campingplatz bei Málaga loszog, begann also mein erster Roadtrip allein. Ich liebte das Gefühl, einfach dorthin zu fahren, wo es mich gerade hinzog und mich ganz auf den Moment einlassen zu können. Ich hatte mir einen der Campingplätze ausgesucht, die in meinem „Andalusien"-Reiseführer waren, hatte das Ziel in das Navi, das ich mitgebracht hatte, eingegeben und fuhr nun eine Strecke ab, die ich definitiv nicht erwartet hatte. Zwar wusste ich, wo mein Ziel lag, doch hatte ich nicht bedacht, dass mich die Route mitten durch die Berge führen würde. Erst als die Straßen zunehmend kurviger und steiler wurden, bemerkte ich, dass ich mitten durch die bergige Landschaft der Sierra Nevada fuhr. Die Route, die mein Navi mir angezeigt hatte, sollte ursprünglich etwa zwei Stunden dauern, als ich jedoch sah, was für eine spektakuläre und atemberaubende Strecke ich mir unbewussterweise ausgesucht hatte, wurde mir klar, dass ich mindestens den halben Tag brauchen würde, um anzukommen. Alle paar Minuten hielt ich an, um die Aussicht zu genießen oder um eines der heruntergekommenen, verlassenen Häuser mit den wunderschönen, alten Fenstern und Türen von nahem zu betrachten. Je höher ich kam, desto spannender wurde die Kulisse. Am höchsten Punkt angekommen, erblickte ich in der Ferne etwas, was auf den ersten Blick auf mich wie Rauch wirkte, der aus den Bergen emporzusteigen schien. Zunächst war mein Gedanke, dass es sich dabei um einen Waldbrand handeln könnte, da diese in Südspanien leider keine Seltenheit sind, doch bei genauerer Betrachtung erkannte ich, dass der schöne Dunst tatsächlich Wolken waren und, dass ich quasi auf einer Höhe mit ihnen stand. Es war, als hätte ich die erste Hürde meiner Reise bewältigt, indem ich diesen ersten Berggipfel erklommen hatte. Es war die schönste Route, die ich je gefahren war und vor jeder weiteren Kurve freute ich mich auf das, was mich hinter ihr erwartete.

Nachdem ich die Berge der Sierra Nevada durchquert hatte, besorgte ich mir unterwegs ein Zelt und alle weiteren Utensilien zum Kochen, die ich benötigte und schlug daraufhin mein Lager auf einem Campingplatz, etwa 20 Kilometer außerhalb von Granada, auf. Ich fühlte mich zunehmend wohler in meiner Haut, doch meine Gedanken kreisten wieder und wieder zu den Tagen und Wochen vor meiner Abreise..

21. Juli 2013

„Ach du Scheiße," murmelte ich verschlafen vor mich hin, als ich Timo sah. Ich war gerade wach geworden, ein Blick auf die Uhr verriet, dass es 6 Uhr morgens war. Es war der Tag meiner Abreise. Und nun lag er dort, auf dem Boden, mit dem Fuß unseres Küchentisches als Ablage für seinen Kopf, in einer Pfütze seines eigenen Erbrochenen. Entweder war er ohnmächtig oder schlief tief und fest- den Unterschied hätte ich vermutlich nicht erkannt. Zunächst schaute ich, ob ich ihn wecken konnte. Nachdem er sich nicht rührte, hob ich seinen Kopf bei den Haaren an und erkannte, dass er zumindest schon mal atmete. Ich versuchte ihn hochzuheben, was sich bei seinem Gewicht von 120 kg und seiner Größe von knapp 2 Metern und der Tatsache, dass er nicht bei vollem Bewusstsein war, als schier unmöglich entpuppte. Ich schüttelte ihn und schlug ihm, nachdem er immer noch nicht reagierte, zweimal und zugegebenermaßen ziemlich wutentbrannt und mit ziemlicher Wucht, ins Gesicht. Er murmelte etwas vor sich hin und schien mir dann in meinem Versuch, ihn von seiner jetzigen Position in eine andere zu bringen, etwas zu helfen. Er kroch dann zum Teppich im Wohnzimmer hinüber und ließ sich dort fallen. Ich begann, den Tatort zu bereinigen und wischte den Boden von seinem Erbrochenen sauber. Dann ging ich zu ihm herüber und wischte auch ihm das Gesicht sowie die Arme, ab.

Es war ein schöner Abend gewesen. Wir hatten einige Freunde eingeladen zu unserer sogenannten „Hillbilly- Einweihungsparty", die wir in unserem schönen Garten auf dem Bauernhof feiern wollten. Auch wenn wir schon einige Monate gemeinsam in dem Haus gewohnt hatten, waren wir jetzt erst dazu gekommen, eine Einweihungsparty zu schmeißen. Ich freute mich riesig, nochmal alle Freunde zu sehen vor meiner zweimonatigen Reise, gemütlich zu grillen, zusammen etwas zu trinken und zu quatschen. Ich hatte den Garten geschmückt mit Lichterketten und, passend zum Thema, standen einige Heuballen zur Dekoration herum. Unsere Freunde kamen, wie in unserer Einladung verkündet, als Cowboys und -girls verkleidet und erfreuten sich daran, mal einen Abend in Cowboystiefeln, Bandanas und Holzfällerhemden zu verbringen. Einige Stunden später, als nur noch einige Freunde von Timo da waren, beschloss ich dann, hundemüde wie ich war, mich ins Bett zu verkriechen. Am nächsten Morgen kam dann die böse Überraschung.

„Das war wohl nichts mit unserem letzten gemeinsamen Tag", dachte ich mir insgeheim und ließ ihn seinen entsprechend schlimmen Kater auskurieren. Ich konnte jedoch nicht sauer sein. Es war bei Gott nicht das erste Mal, dass wir uns gegensei-

tig verletzt hatten und ich war dieses Gefühl der Enttäuschung schon gewöhnt. Es war dann immer, als würde einem die Luft weggeschnürt und das Herz bei lebendigem Leibe herausgezerrt und platt getreten. So war es doch in der Liebe, oder? Man liebte sich und machte sich dennoch gegenseitig verrückt? Da war doch klar, dass man auch mal verletzt würde, oder?"

Als ich nun auf dem Campingplatz saß und darüber nachdachte, wurde mir klar, wie makaber diese Situation gewesen war und wie furchteinflößend, dass ich sie als etwas so gewöhnliches abgetan hatte. Szenen wie diese waren schon fast zur Normalität geworden und auch ich erinnerte mich an das ein oder andere Mal, an dem umgekehrt ich Timo unheimlich verletzt hatte. Unsere Beziehung war wie eine Art Tauziehen- mal hatte der eine die Oberhand, mal der andere. Und auch wenn es Phasen gab, in denen wir sehr liebe- und verständnisvoll miteinander umgingen, so gab es auch oft die Zeiten, in denen wir versuchten, uns voneinander wegzuschieben oder uns gegenseitig zu erziehen. Meist war es so, dass er mich von sich wegschob und verletzte, entweder durch seine Worte oder seine Taten, und in mir daraufhin das Bedürfnis ausgelöst wurde, die Situation zu kontrollieren, indem ich ihm mehrmals ein Ultimatum stellte: entweder hörte er auf mit dem Mist und riss sich zusammen- oder ich war weg. Mein Ultimatum bewirkte für eine Zeit eine Veränderung, doch leider ging das Ganze im Endeffekt immer wieder von vorne los. Und dennoch sagte ich mir, dass ich ihn einfach zu sehr liebte, um alles wieder aufzugeben. Wir hatten uns schon zweimal auf Zeit getrennt, doch getrennt zu sein, tat uns fast noch mehr weh, als zusammen zu sein. Und ich spürte, so ganz allein auf diesem Campingplatz, dass ich ihn schon sehr vermisste..

Am nächsten Tag machte ich mich auf, die umliegende Gegend zu erkunden. Ich hatte mich an einen See erinnert, an dem ich im vorherigen Jahr während meiner Sprachreise gewesen war und gab nun einen Ort in mein Navi ein, an dessen Namen ich mich erinnerte und der in der Nähe dieses Sees lag. Als ich schließlich den See entdeckte, ließ ich in meinem Auto einen kleinen Jubelschrei los. Ich war unheimlich stolz, meinen Weg wieder hierher gefunden zu haben, denn Dani, der Kerl mit dem ich im Jahr zuvor hier gewesen war, kam aus Granada selbst und hatte mir beteuert, dass diesen See nur wenige kannten. Das zeigte sich auch darin, dass, selbst an diesem heißen Tag und genau wie beim letzten Mal, der See menschenleer war. Ich parkte das Auto und kraxelte hinunter zu den steinigen Felsen, um mich dort mit meinem Handtuch und Notizbuch auszubreiten. Die Kulisse war eindrucksvoller als ich sie in Erinnerung hatte. Der glasklare See vor mir war umgeben von moosbewachsenen Felsen. Durch die Reflexion der Sonne in den kleinen Wellen, entstanden durch den Wind, schien das Wasser an der Oberfläche vereinzelt zu glitzern. Einige Jahre zuvor war diese Gegend noch vollkommen grün und mit Bäumen bewachsen, leider hatte ein Waldbrand allerdings einen Großteil der Grünfläche zerstört.

Als Dani und ich im Jahr zuvor hier gewesen waren, hatten wir über Gott und die Welt gesprochen, hatten Nirvana gehört und einfach die Kulisse genossen. Ich hatte Dani etwa zwei Jahre vorher kennengelernt, als ich mit meiner Freundin Celina durch Frankreich und Spanien gereist war. Wir hatten meinen kleinen, silbernen Ford Fiesta, dem ich auf dieser Reise liebevoll den Namen „Niño“ verliehen hatte, bis oben hin voll bepackt mit Campingsachen, Essen (hauptsächlich Maggi-Fix-Tüten) und unseren Klamotten und waren, nachdem wir zwei Nächte in Paris verbracht hatten, gen Süden gefahren. Wir hatten uns auf einem Campingplatz in Zarautz, im Norden Spaniens, für einige Tage niedergelassen, wo wir drei Jungs aus Köln kennenlernten. Sie waren mit ihrem Bulli unterwegs und hatten noch einen Spanier im Gepäck, nämlich Dani. Er war halb Bayer und sprach deshalb Deutsch, allerdings mit einem Gemisch aus bayerischem Dialekt und spanischem Akzent, was wirklich komisch klang. Celina und ich hatten uns sehr gut mit den Jungs verstanden, waren gemeinsam zum Strand, der unterhalb des Campingplatzes lag, gegangen, wo die Jungs und Celina surfen gingen. Ich fühlte mich von Anfang an zu Dani hingezogen, was mir natürlich automatisch Sorgen bereitete. Eines Abends hatten wir vor, im Ortsinneren gemeinsam feiern zu gehen. Wir tranken gerade zusammen in gemütlicher Runde, als zwei der Jungs plötzlich in ihrem Bus verschwanden und in den komischsten Aufzügen wieder vor uns traten. Sie trugen elfenartige Kostüme, die Beine in giftgrüne Leggings gehüllt und riesige Elfenschuhe an den Füßen. Und in genau diesem Aufzug gingen sie mit uns feiern. Die Jungs brachten uns in eine Bar, in der ganz zufällig eine Mottoparty in vollem Gange war (und zwar unter dem Namen „Pimps and Hoes“, weshalb auch lauter Plastik-Geldscheine in der Luft herum flogen). Die restlichen Gäste waren verkleidet in extravaganten Kostümen, verziert mit dicken Goldketten und vielen bauchfreien Tops. Mit steigendem Alkoholpegel, stieg natürlich auch die Laune und die Hemmschwelle sank. Ich tanzte mit Dani, während mein Leben in Deutschland und Timo ganz weit weg waren. Ich hatte allerdings nie die Intention gehabt, fremdzugehen. Diese andere Welt, das Leben einer Single-Frau, reizte mich dennoch sehr. Als wir zurück zum Campingplatz kamen, versuchte Dani mich zu küssen, was ich ihm natürlich nicht verübeln konnte. Ich offenbarte, dass ich einen Freund hatte und er dackelte mit einem leicht verzweifelten Gesichtsausdruck davon. Trotzdem verstanden wir uns weiterhin sehr gut, wir hielten den Kontakt miteinander und skypten sogar mal. Und dennoch, nach unserem Tag am See im Jahr vor meiner großen Reise, hatte er sich nie wieder gemeldet. Warum? Wer weiß das schon. Jedoch verdanke ich ihm, einen wunderschönen Ort der Ruhe und Magie kennengelernt zu haben.

„Ich lebe noch! Ich leeeebe noch!“, jubelte ich vor mich hin. In mir breitete sich eine Welle des Stolzes aus. Ich hatte gerade eine etwa zweieinhalb-stündige Wanderung bei ungefähr 30 Grad mit zahlreichen Steigungen hinter mich gebracht. Die Landschaft war schier unbeschreiblich. Ich kam mir ein bisschen vor, als sei ich irgendwo in den Tiefen Afrikas- riesige Felsformationen zeigten sich mir, daneben das tobende Meer, meterhohe Palmen standen vereinzelt verstreut in der kargen, wüstenartigen Landschaft. Während des Erklimmens des ersten Berges, hatte ich zugegebenermaßen Sorge, dass ich zu viel auf mich genommen hatte. Gerade im Jahr zuvor hatte ich bei einer Wanderung in den Picos de Europa in Nordspanien während meiner Reise mit Timo und vier weiteren Freunden, einen leichten Kreislaufkollaps gehabt aufgrund der Hitze und einer fehlenden Kopfbedeckung. Doch dieses Mal hatte ich vorgesorgt. Meine Tasche war bepackt mit genügend Wasser, mit einem Sandwich, das ich mir am Morgen zubereitet hatte, und einem Apfel- somit konnte ja eigentlich nichts schief gehen. Doch meine Lunge signalisierte mir, dass ich mir etwas viel vorgenommen hatte, denn ich begann beim Aufstieg nach Luft zu ringen. Jedoch wusste ich, dass ich meine Ausdauer gut genug einschätzen konnte, um nicht von einem auf den anderen Moment einfach zu kollabieren. Als ich den Gipfel des ersten Berges erreichte, wusste ich wieder, weshalb ich das Wandern so liebte. Ich wurde mit einem Wahnsinnsausblick von weit oben auf die Klippen und das Meer belohnt. Ich nahm das Tuch, das ich in kaltem Wasser getränkt und mir als Sonnenschutz um den Kopf gebunden hatte, ab und genoss die Aussicht. Mein Gesichte streckte ich in Richtung Himmel und sog die Kraft der Sonne in mich auf. Ich blickte gen Meer. Vor der Weite des Meeres fühlte ich mich plötzlich ganz klein- ein Effekt, den das Meer immer wieder auf mich hat und einer der Gründe, weshalb ich es so sehr liebe. Ich spürte regelrecht, wie dieser Moment mir unglaublich viel Kraft verlieh und ich zog weiter, den folgenden Höhen und Tiefen der Landschaft trotzend. Im späteren Verlaufe des Tages kehrte ich zurück zum Campingplatz. Ich war unglaublich erschöpft, aber glücklich und einfach unendlich froh darüber, dass ich diese Reise angetreten hatte. Dieses Gefühl wandelte sich allerdings in den nächsten Stunden. Als ich am Abend allein vor meinem Zelt saß und mir mit meinem kleinen Campingkocher etwas zu essen zubereitete, fiel mir das erste Mal auf, wie allein ich war und wie einsam ich mich tatsächlich auch fühlte. Und es fühlte sich alles andere als gut an. Alleine zu sein war irgendwie so... langweilig! Um mich herum sah ich nur Familien oder Pärchen, niemand schien so bekloppt zu sein wie ich, ganz allein zelten zu gehen. Ich wollte einfach nur weiterziehen, denn bei dieser absoluten Stille in meiner direkten Umgebung, bemerkte ich, wie wieder meine Gedanken in mir hoch krochen, die ungewollten kleinen Biester, die sich in meinen Kopf einnisten wollten.

„Bist du glücklich? Wer bist du eigentlich? Was machst du mit deinem Leben? Wer bist du in deiner Beziehung? Welchen Sinn hat dein Leben? Bist du zufrieden, so wie alles gerade ist? Du bist nicht glücklich? Wussten wir's doch. Du willst eigentlich frei sein? Na, siehst du, da kommen wir der ganzen Sache schon näher. Und du fragst dich mal wieder, ob du treu bleiben kannst, was? Du weißt doch genau, dass du sowieso treu bleibst, aber bedeuten diese Gefühle nicht vielleicht etwas? Warum ist es so schwer für dich das zuzugeben? Warum hältst du so an allem fest? Was willst du in Wirklichkeit und wer willst du sein?“

Auf all diese Fragen hatte ich keine Antworten und ich fühlte mich auch nicht in der Lage und bereit, mich mit ihnen auseinanderzusetzen. Daher tat ich das, was ich all die letzten Jahre auch getan hatte und verdrängte diese Stimme in meinem Kopf. Stattdessen überlegte ich mir, was ich in genau diesem Moment tun könnte, um diesem Gefühl der Einsamkeit und den löchernden Fragen in meinem Kopf zu entfliehen.

Begegnungen

Das erste Mal, als ich sie sah, lief sie blitzschnell und augenscheinlich aufgebracht an mir vorbei und schaffte es dabei, mir mitzuteilen, dass ihr mein Tattoo auf dem Rücken gefiel. Vom ersten Moment an erschien sie mir ein wenig verwirrt und auch etwas verrückt. Sie trug kurze Jeansshorts, die ihr viel zu groß waren und nur aufgrund eines Schnürsenkels, den sie durch die Gürtelschlaufen ihrer Shorts hindurch gebunden hatte, nicht von ihren schmalen Hüften rutschte. Ihr T-Shirt hatte sie zudem über dem Bauch in ihren BH geklemmt, so dass man sehen konnte, wie hauchdünn sie war. Außerdem trug sie einen wunderschönen, braunen Lederkoffer bei sich, den sie wahrscheinlich auf einem Antikmarkt hier in Spanien gekauft hatte. Ich saß am Busbahnhof in Almeria und wartete auf meinen Bus nach Granada. Nach meiner einwöchigen Tour mit dem Mietauto wollte ich nun nur mit meinem Rucksack weiterziehen. Ich hatte gerade von der netten Dame am Schalter, die mich, sichtlich genervt, dabei angesehen hatte, wie ich versuchte, in gebrochenem Spanisch ihr meine Reisepläne mitzuteilen, erfahren, dass mein Bus erst in zweieinhalb Stunden fahren würde. Sie hatte keinerlei Anstalten gemacht, mir in langsamem Spanisch oder auf Englisch zu antworten. Stattdessen hatte sie in Höchstgeschwindigkeit auf Spanisch auf mich eingeredet, woraufhin ich mehrmals hatte nachfragen müssen, ob ich sie richtig verstanden hatte. Zudem hatte ich weitaus mehr Gepäck bei mir als bei meiner Anreise in Spanien, da ich mir ja ein Zelt und weitere Camping-Utensilien gekauft hatte. Ich tingelte nun also nicht mehr nur mit meinem Monstrum auf dem Rücken herum, sondern hatte noch meinen kleinen Handgepäckrucksack, mein Zelt und alles andere, was nicht mehr in meine Rucksäcke gepasst hatte, in eine Tüte gesteckt. Wie ein verdammter Packesel fühlte ich mich. Etwas später ging ich Richtung Toilette und in die Tür hinein, auf der „Servicios“ zu lesen war. Hier traf ich sie wieder. Sie hockte über ihrem Koffer und versuchte verzweifelt die Innenseite ihrer Tasche mit etwas Handpapier zu säubern. „Qué maleta bonita!“, sagte ich auf Spanisch, nervös wie immer, wenn ich versuchte, die Sprache zu sprechen. Sie verstand offensichtlich nicht, was ich von ihr wollte, also zeigte ich auf den Koffer und versuchte es mit Englisch: „I love your bag!“.

„Ooooh yes,“ sagte sie, sichtlich erfreut über meinen Kommentar. Dann kam sie zu mir rüber und hielt mir das Handpapier und die Nase, mit dem sie gerade ihren Koffer gesäubert hatte.

„What the fuck could this be?,“ fragte sie mich und schaute mich auffordernd an.

„It smells like.. I think olive oil.. and.. garlic!“

„Yeah, right? Totally!,“ stimmte sie mir zu und schüttelte den Kopf. „What the fuck, man? I don't know where the fuck it came from, you know? I didn't have like anything fucking like that in my bag at all, someone must have spilt it, fuck!“ Ich musste lachen über ihren kalifornischen Slang. Mein Vater sprach ähnlich und fluchte auch viel, wenn auch nicht in diesem „California-Girl“-Style.

„Where are you from?“, fragte ich sie.

„California.“

Quelle surprise!

Ich erzählte ihr, dass ich aus Deutschland kam und mein Dad aus Florida.

„Oh my fucking god! I am so glad that you speak English. No one in fucking Spain speaks English!“

Wir unterhielten uns noch kurz über mein Tattoo, das sie auf meinem Rücken schon zuvor im Vorbeigehen erblickt hatte. Sie fragte mich, was es bedeutete. „It is not little time that we have, it is a lot of time that we waste,“ übersetzte ich.

„Fucking awesome,“ war nur ihre Antwort und sie schien ziemlich beeindruckt. Bevor ich das Bad wieder verließ, fragte sie noch nach meinem Facebook-Namen. „If you ever come to California you are so fucking welcome! Mi casa es su casa.“

Im Bahnhofscafé stießen wir dann erneut aufeinander. Sie versuchte gerade an der Theke etwas auf Spanisch zu bestellen, was ihr nicht so wirklich gelang, demnach half ich ihr ein wenig aus. Daraufhin fragte sie mich, ob sie sich zu mir setzen könne. Ich willigte ein, denn dieses hyperaktive, ultrafreundliche, leicht verrückt angehauchte Wesen faszinierte mich und natürlich wollte ich mehr über sie erfahren. Sie kam, wie gesagt, aus Kalifornien, und zwar „nicht so bei L.A., sondern eher so aus dem Norden“. Ihrer Aussage nach, hatte sie gerade fünf ziemlich harte Jahre Arbeit hinter sich und hatte sich deshalb diese Reise gegönnt. Als ich sie fragte, was sie beruflich machte, anwortete sie ganz salopp „Ich bin im Marijuana-Business.“

„Cool,“ bemerkte ich daraufhin nur. Eigentlich hätte ich mir auch nur schwer irgendetwas anderes vorstellen können.

Sie erzählte mir dann, dass sie den letzten Monat damit verbracht hatte, irgendwo im Hinterland von Almeria mit einigen Amerikanern einen Western zu drehen. Da ich selbst in der Gegend gewesen war, konnte ich mir gut vorstellen, warum man dort einen Western drehte. Die karge Gegend war einfach wie gemacht dafür. Eine Freundin von ihr hatte wohl diesen Bekannten, der sie gefragt hatte, ob sie beim Filmdreh aushelfen wollte- gegen Bezahlung natürlich! Also machten sich die beiden auf den Weg von Kalifornien nach Südspanien. Sie arbeiteten, laut der Kalifornierin acht bis zehn Stunden am Tag in der brütenden Hitze- und sahen hinterher keinen Cent des ihnen versprochenen Geldes. Und zum Schluss, nämlich an jenem Tag, an dem wir uns beide begegneten, war sie vom Filmset abgehauen, aber nicht bevor der Regisseur sie noch vor der ganzen Crew zur Sau gemacht und ihr auf seine cholerische Art und in sehr unfreundlichem Ton mitgeteilt hatte, dass sie doch gefälligst verschwinden solle. Sie beteuerte, dass er sie noch geschubst und um ein Auto herum gejagt hätte.

„I just had to fucking go. I couldn't even take my shoes with me!," sagte sie und zeigte auf die Sandalen, die sie trug. Diese hatte sie wohl im letzten Moment noch von einem Crew-Mitglied zugeworfen bekommen, da sie ansonsten jetzt barfuß gewesen wäre. Ich wusste nicht so recht, ob ich auch nur ein Wort glauben sollte- sie war so abgedreht- und ich vermutete, dass sie zumindest maßlos übertrieb, wenn die Geschichte überhaupt ansatzweise echt war, doch dann entschied ich, dass auf Reisen eine spannende Story halt manchmal einfach eine spannende Story ist. Der Wahrheitsgehalt ist manchmal eben nur Nebensache.

Als ich ihr so gegenüber saß, betrachtete ich sie das erste Mal von Nahem. Ihr Gesicht war sehr schmal und etwas eingefallen und sie hatte ihre dünnen, blonden Haare in einem Zopf nach hinten gebunden. Ich konnte absolut nicht einschätzen, wie alt sie war. Sie hätte 20 oder 35 sein können. Sie hatte schon kleine Fältchen an den Augen, doch ihre ganze Art machte sie so jugendlich, dass es mir unheimlich schwer fiel, ihr Alter zu schätzen. Es stellte sich heraus, dass sie 25 war. Neben ihrem rechten Auge hatte sie außerdem einen kleinen, schwarz-grauen Punkt auf der Haut, der mich vermuten ließ, dass dieser tätowiert war. Auch am Arm hatte sie ein kleines Tattoo, das nicht aussah, als hätte man es überhaupt mit einer Tätowiermaschine gestochen, geschweige denn als stamme es von einem Profi. Es sah eher so aus, als hätte sie es selbst mit Tinte und einer Nadel gestochen. Ich musste an „Die Kinder von Bahnhof Zoo" denken, und daran wie Christiane F. sich auf diese Weise selbst tätowiert hatte. Als ich darüber nachdachte, erinnerte sie mich sogar ein wenig an Christiane F., nur vielleicht eine aufgedrehtere und weniger heroinabhängige Version von ihr. Wir quatschten noch eine Zeit lang weiter, zeigten uns gegenseitig Fotos von unserer

Reise und philosophierten ein wenig über das Reisen und die Erfahrungen, die man dabei sammelte. Als ich erwähnte, dass ich unbedingt noch eine Sonnenbrille kaufen müsste, schrie sie kurz auf, kramte in ihrer Tasche herum und zog eine Sonnenbrille heraus. Ich dachte, ich spinne.

„Here!," rief sie. „I don't need them, I just found them in the taxi I was in. They're yours!"

Ich stellte mindestens drei Mal sicher, ob sie es ernst meinte und nahm die Sonnenbrille dann dankbar an. Sie schenkte mir außerdem noch ein Freundschaftsband, das sie selbst geflochten hatte (wie hippiemäßig ist das denn?) und noch ein Stück Hasch- nur für den Fall. Mit dieser wunderbaren und abgedrehten Person hatte sich mein erster Tag nur mit meinem Rucksack, komplett gewandelt. Ich nahm von ihr ein Stück Selbstbewusstsein, Offenheit und Großzügigkeit mit- Dinge, die ich auf meiner Reise nur zu gut gebrauchen konnte. Ein wenig fühlte ich mich so, als wäre es Schicksal gewesen, dass wir uns gerade zu diesem Zeitpunkt getroffen hatten. Ich konnte ihr mit meinem Seneca-Spruch etwas geben und sie mir mit ihrem ganzen Wesen - und wir uns gegenseitig einfach mit unserem Sein.

Zum Schluss sagte sie noch zu mir: „Stay safe and don't let anything ever get you down. When shit happens: shake it off and keep going." Diesen Spruch trage ich bis heute, besonders auf Reisen, mit mir.

Granada

Ich betrat das Hostel in Granada, schwer bepackt mit meinem Monster von Rucksack, meinen kleineren Rucksack über die Schulter geschwungen, das Zelt über der anderen Schulter, in einer Hand noch die Tüte mit meinem restlichen Campingkram und in der anderen meinen A4-Hefter mit all meinen wichtigsten Reisedokumenten. So hatte ich mich von der Bushaltestelle hierher geschleppt. Das Gebäude, in dem sich das Hostel befand, lag direkt hinter einer Kirche, die ich zwei Mal umrundet hatte, bis ich den kleinen Eingang zum Hostel entdeckt hatte. Alles in diesem Haus, die Wände, die Treppen die Dielen, bestand aus einem sehr dunklen Holz, was dazu beitrug, dass es hier angenehm kühl war im Gegensatz zu der brütenden Hitze draußen. An den Wänden hingen lauter Poster, die Abbildungen verschiedener Sportarten zeigten, wie Paragliding, Kayaking, Klettern und viele mehr. Im Flur lagen lauter Schuhe herum. Verschiedene Kleidungsstücke, zum Teil ganz bunt und in den verschiedensten Größen, hingen an einer Kleiderstange, auch ein Regal, voll bepackt mit Büchern stand dort. Alle diese Dinge waren zum Tausch da, wie ich später erfuhr.

„Hola," sagte ich und schleppte schweißüberströmt meine Sachen zur Rezeption, wo der Typ stand, der mir aufgemacht hatte. Er war groß, schlaksig, bewegte sich elegant und mit fließenden Bewegungen und hatte eine dieser Hipsterfrisuren, die seit kurzem modern waren. Als er sagte „Hey, do you have a reservation?," bemerkte ich einen sehr starken, osteuropäischen Akzent. Ich konnte diesen nicht genau zuordnen, da er weder russisch noch polnisch oder wie ein sonstiger Akzent klang, den ich kannte. Ich nannte meinen Namen und gab ihm meinen Reisepass, den er einbehielt, weil ich noch nicht genau wusste, wie lange ich bleiben würde und im Nachhinein zahlen wollte. Er führte mich zu meinem Zimmer im ersten Stock. Zwei Etagenbetten standen dort, das Zimmer war sehr dunkel und es war warm und stickig. Die Wände waren in Rot-, Orange- und Brauntönen bemalt. Das hier war das Afrika-Zimmer, daher waren auf den Wänden dunkle Silhouetten von Menschen mit Tonkrügen auf den Köpfen, wilden Tieren und hohen Bäumen abgebildet. An der Decke hing eine riesige Landkarte und zwei dunkle Holzläden an den Fenstern der Balkontüren verhinderten, dass Sonne in das Zimmer gelangte. Auf dem winzigen Balkon stand eine unbekleidete Schaufensterpuppe, die mich im Laufe der nächsten Zeit noch mehrmals erschrecken sollte, wenn ich hinaus schaute. Ich fühlte mich auf Anhieb wohl und bezog das Bett, welches ich mir aussuchen durfte.

Noch am selben Nachmittag lernte ich die weiteren Bewohner und Gäste des Hauses kennen. Erstmal gab es da Jade. Sie war ein sehr hübsches, leicht pummeliges Mädchen, das mich auf Anhieb an eine frühere Schulfreundin erinnerte, mit der ich mir in der einen oder anderen Schulpause mal ein Bierchen gegönnt hatte. Sie hatte dunkle, mittellange Haare, durchdringende Augen und einen sehr blassen Teint, dafür dass sie schon mehrere Wochen in Spanien gewesen war. Später erfuhr ich, dass sie im Hostel arbeitete über ein sogenanntes „Workaway"-Programm, bei dem sie gegen Kost und Logis mitarbeitete und, dass sie aus Südafrika stammte. Zu der Zeit war dieses Land für mich ein Ort, so fern von meinem eigenen Zuhause, dass ich kaum etwas darüber wusste und auch kaum eine Vorstellung davon hatte. Nachdem sie und ich uns ein wenig ausgetauscht hatten und wir etwas aufgetaut waren, begann sie, von ihrer Heimat zu berichten. Sie erzählte, dass in dem Dorf, aus dem sie kam, jeder eine Waffe besaß und einige der Bewohner ganz selbstverständlich auf offener Straße mit ihnen herumliefen. Ihre Familie hatte außerdem einen Hund, der sie beschützte. Wovor sie beschützt werden sollten, war mir in jenem Moment noch nicht ganz klar. Sie erzählte mit so einer Leichtigkeit von ihrem Zuhause und lachte teilweise auch über die Eigenarten ihrer Familie. Man merkte, dass sie nicht der gleichen Meinung war wie die Bewohner ihres Dorfes, doch es war ihre Heimat und sie liebte es dort.

„Meinen Opa," sagte sie dann, „den müsstet ihr mal kennenlernen. Der würde euch richtig gut gefallen. Er stammt aus einer anderen Generation und ist deshalb etwas rassistisch, wisst ihr? Zu unseren letzten Geburtstagen schenkte er meinem kleinen Bruder und mir eine Schrotflinte und sagte zu uns:

„Here kids, they're to shoot those damn Niggers!"

„Daddy!"

„Was denn? Sie sollen es doch frühstmöglich lernen!""

Wir alle lachten, zu einem Teil amüsiert, zum anderen Teil völlig erschrocken. Jade war gerade mal 19, doch sie schien den Gleichaltrigen viele, viele Jahre voraus zu sein. Man merkte, dass sie einfach in einer ganz anderen Umgebung und mit einer anderen Erziehungsweise groß geworden war und ich konnte mir auch vorstellen, dass sie in ihrem Leben schon das ein oder andere durchgemacht und gesehen hatte und mit Sicherheit auch viel Verantwortung in ihrer Familie tragen musste. Sie schien unglaublich stark und intelligent zu sein und sie beeindruckte mich total. Als wir uns etwa eine Woche später voneinander verabschiedeten, sagte sie: „Watch out for yourself, man." und nahm mich ganz fest in den Arm.

Der schlaksige, blonde Typ, der mich empfangen hatte, hieß Taavi. Auch T-Town genannt. Ich erfuhr, dass er aus Estland kam, was den Akzent, welchen ich nicht hatte einordnen können, erklärte, denn sein Englisch klang wie eine Mischung aus einem skandinavischen und russischen Akzent. Er war ein Mann weniger Worte, doch er machte trotzdem oder gerade deshalb einen sehr sympathischen Eindruck auf mich, denn wenn er etwas sagte, traf er es meist direkt auf den Punkt und war auf eine sehr saloppe Art lustig. Francois war ein richtiger Franzose, auch wenn er eigentlich aus Quebec in Kanada kam. Er war verheiratet mit einer Frau, die scheinbar aus beruflichen Gründen nicht mit ihm im Hostel wohnte und hatte mit ihr zwei kleine Töchter, die er abgöttisch liebte. Jedes Mal, wenn er von ihnen sprach, und das tat er oft, leuchteten seine Augen auf. Er hatte einen französischen Akzent, lief ständig oberkörperfrei rum (OK, es war auch wirklich extrem heiß, vor allem, da es im Hostel keine Klimaanlage gab), hatte ein markantes Gesicht mit Dreitagebart und, naja, roch auch irgendwie nur nach Mann. Er war sehr offen, unverblümt, nahm kein Blatt vor den Mund und erinnerte mich sehr an einen alten Freund von mir, mit dem ich Jahre zuvor öfter mal was gehabt hatte. Das erklärte, vermutlich auch, weshalb ich mich zu Francois ziemlich hingezogen fühlte, auch wenn er möglicherweise 10 bis 15 Jahre älter war als ich. Er hatte die Begabung, sich über einen lustig zu machen oder einen zu necken und gleichzeitig hatte man das Gefühl, dass er mit einem flirtete. Abgesehen davon, war er außerdem noch sehr sportlich und leitete alle sportlichen Aktivitäten, die er im Hostel anbot, wie beispielsweise dem Paragliding und Kayaking, selbst. Francois war ein weiterer Mensch, der mich auf meinem Weg sehr inspirierte. Er hatte seinen Traum, ein Hostel zu eröffnen und die Sportarten, die er liebte, täglich ausführen zu dürfen, verwirklicht und man merkte, dass er voll und ganz er selbst war, ohne sich für etwas zu schämen oder sich zu verstellen. Auch von ihm nahm ich etwas mit auf meine weitere Reise.

28. Juli 2013

„Über die Person, die wir werden, wenn wir auf Reisen sind:

Mir scheint es so, als wenn wir bei unseren Reisen zu unserem wahren Selbst fänden. Wir kommen zu uns, können uns selbst in einem objektiveren Blickwinkel betrachten. Zu Hause sind die Menschen, die wir lieben und die auch uns lieben, als die Personen, die wir sind. Das schätze ich auch in unendlichem Maße, doch dort, wo wir zuhause sind, schlüpfen wir auch automatisch in eine bestimmte Rolle. Wir werden in einer bestimmten Art und Weise betrachtet, haben bestimmte Charakterzüge, Eigenschaften, die uns zugeschrieben werden auf Grund von Erfahrungen, die diese Personen mit uns teilen. Meiner Meinung nach ist dies auch eine wunderbare und wichtige Sache, denn wir brauchen diese Menschen, die uns von Grund auf in- und auswendig kennen und sie brauchen uns. Ansonsten wären wir nur frei schwebende Wesen ohne jeglichen Bezug zu anderen Menschen, ohne tiefere Beziehungen.

Doch von Zeit zu Zeit müssen wir uns auch mal aus diesem Umfeld herausreißen, um uns selbst in einem ganz anderen Licht sehen zu können. Persönliche Eigenschaften, die vielleicht in unserem gewohnten Umfeld untergehen, sogar die Fähigkeit, diese Welt in einer anderen Perspektive zu betrachten oder gar zu verändern, können auf Reisen (wieder-)entdeckt werden. Wir sehen plötzlich, wie wir, der Fremde ausgesetzt, handeln, welche Eindrücke von uns in anderen erweckt werden, entdecken vielleicht, dass wir Fähigkeiten haben (wie etwa sprachliche Begabungen, das Kochen, das Schreiben..), von denen wir nicht wussten, dass wir sie besitzen. Wir können unsere Beziehungen in ein neues Licht rücken und sehen eventuell, was wir in unserem Leben nicht genug geschätzt haben, welche Aspekte wir versuchen können, zu verbessern oder merken, dass wir einigen Menschen, die wir lieben, diese Liebe stärker zeigen könnten.

Wir lernen etwas mehr über uns, wenn wir mit den Schwierigkeiten, die das Reisen mit sich bringt, konfrontiert werden: Einsamkeit, Orientierungsschwierigkeiten, Geldprobleme, Sprachbarrieren, kulturelle Verschiedenheiten, Kontaktaufbau zu anderen Menschen und Verständnisschwierigkeiten. Möglicherweise merken wir, dass wir stärker und widerstandsfähiger sind als wir dachten. Oder wir erkennen, dass wir bestimmte Schwächen haben, mit denen wir aber lernen können umzugehen. Wir können auf Reisen Grenzen austesten und vor allem uns selbst testen. Wir reflektieren über unseren Beruf, unser Studium oder was auch immer wir in unserem regulären Leben machen. Passt diese Sache wirklich zu uns? Macht sie uns

Spaß? Was wollen wir eigentlich in unserem Leben erreichen und was interessiert uns wirklich? Somit gehen wir die Sache dann hinterher mit neuem Mut und frischer Begeisterung an oder wir entscheiden uns dafür, dass wir eine Veränderung vornehmen müssen.

Auf Reisen bekommen wir eine neue Perspektive auf uns selbst, dadurch, dass wir die Möglichkeit haben zu sehen, wie uns andere, die uns gerade erst kennengelernt haben, sehen. Als ich Granada verließ, sagte beispielsweise die Mama der israelischen Familie, die in dem selben Hostel untergebracht war wie ich, zu mir, wie sehr sie meine Stärke und meinen Mut bewunderte. Wie ich mit meiner Erkrankung umging und trotzdem allein reiste und mein Ding machte. Ich war absolut gerührt von ihren Worten, denn zuhause war mir nie aufgefallen, dass es nicht total normal war so mit einer schwerwiegenden Erkrankung umzugehen, wie ich es tat. Mir war auch nie in den Sinn gekommen, dass ich wegen der Erkrankung nicht hätte reisen können! Ich fühlte mich geehrt, so etwas von einer Mutter, die mit ihren vier wunderbaren Kindern um die Welt reiste, zu hören, denn für mich war ***sie*** *diejenige, die stark und zutiefst beeindruckend war.*

Solche Momente verleihen einem unglaublich viel Lebensmut und dafür bin ich ihr sehr dankbar..“

Von Stofftieren und Luftballons

Erst als meine Eltern begannen, Recherche zu betreiben, wurde ihnen langsam klar, was die Diagnose, die sie gerade erhalten hatten, bedeuten würde. Bis dato war die Erkrankung Mukoviszidose noch wenig erforscht, doch es war klar, dass sehr viel Arbeit und Sorgen auf sie zukommen würden. Zu jener Zeit sagte man, dass ich möglicherweise nicht mal erwachsen werden würde, was meine Eltern zunächst natürlich in unvorstellbarem Maße betrübte.
Was sie jedoch in jenem Moment beschlossen hatten, war, dass nichts auf dieser Welt, besonders nicht diese blöde Erkrankung, ihnen ihre Tochter wegnehmen würde. Auch wenn meine Eltern von den Ärzten und sonstiger Literatur nicht die Infos bekamen, die sie hören wollten, beschlossen sie, dass sie alles in ihrer Macht Stehende tun würden, damit es mir gut ging. Nicht nur das: Sie würden ihre Willenskraft und ihre Stärke auch auf mich übertragen, damit auch ich niemals diesen Kampf aufgab, egal wie schwierig es wurde. Es war ihnen in jenem Moment egal, was man ihnen für Daten an den Kopf warf, die Entscheidung stand fest, dass sie niemals aufgeben würden- und das war die stärkste und beste Entscheidung, die sie in dieser Situation fällen konnten und die Entscheidung, der ich heute mein Leben verdanke.

Sieben Wochen sollte ich im Krankenhaus bleiben. Man behandelte mich sofort mit Antibiotika und begann, mit mir alle nötigen Inhalationen und Atemübungen durchzuführen und meinen Eltern zu zeigen, wie auch sie diese Therapien mit mir machen konnten. Mein Vater fuhr am Tag nach meiner Diagnose wieder nach Belgien, um seinem Vorgesetzten die Lage zu schildern, woraufhin er sofort und ohne darum bitten zu müssen, sieben Wochen frei bekam. Dies war für das Militär eher ungewöhnlich, denn normalerweise betrug die maximale Dauer einer solchen Auszeit für Notfälle in der Familie nur vier Wochen. Daraufhin fuhr mein Dad wieder zurück nach Idar-Oberstein zu mir und meiner Mom. Meine Eltern wechselten sich gegenseitig ab. Mal war meine Mutter bei mir, während mein Vater sich zu Hause ausruhte, dann verbrachten sie gemeinsam Zeit mit mir, um dann wieder ihre Schicht zu wechseln. Meine Mutter konnte im Krankenhaus nie schlafen, daher etablierte sich dieser Rhythmus so. Auch die Eltern meiner Mutter und andere Familienmitglieder statteten mir Besuche ab, als sie von der Diagnose erfuhren. Sogar Freunde meiner Eltern aus der Armee kamen in Grüppchen vorbei und brachten mir tonnenweise Luftballons, Stofftiere und sonstige Spielsachen. Schon früh wurde ich umsorgt und mit unheimlich viel Liebe beschenkt. Sie lasen mir Geschichten vor, spielten mit mir und trotzdem lernte ich auch mit der Zeit, mich selbst zu beschäftigen. Ich spielte mit meinen Spielsachen und besonders das Puzzeln machte mir unheimlich Spaß, was sich tatsächlich heute in dem wiederspiegelt, was ich beruflich mache, nämlich dem Videoschnitt. Ich liebe es, die verschiedenen Schnipsel an Videomaterial wie Puzzle-Stücke zusammenzufügen und hinterher das große Ganze vor mir zu sehen. Nach und nach bekam ich also immer größere und schwierigere Puzzle und meine Eltern freuten sich, dass ich eine Beschäftigung hatte, die mir Spaß machte.

Für meine Mutter war dies die angsteinflößendste und emotionalste Phase ihres Lebens, wie auch für meinen Vater. Jeden Tag, wenn sie zum Krankenhaus oder nach Hause fuhr, weinte sie bitterlich. Es war für sie ein schreckliches Gefühl zu wissen, dass ich mit dieser Erkrankung leben musste und sie mir diese Erkrankung nie wegnehmen könnte. Ich selbst habe keine Kinder und kann mir demnach nur vorstellen, wie schlimm diese Zeit für sie gewesen sein muss, vor allem weil die Erkrankung zu jener Zeit noch so wenig erforscht war und sie so lange im Dunkeln getappt hatten, bis man meine Diagnose herausfand. Doch stark und mutig wie meine Mutter ist, sagte sie sich auf jeder dieser Autofahrten: „Da arbeiten wir jetzt dran und da müssen wir mit umgehen- es gibt keinen anderen Weg."

In dieser Zeit wurde natürlich auch die Beziehung zwischen meinen Eltern auf die Probe gestellt. In Situationen wie solchen schafft es ein Paar entweder, sich durchzuringen und enger zusammenzuwachsen- oder die Beziehung scheitert und geht an dieser unglaublichen Schwere kaputt. Die Beziehung und Verbindung zwischen meinen Eltern wurde in dieser Zeit stärker denn je. Sie etablierten sich als absolutes Traumteam und konnten sich- wie sie es bis heute tun- gegenseitig Stärke und Mut verleihen, um den jeweils anderen immer wieder hochzuziehen und ihm neue Kraft zu schenken.

Nach vier Wochen Aufenthalt kamen dann die ersten guten Nachrichten: Man wollte mich wieder entlassen, da es schien, als würde es mir schon viel besser gehen. Meine Eltern hatten meine Taschen schon gepackt und waren bereit zu gehen. Jedoch teilte der Arzt ihnen mit, dass sich eine zweite Lungenentzündung in meiner Lunge breit gemacht hatte und ich doch länger bleiben musste, was meine Eltern im Nachhinein sehr verwundert hat, zumal ich gerade eine heftige Antibiotika-Kur hinter mir gehabt hatte. Sie machten jedoch trotzdem weiterhin das Beste aus meinem Krankenhausaufenthalt und hielten mich weiterhin bis zu 15 Stunden täglich bei Laune. Nachdem die ursprünglich geplanten, insgesamt sieben Wochen vorbei waren, ließ man mich nach Hause gehen. Wir kehrten zurück nach Belgien und die Armee bot meinem Vater an, dass wir uns, angesichts unserer Situation, aussuchen durften, wo mein Dad stationiert werden sollte. Wir durften entweder in Deutschland bleiben oder nach Florida, wo mein Vater ursprünglich herkommt, ziehen. Die Kosten würden von dem Militär komplett getragen werden, egal wofür wir uns entschieden.

Nach viel Recherche und vielen Überlegungen, entschieden meine Eltern sich dafür, sich nach Deutschland versetzen zu lassen. Die Gesundheitsversorgung war in Deutschland, schon zu jener Zeit, einfach viel besser und auch mit den moderneren Therapien und Behandlungsmethoden war Deutschland den USA um Längen voraus. Wäre auch das Wetter ein guter Grund gewesen, nach Florida zu ziehen, war die Entscheidung für Deutschland, auch im Nachhinein betrachtet, absolut die richtige. Zu dieser Zeit war meine Mutter Feuer und Flamme, alles über diese Erkrankung und die entsprechenden Therapien zu erfahren- und damit meine ich **alles**! Sie las sich durch zahlreiche Bücher, befragte Ärzte, besuchte Lehrgänge und Seminare. Sie tat alles in ihrer Macht stehende.

Das war definitiv eine Bereicherung für mich, denn bald wusste sie schon mehr als mancher Arzt, was natürlich den ein oder anderen von ihnen oftmals in Verlegenheit brachte oder ihn sogar teils verärgerte. Doch das war ihr egal, denn es ging ja schließlich um **ihr** Kind. Auch die Jahre danach war meine Mutter immer diejenige, die nicht nur eine Menge Wissen zum Thema hatte, sondern auch ein unglaubliches Gespür dafür, wenn etwas nicht stimmte. Sie wusste dann sofort, wann es nötig war, mich ins Krankenhaus zu bringen oder wann ich beispielsweise gerade allergisch auf ein Medikament reagierte, auch wenn die Ärzte sagten, es handle sich um etwas anderes.

Bis heute sind wir bekannt auf den Stationen, auf denen ich bisher war, weil wir immer eine Familie waren, die sich nichts erzählen lassen wollte und die auch immer ihren Willen durchsetzte- für die Ärzte ziemlich anstrengend, doch für mich und den Erhalt meiner Gesundheit ein absoluter Segen.

Reisen mit Mukoviszidose

12. August 2013

„Ja, das Reisen mit Mukoviszidose hat so seine Vor- und Nachteile. Manchmal ist es schon sehr lästig. Im regulären Alltag lassen sich Inhalationen und sonstige Therapiemaßnahmen ja gut integrieren. Man erledigt einfach alles, bevor man zur Arbeit oder in die Uni geht und macht den Rest am Abend vor dem Schlafengehen. Easy Peasy. Doch lassen sich diese regelmäßigen Vorkehrungen nur schwer mit der Spontanität des Reisens verbinden. Im Laufe eines solchen Tages ergeben sich oft einmalige Gelegenheiten für Unternehmungen, die in diesem Moment einfach wichtiger erscheinen. Man wird gefragt, ob man nicht etwas essen gehen oder die Stadt erkunden möchte. Da fällt ein „Nein" oftmals schwer. Wer möchte schon direkt zu Beginn einer Bekanntschaft eine freundliche Einladung verneinen?

Werde ich gefragt, ob mich das ständige Inhalieren nicht nervt, so sage ich fast automatisch „nein", mit der Begründung, dass ich ja daran gewöhnt bin und es gar nicht anders kenne. Wenn ich aber unterwegs bin, fällt es mir schwer, diszipliniert zu bleiben. Es braucht eine weitaus größere Portion Willensstärke auf Reisen bei der Sache zu bleiben, als es zu Hause der Fall ist. Doch es muss eben funktionieren, da es schlichtweg keine andere Option gibt.

Was schlimmer ist, ist wenn man auf Reisen dann mal krank wird. Für einen „gesunden" Menschen ist es ja schon sehr ärgerlich, wenn er im Urlaub im Bett liegt, doch mit Mukoviszidose kann eine völlig normale Erkältung sehr schnell ziemlich gefährlich werden. Darum versucht man auch die Ansteckungsgefahr möglichst gering zu halten. In Tavira, in Portugal, habe ich mich bei einer Dame aus meinem Hostelzimmer angesteckt, die ausgerechnet an dem Morgen, an dem ich abreisen und weiterziehen wollte, erste Symptome aufwies. Ich hielt Abstand, doch der Virus musste sich fröhlich über die Klimaanlage in unserem Zimmer verbreitet haben.

Zwei Tage später begann es dann. Eine ganz normale Erkältung- erst die Halsschmerzen, dann beginnt man langsam zu schwächeln, die Nase läuft und so weiter. Wenn es dabei bleibt, hat man Glück, doch bei der Mukoviszidose verläuft es eben oft nicht so harmlos, denn der Mukoviszidose-Patient kann stets davon ausgehen, dass durch einem solchen Infekt seine Lungenfunktion gefährdet sein könnte. Wenn man Pech hat und die Erkältung länger andauert, kann sich der gesamte Gesundheitszustand allein durch diesen Infekt verschlechtern. Folgt dem ersten Infekt dann noch ein zweiter, wird es ernst. Dann kann man schon mal etwas Angst bekommen und eine mehrwöchige Antibiotikakur in Erwägung ziehen. Somit sind Viren, neben bestimmter Bakterien und Keime, so ziemlich der größte Feind von Leuten mit Mukoviszidose. Manche Bakterien und resistente Keime, die sich vor allem in feuchter Erde und sonstigen feucht-warmen Stellen bilden, können in der Lunge auch schlimme und vor allem dauerhafte Schäden anrichten.

Was allerdings unheimlich schön ist zu sehen und was mich echt freut, ist die Art und Weise wie die meisten Menschen hier auf Reisen auf die Erkrankung reagieren und wie viel Verständnis sie aufweisen. Erstaunlich viele Reisende wissen tatsächlich über die Erkrankung Bescheid, ein Phänomen, das ich bisher nicht kannte, denn die meisten Menschen in meiner Umgebung konnten bisher selten etwas mit dem Begriff „Mukoviszidose" anfangen. Höchstens Biologie- oder Medizinstudenten wissen dann worum es geht, wenn sie meine „Trommelschlägelfinger" oder „Uhrglasnägel"- typische Merkmale für Herz- und Lungenerkrankte aufgrund des Sauerstoffmangels im Körper- sehen. Bisher kannte ich es auch nicht, vor anderen Menschen zu inhalieren oder Medikamente einzunehmen, außer vor manchen Freunden und meiner Familie.

Ursprünglich hatte ich mir etwas Sorgen darum gemacht, was Mitreisende in einer solchen Situation denken könnten, doch seitdem ich unterwegs bin und die ersten Reaktionen erlebt habe, sind diese Sorgen wie weggeblasen. Die Reaktionen sind oft sogar ziemlich witzig, wenn ich inhaliere oder beim Essen meine Tabletten auspacke.

Als ich in meinem Bett im Hostel in Granada saß und inhalierte, sah der Spanier, mit dem ich mir das Zimmer teilte, Jesús, mich erst kurz verwundert an und schaute aber schnell wieder weg. Ich machte gerade eine Trockeninhalation, die sich „Bronchitol" nennt, bei der man Pillen in einem kleinen Zerstäuber zerdrückt, um dann das Zuckerpulver, das dabei freigesetzt wird, durch das kleine Gerät einzuatmen. Ich sah, wie es in seinem Kopf ratterte. Dann schaute er wieder zu mir und fragte mich in gebrochenem Englisch:

„What is that there?"

Ich antworte: „I am inhaling."

„Oh," lachte er. „ I thought you were doing drugs."

Dann fragte er mich, wozu ich denn inhalieren würde und ich erklärte ihm alles. Das war's. Nach meiner ersten Skepsis vor Fremden zu inhalieren, merkte ich also schnell, dass die Leute als Reaktion oft einfach neugierig waren und freundlich nachfragten, was ich da tat und warum. Dann erkläre ich es ihnen halt einfach. Ich denke, dass es da nichts zu verstecken gibt, denn warum sollte ich mich dafür schämen oder ein Geheimnis daraus machen? Ein anderer Teil der Leute zeigt sich einfach ganz lässig und tut so, als sei ein Mädchen, das in einem Hostelbett an einem Inhaliergerät vor sich hinpaffte, das normalste der Welt. Oder als ich einmal beim Frühstück meine bunten Pillchen auspackte, die ich zu jeder Mahlzeit einnehmen muss, sagte einer zu mir:

„Hey Grandma, don't forget your meds" oder „The party's starting early today, huh?". Für all diese Reaktionen bin ich irgendwie dankbar. So fühle ich mich um Welten wohler und auch irgendwie normaler. Denn das Schlimmste, was ich mir vorstellen könnte, wäre, wenn sie mich bemitleiden würden."

Vom Anderssein

Wir wurden also nach meiner Diagnose und dem siebenwöchigen Aufenthalt in der Klinik auf unseren Wunsch zur Airforce-Base in Rammstein versetzt, weil diese in der Nähe der Klinik in Homburg war, deren Chefarzt, Herr Professor Doktor Dockter (das ist mein voller Ernst!), auf Mukoviszidose spezialisiert war. Auch seine Frau, Frau Dockter, hatte mit CF (Cystic Fibrosis= Zystische Fibrose= Mukoviszidose) viel zu tun, denn sie war als Physiotherapeutin auch auf die CF spezialisiert. Wir wurden sofort aufgenommen und von Anfang an sehr gut beraten in der Homburger Klinik. Noch Jahre später schickte die Familie Dockter uns Weihnachtskarten und erkundigte sich immer wieder nach mir. Hier musste ich lediglich ein Mal noch stationär in die Klinik, weil es mir nicht gut ging, danach ging meine Gesundheit für viele Jahre nur noch bergauf.

Zu dieser Zeit ging mein Vater zur Arbeit, während meine Mutter mit mir zu Hause die nötigen Atemdrainagen und Inhalationen machte. Wie sie später berichtete, machte ich zu jener Zeit alle Übungen brav mit und ließ alles einfach zu, was natürlich auch damit zusammenhing, dass meine Mutter bemüht war, alle Übungen mit einem möglichst großen Spaßfaktor zu verbinden, damit ich immer motiviert blieb. Sie versuchte also aus allen Übungen kleine Spiele zu machen und so durfte ich beispielsweise in ein hölzernes Gerät pusten, das das Pfeifen einer Dampflok imitierte oder machte Atemübungen mit einem Gerät, bei dem das Ziel war, eine Schaumstoffkugel mit meinem Atem in der Luft zu halten und möglichst lang schweben zu lassen.

Als mein Vater dann eine Abfindung erhielt, um aus dem Militär auszutreten, entschieden meine Eltern, nach Düsseldorf zu ziehen, da sie zeitgleich dort Eigentum geerbt hatten und die Wohnungen vor Ort verwaltet werden mussten. Zur gleichen Zeit wurde in einem der Häuser, die meine Großeltern besaßen, eine Wohnung frei, die optimal für uns war und genau zur rechten Zeit kam. Ich kam daraufhin in den Kindergarten und auch wenn ich immer ein eher schüchternes Kind gewesen war, genoss ich es, plötzlich Gleichaltrige um mich zu haben. Zu der Zeit arbeiteten meine Eltern beide nicht. Durch die Abfindung, die mein Vater erhalten hatte und das Erbe, das wir bekommen hatten, hatten meine Eltern den Luxus, beide für eine gewisse Zeit nicht arbeiten zu müssen. Somit konnte meine Mutter sich weiterhin um mich kümmern, während mein Vater Deutschkurse besuchte. Damals sprach er nämlich praktisch nur Englisch. Mein Vater freute sich auch riesig, mehr Zeit zu Hause verbringen zu können und meiner Mutter etwas von der bisherigen Last abnehmen zu können. Klar war weiterhin, dass egal was passierte, immer jemand zuhause bleiben würde, damit mir nichts Schlimmes mehr zustoßen konnte.

Etwa zu dieser Zeit begann eine relativ schwierige und anstrengende Phase für meine Eltern, denn auch wenn ich einen Großteil der Zeit meine Therapie, die zu jener Zeit jeden Morgen und jeden Abend etwa um die zwei Stunden andauerte und aus Atemübungen, Inhalationen und Trampolinspringen bestand, brav machte, gab es dennoch etwa 15% der Zeit, in der ich mich gegen die Therapie wehrte. Ich bockte dann rum, hatte keine Lust auf die anstrengenden Übungen und wollte mich einfach nicht auf sie und auf meine Mutter einlassen. Sie nahm sich meine Bockigkeit sehr zu Herzen und begann langsam zu verzweifeln. Sie fürchtete nicht nur um meine Gesundheit, sondern auch um unsere Beziehung zueinander als Mutter und Tochter. Meine Eltern beschlossen daraufhin, ihre bisherigen Rollen zu tauschen, sodass mein Vater sich nun um die Therapiemaßnahmen mit mir kümmern würde. Ich bockte weiter rum. Wenn mein Vater und ich uns allerdings stritten, ließ er sich das nicht so sehr zu Herzen gehen und unser Verhältnis zueinander war nach einer Streitigkeit genauso wie zuvor, als wäre nie etwas gewesen.

Die ersten Erinnerungen, die ich an meine Kindheit habe, stammen aus dieser Zeit. Mein Vater war strenger als meine Mutter, wir hatten allerdings auch viel Spaß bei der Therapie. Oft schaute ich während der Inhalationen „Barney", meine damalige Lieblingssendung. Ich sang immer gern und laut mit und erhielt somit auch noch ein wertvolles Lungentraining. Was den sportlichen Aspekt anbelangt, sprang ich oft bis zu 40 Minuten lang auf dem Trampolin, während mein Vater mir immer wieder, „höher, höher" zurief, wenn ich langsam träge oder faul wurde.

Damals lernten mein Vater und ich in Lehrgängen von dem bis heute renommiertesten Physiotherapeuten im Bereich der Mukoviszidose, Herrn Chevaillier, die neuesten Atemtechniken. Hier führten mein Dad und ich unsere Therapieleistung im Doppelpack stolz vor vielen weiteren werdenden Physiotherapeuten vor. Diese Atemtechniken beinhalteten teilweise, dass der Therapeut, beziehungsweise mein Vater, mit beiden Händen meinen unteren Brustkorb umfasste, während ich am Boden lag, und meinen Brustkorb herunter drückte, damit ich möglichst weit in die Ausatmung kommen und somit die weniger belüfteten Stellen der Lunge erreichen konnte. Machte ich aktiv mit, war es ein Kinderspiel, wehrte ich mich jedoch gegen den Druck, machte ich es mir selbst und meinem Vater oder dem Therapeuten unglaublich schwer. Mein Vater erzählt mir bis heute, dass er dort das erste Mal in mir eine starke Willenskraft erkannte, wenn ich mich, teils bis zu einer Stunde lang, mit all meiner Kraft gegen den Druck seiner Hände wehrte. Auch wenn der Aufwand groß und der Prozess anstrengend und frustrierend war, war er dennoch insgeheim stolz, dass ich meinen kleinen Dickkopf durchsetzen wollte.

Heute kann ich mir nur vorstellen, wie schwierig es für ihn gewesen sein muss, seine eigene Tochter regelrecht zu diesen Übungen zu „zwingen“, doch er hatte den Entschluss gefasst, dass nichts und niemand ihn abhalten würde, so gut wie nur möglich für meine Gesundheit zu sorgen. Außenstehende, die nichts oder nur wenig von den Therapien und der Erkrankung selbst wussten, kritisierten meinen Vater oft für seine strenge Art, was die Sache für meine Eltern vermutlich nicht leichter machte.

Eine große Frage meiner Eltern, als ich begann, in den Kindergarten zu gehen, war: „Wie gehen wir nun mit dieser Situation um?“ Sollte man den Betreuern im Kindergarten von der Erkrankung erzählen? Wie würden die anderen Kinder reagieren? Und wie würde sich das auf ihre Tochter auswirken? Nicht nur diese Fragen beschäftigten meine Eltern, denn die Ärzte hatten sie zusätzlich davor gewarnt, dass es im Kindergarten und in Schulen viele Keime gab, die ich mir einfangen könnte und die eine Gefahr für meine Gesundheit darstellen konnten. Auch Erkältungen oder stärkere Infekte konnte ich mir einholen, was auch schädlich für meine Lunge gewesen wäre. Glücklicherweise schickten meine Eltern mich trotzdem in den Kindergarten und abgesehen von der einen oder anderen kleinen Erkältung, ging es mir wunderbar.

Die Kindergärtnerinnen wussten grob, was zu beachten war: dass ich beispielsweise nicht im Dreck spielen durfte (denn gerade in feuchter Erde sammeln sich gern die Pseudomonas-Keime, die für mich am gefährlichsten sind). Es wurde allerdings auch nicht an die große Glocke gehängt, dass ich Mukoviszidose hatte, denn möglicherweise hätte dies unter den anderen Eltern Besorgnis um ihre eigenen Kinder erregt, auch wenn ich niemanden anstecken oder in irgendeiner Art gefährden konnte. Und so war es auch, als ich später in die Schule kam: Ich machte ganz normal im Unterricht mit, nahm auch am Sportunterricht teil und bis auf die Zeiten, in denen ich meine zweiwöchige Antibiotikakur erhielt, fehlte ich, zumindest in der Grundschule, auch so gut wie nie. Diese Antibiotikakuren, auch IV- (=intravenöse) Antibiosen genannt, erhielt ich lange alle drei bis sechs Monate, heute hingegen seltener. Hierdurch konnte sich mein allgemeiner Gesundheitszustand meist verbessern, vor allem wenn ich zuvor krank gewesen war. Anfangs verbrachte ich diese beiden Wochen noch im Krankenhaus, mit der Zeit allerdings lernten meine Eltern selbst, wie sie die Medikamente verabreichen und allergische Reaktionen erkennen konnten. So war es dann auch zu Schulzeiten für mich möglich, halbtägig in die Schule, um dann gegen Mittag zur Antibiotikagabe nach Hause zu gehen. Für mich war dies toll, denn in den ersten Jahren ging ich noch gern zur Schule, was sich jedoch mit der Zeit ändern würde.

In der Zwischenzeit war meine Lungenfunktion immer besser geworden. Ich bewegte mich viel und machte alle notwendigen Therapien. Allerdings nahm ich immer noch nur schwer zu und lag weit unter dem durchschnittlichen Normalgewicht für mein Alter. Ich aß nur sehr selektiv und selten viel und da die Gewichtszunahme gerade bei Menschen mit Mukoviszidose nur sehr schwer vonstatten geht, war ich sehr leicht, schmächtig und klein für mein Alter. Wie mein Vater heute berichtet, war es eine regelrechte Qual, mich dazu zu bekommen, mehr zu essen. Bis zu dem Tag, an dem ich plötzlich Gefallen am Essen fand. Nachdem meine Eltern mich immer wieder streng ermahnt hatten, schien eines Tages ein Schalter in meinem Kopf umgelegt worden zu sein und ich aß ab jenem Zeitpunkt Unmengen. Allerdings würde ich erst zum Ende meiner Jugend hin beginnen, zuzunehmen- heute fällt es mir sogar eher schwer nicht zuzunehmen, denn das Ganze regulierte sich irgendwann wie von selbst. Ich erinnere mich an die leckeren, hochkalorischen und schokoladigen Scandi-Shakes, die ich als Kind zu mir nehmen und mir als Jugendliche bewusst abgewöhnen musste, weil ich plötzlich so schnell zunahm.

Während meiner Grundschulzeit hatte ich einige Freunde, allerdings war ich die meiste Zeit nur mit meiner besten Freundin Jaqueline zusammen. Wir verbrachten unsere Pausen damit, unter dem Klettergerüst des Pausenhofs mit unseren geliebten Beanie Babies zu spielen und uns die wildesten Geschichten auszudenken, was vermutlich auf unsere Mitschüler nicht besonders „cool“ wirkte. Wir wechselten uns ab, mal trafen wir uns bei ihr zuhause und mal bei mir und wir hatten, ohne Frage, die schönsten Spiele. Oft spielten wir im Hof hinter unserem Haus im Scheidlingsmühlenweg, wo zeitweise nicht viel mehr stand als ein Haufen Sperrmüll, den wir oft in unsere Spiele integrierten. Wir stellten uns vor, zu den spannendsten Ecken dieser Welt zu reisen und ließen es uns oft nicht nehmen, uns in das Auto meiner Eltern zu setzen und Road Trip zu spielen. Wir kreierten sogar unsere eigene Radioshow und nahmen unsere Abenteuer mit meinem damaligen Fisher Price Kassettenrekorder auf Kassette auf.

Ein Mal nahmen wir uns ein Beispiel aus einem Film, den wir gesehen hatten (der zugegebenermaßen Britney Spears als Hauptdarstellerin enthielt) und packten in einen kleinen Karton alle möglichen kleinen Souvenirs, Fotos und sonstigen Kram und verbuddelten diesen an einer Stelle nahe der Düssel, einem kleinen Bach, der entlang unseres Hauses lief. Diesen Karton wollten wir dann im Alter von 18 wieder ausgraben und uns der Dinge erfreuen, die wir mit acht Jahren hineingelegt hatten. Er liegt vermutlich bis heute auch weiterhin bei der Düssel begraben, da niemand von uns auf die weise Idee gekommen war, zu notieren, wo genau diese Stelle wiederzufinden war.

Im Alter von sieben Jahren kam dann eine sehr erfreuliche und schöne Nachricht: Meine Eltern würden ein zweites Kind bekommen. Ich erinnere mich daran, wie meine Mutter an meinem siebten Geburtstag noch im Krankenhaus lag, da meine kleine Schwester sieben Jahre und vier Tage nach mir zur Welt kam. Zum Erstaunen aller, stellte sich nach einigen Tests heraus, dass meine Schwester ebenfalls Mukoviszidose hatte, was unter den Voraussetzungen nur zu einer Wahrscheinlichkeit von etwa 25% hätte passieren können. Meine Eltern freuten sich natürlich nicht über diese Nachricht, doch zumindest wussten sie nun genau, womit sie es zu tun hatten und glücklicherweise hatte man die Erkrankung bei meiner kleinen Schwester, Shannon, so frühzeitig erkennen können, dass sie bis heute wenig Probleme mit ihr hat. Ich liebte es, ein kleines Schwesterchen zu haben, auch wenn bestimmt die eine oder andere Eifersüchtelei mit dabei war in der frühsten Kindheit, da die Aufmerksamkeit der Eltern nun zweigeteilt war. Über die nächsten Jahre würden wir als Familie immer nur stärker zusammen wachsen und das liebe ich bis heute an uns.

Zu der Zeit, in der ich zur Grundschule ging, begann mein Dad dann, hinsichtlich meiner Atemtherapie ein wenig lockerer zu lassen. Die Therapie machte mir zunehmend wieder Spaß, denn ich hatte wesentlich mehr Freiraum und mein Vater musste nicht mehr wie verrückt auf meiner Lunge herum pressen, da ich diese Übungen nun selbst beherrschte. Hier band ich mir einen speziellen Gurt um die Rippen, der mich dabei unterstützte, tiefer in die Ausatmung zu kommen.

Wir begannen außerdem, während der Inhalationen und Atemübungen Game Cube zu spielen oder Wrestling zu schauen, wofür ich in jenem Alter eine große Leidenschaft hegte, wie auch mein Vater. Ich liebte die Show, die Kostüme, die akrobatischen Einsätze einiger Wrestler wie Rey Mysterio oder meiner Lieblingswrestlerin, Lita. Dass bei diesem Sport auch Frauen mitmachten, fand ich toll. Ich schaute sehr zu ihnen auf und bewunderte ihre Stärke, vor allem gegenüber ihren männlichen Mitstreitern. Mein großer Traum war zu jener Zeit, selbst Wrestlerin zu werden und mein Dad unterstützte mich zu 100% bei meinem, damals möglicherweise eher unrealistischen, aber sicherlich nicht unmöglichen, Traum.

Damals wusste ich natürlich noch nicht, was alles hinter den Kulissen des professionellen Wrestling Businesses geschah, vor allem bezüglich des Drogenmissbrauchs in diesen Kreisen. Als die „Make-A-Wish" Foundation mich mit etwa 12 Jahren fragte, was mein größter Wunsch war, den sie mir erfüllen könnten, sagte ich, dass ich unheimlich gern mal ein WWE (World Wrestling Entertainment)-Event besuchen wollte. Sie schenkten mir (und meinem Vater natürlich, der sich vermutlich noch mehr freute als ich) nicht nur das, sondern boten mir auch noch an, einen der Wrestler persönlich kennen zu lernen.

Ich erinnere mich, einem meiner damaligen Freunde gegenüber erwähnt zu haben, dass ich Wrestlerin werden wollte und wie spannend ich diese Welt fand. Wie Kinder jedoch so sind, wurde ich für meinen Traum und meine Begeisterung für ein solch sonderbares Thema ausgelacht, weswegen ich daraufhin, Freunden oder Mitschülern gegenüber meine große Leidenschaft verschwieg. Auch wenn es nach einem Klischee klingt und die Umstände etwas ungewöhnlich waren: In dieser Zeit wurde mir klar, dass ich nicht wie andere -insbesondere wie andere Mädchen- war und bekam das Gefühl, dass ich nach außen hin nicht so wirklich zeigen konnte, wer ich war.

Zurückblickend würde ich sagen, dass ich mich immer ein wenig in meiner eigenen Welt befand. Vermutlich hatte zudem die Erkrankung etwas damit zu tun, denn auch über diese sprach ich mit niemandem außerhalb meiner Familie. Nicht weil ich nicht durfte, sondern weil ich einfach nicht so „anders" sein wollte. Als Kind ist herauszustechen genau das, was man am wenigsten möchte oder sogar, wovor man sich am meisten fürchtet.

Die weiterführende Schule und meine Pubertät waren eine ziemlich schwierige Phase für mich, denn ich zeigte mich, aus der Retrospektive gesehen, nie als die Person, die ich war, sondern passte mich immer mehr meinen Freunden und Mitschülern an. Es war nämlich nie so, als hätte ich keine Freunde gehabt oder, dass ich unbeliebt gewesen wäre, ich nahm mich selbst nur sehr stark zurück und zeigte mich nicht, aus Angst vor Kritik oder aus der Befürchtung heraus, dass ich ausgelacht werden könnte.

In der weiterführenden Schule, ab der fünften Klasse also und nachdem ich mich von meiner damaligen besten Freundin, Jaqueline, trennen musste, da sie nun auf die Realschule und ich auf das Gymnasium gehen würde, bekam ich eine neue beste Freundin, die mit der Zeit das beliebteste Mädchen der Klasse wurde. In ihrem Schatten fühlte ich mich sicher, denn so wurde ich nicht gehänselt und hatte auch noch eine nette Freundin. Das Selbstbewusstsein, für mich selbst einzustehen oder mich so zu zeigen, wie ich war, würde erst viele Jahre später kommen. Aufgrund der Erkrankung war ich außerdem sehr klein und sehr schmächtig, was mir noch mehr das Gefühl von Unsicherheit gab, denn meine Mitschüler sprossen plötzlich alle und schossen in die Höhe, während ich immer die Kleinste in der Klasse war und zusätzlich sehr jung aussah. Auch die Pubertät setzte bei mir erst etwa zwei Jahre später ein, als es bei meinen Mitschülerinnen der Fall war und ich schämte mich unheimlich dafür, dass alle Mädels langsam zu Frauen wurden, während ich mit meinen 13 Jahren aussah wie ein 9-jähriger Junge mit langen Haaren.

Die schlimmste Zeit begann allerdings erst, als meinen männlichen Mitschülern nach und nach auffiel, dass ich in meiner Entwicklung so weit hinterher hing und der erste mich auf einer Klassenfahrt vor der ganzen Klasse „Flachbrett" nannte und dabei laut lachte. Hey, Kinder können halt wirklich gemein sein, aber zu der Zeit war ich so unglaublich beschämt, dass meine größte Unsicherheit, nämlich mein Körper, so heftig und schamlos nach außen katapultiert wurde, dahin, wo sie absolut jeder sehen und ich nichts daran ändern konnte.

Für mich war ein weiterer, schrecklicher Moment, als meine damalige Clique, bestehend aus einigen Kumpels und meiner besten Freundin Pia, begannen, mich aus der Gruppe auszuschließen. Die Jungs hatten angefangen, mich rauszuekeln, indem sie in meiner Nähe Dinge sagten wie „Iih" und „Bah", bis ich eines Tages erfuhr, dass sie dies bewusst taten und mich nicht mehr „in der Clique haben wollten". Glücklicherweise stand meine beste Freundin mir bei und auch in der restlichen Klasse war ich nicht unbeliebt, daher hätte es mit Sicherheit auch schlimmer kommen können. Heute weiß ich, dass allein durch diese Zeit, viele Ängste in mir entstanden sind, wie zum Beispiel meine Angst, von Menschen einfach fallen gelassen zu werden oder die Angst, bloßgestellt zu werden. Doch auch diese Phase konnte ich überwinden und einige Monate später entschuldigten sich die Jungs sogar bei mir und wir kamen als „Clique" alle wieder zusammen.

Kurze Zeit später kam ich mit meinem ersten Freund Max zusammen. Unsere „Liebesbeziehung" beschränkte sich natürlich auf das absolute Minimum, zumindest was unseren tatsächlichen Kontakt zueinander anbelangte, dennoch war es eine sehr schöne und aufregende Zeit für mich. Unser erster Kuss, den wir nach einigen Monaten des Zusammenseins zusammen erlebten, bestand aus einem:

„Willst du mich küssen?"

„Eh, ja ok."

Zwei Jahre später kam ich sogar ein zweites Mal mit ihm zusammen, nämlich als ich begann, gegen meine Umwelt zu rebellieren. Damals fing ich an, mich anders zu kleiden und schaute mir dabei einiges bei meiner damaligen

Lieblingskünstlerin Avril Lavigne ab. Max war zu jener Zeit waschechter Punk. Er trug einen Irokesenschnitt und Springerstiefel, hörte Deutschpunk und schmückte seinen khakigrünen Parka und Bundeswehrrucksack mit dutzenden von Patches und anarchistischen Sprüchen. Ich hatte keine Lust mehr zu sein, wie all die anderen Mädels in meiner Klasse und provozierte vor allem gern meine beste Freundin, aus deren Schatten ich langsam hervortrat, und meine Lehrer, indem ich mit schwarz lackierten Nägeln und zerrissener Jeans in die Schule kam. Ich begann, meine Andersartigkeit nach außen zu tragen und auch wenn es vielleicht nicht mein authentisches Ich war, wenn es ein solches denn zu der Zeit überhaupt schon gab, genoss ich die Freiheit, die mit diesem Verhalten einherging. In dieser Zeit begann ich, mich in meinem Zimmer zu verbarrikadieren, viel Musik zu hören und vor allem zu schreiben. Denn natürlich ist das Leiden in jenem Alter unglaublich groß und darüber musste geschrieben werden.

Als ich 15 war, hatte mein Vater, nachdem er eine kurze Zeit lang selbst American Football gespielt hatte, begonnen, eine Jugendmannschaft zu trainieren. Er verdiente zunächst kein Geld dabei, doch er tat es mit größter Leidenschaft und tut dies, bewundernswerterweise, auch heute noch. Irgendwann bat er mich darum, mal zu einer seiner Trainingseinheiten zu kommen und die Jungs beim Training zu filmen, damit er hinterher eine Videoanalyse mit ihnen machen konnte, was ich dann auch tat. Eine kurze Zeit später half ich außerdem bei einer Aktion aus, die mein Dad mit seinen Jungs in dem Jugendhaus, in dem meine Mutter zu der Zeit arbeitete, veranstaltete und lernte die Jungs, die zum größten Teil in meinem Alter waren, nach und nach kennen.

Ich begann, mich in meiner Freizeit in Grüppchen mit ihnen zu treffen und ich besuchte immer wieder ihre Trainings und Footballspiele. Ich lernte, dass es auch außerhalb der Schule eine Welt gab- eine Welt, in der ich mich so zeigen konnte, wie ich war und in der ich mich plötzlich sehr wohl fühlte. Hier entdeckte ich außerdem meine Leidenschaft für die Fotografie, die sich viele Jahre später zu einer Leidenschaft für die Videografie entwickeln würde. Also ging ich mit meiner damaligen, kleinen „Powershot“- Digicam zu jedem Training, um die Jungs beim Spielen zu fotografieren. Ich liebte insbesondere die Shots, die beim Tackle-Training entstanden, wenn die Jungs in voller Ausrüstung und in voller Action gegeneinander spielten.

Im Laufe der nächsten Jahre ging meine Liebe für die Fotografie und den Sport sogar so weit, dass ich sogar, kurze Zeit später, als Fotografin bei der deutschen Football-Nationalmannschaft engagiert wurde. Ich merkte zunehmend, wie mein Selbstbewusstsein gestärkt wurde und ich mich immer mehr wie ich selbst fühlte. Durch den Football habe ich Menschen kennengelernt, die bis heute noch in meinem Leben sind und habe Freundschaften geschlossen, die intensiver waren als viele andere in meinem Leben.

Durch einige der Jungs vom Football und meinen Wunsch, aufgrund meiner Liebe zur Fotografie, den Kunst-Leistungskurs zu belegen (was an meiner damaligen Schule nicht möglich war), wechselte ich in der 11. Klasse auf ein anderes Gymnasium. Hier fühlte ich mich schon mal um ein einiges wohler, wenngleich dies mit der Zeit auch wieder etwas abnahm. Irgendwann musste ich feststellen, dass ich mich einfach generell in Klassengefügen nicht wohl fühlte und ich es nicht mochte, wie sich immer kleine Grüppchen oder Cliquen bildeten und man dadurch ständig an denselben Leuten „klebte". Es war mir lästig, mich in eine Gemeinschaft integrieren zu müssen, in der ich mich nicht wohl fühlte. Ich kam mir immer fehl am Platz vor und als wäre ich mit niemandem wirklich auf der gleichen Wellenlänge. Mich nervten vor allem immer diejenigen, die sich in Gruppen groß aufspielten und auf persönlicher Ebene aber nichts zu bieten hatten, wenn man versuchte, sich mit ihnen zu unterhalten. Zwar hatte ich immer meine zwei bis drei guten Freunde, und die einen oder anderen, mit denen ich mich gut verstand, doch mit dem Rest wollte ich möglichst wenig zu tun haben.

In dieser Zeit lernte ich dafür wirklich, mit was für Menschen ich mich umgeben wollte, und dass ich, zumindest außerhalb der Schule, auch nicht meine Zeit mit Leuten verbringen musste, mit denen ich mich nicht richtig verstand.

Selbstfindung

14. August 2013

„Von der inneren Verbundenheit

Ich habe mir nun viele Gedanken dazu gemacht, was es heißt, mit sich selbst im Einklang zu sein. Ist man mit sich selbst im Einklang, entsteht ein Zustand, in dem die Welt, der eigene Körper und das Selbst miteinander verbunden sind. Man fühlt sich glücklich, zufrieden, selbstbewusst, attraktiv, man strahlt ein gewisses Etwas aus, eine positive Energie, die von innen heraus strahlt. Ich verspüre dieses Gefühl vor allem wenn ich auf Reisen bin. Auch mit Timo habe ich manchmal diese Momente, beispielsweise, wenn wir in der Natur sind und herumspielen wie Kinder oder wenn wir unsere Momente haben, in denen wir zusammen einfach ohne Grund hemmungslos wie verrückt loslachen. Auch unter Freunden, wenn wir uns in Gesprächen verlieren und zwischendurch laut lachen müssen und uns einfach diesem Moment des Miteinanders hingeben. Bei den Reisen kommt es noch nicht einmal darauf an, weit in der Ferne oder überhaupt in einem anderen Land zu sein. Allein im Auto so daher zu fahren, Musik zu hören und die Welt an sich vorbeiziehen zu lassen- das löst schon Glücksgefühle in mir aus. Die höchsten Gefühle des Glücks treten ein, wenn ich zum Beispiel auf einer Wanderung bin und neue Landschaften, Flüsse, Pflanzen, Berge und so weiter entdecke. Und auch vor allem auf Busfahrten. Wenn alles an mir vorbeizieht, die Wälder, die kleinen Dörfer mit ihren Einwohnern, die ihren täglichen Gewohnheiten und Verpflichtungen nachgehen, die Felder, ja selbst die Autobahnen versprechen etwas Neues, etwas Unerwartetes. Die Wege, die uns zu unseren Zielen führen, sind die Wege, die uns dazu bringen, zu hoffen, zu antizipieren und uns auf das Kommende und Unbekannte zu freuen.“

Peniche

Der Bus tuckerte langsam in den kleinen Ort, den man mir empfohlen hatte namens Peniche. Ich hatte, ehrlich gesagt, keine hohen Erwartungen an diesen Ort, doch nachdem ich von Lissabon eher enttäuscht gewesen war, setzte ich trotzdem darauf, dass ich hier ein paar Tage entspannen könnte, denn Großstädte bedeuteten für mich immer eher Stress als alles andere. Lissabon war mir außerdem echt ein wenig zu bergig gewesen- man kam nirgends an, ohne vorher einen steilen Hang hinauf- oder hinabzulaufen. Rechts neben mir erblickte ich hohe Sanddünen, die mir den Blick auf das Meer versperrten. Auf der linken Seite sah ich einige Surfshops, dann Wohnhäuser und noch eine Fabrik, deren Gestank sogar bis in den Bus drang. Es roch fürchterlich nach Fisch- eine Fischfabrik also.

Wir kurvten noch ein wenig durch Peniche, bis der Bus dann mitten in einem Wohngebiet anhielt und uns raus ließ. Ich fragte den Busfahrer auf einer Mischung aus Spanisch, Portugiesisch und Englisch, ob dies die Endhaltestelle war und wir in Peniche seien. Ja, hier sei ich richtig. Ich stieg aus und nahm meine Sachen aus dem Gepäckraum des Busses. Zum Glück hatte ich nun wieder nur meinen großen und kleinen Rucksack bei mir. Das Zelt und die restlichen Campingsachen hatte ich im Hostel in Granada gelassen, damit spätere Gäste sie benutzen konnten.

Ich atmete die sehr salzige, warme, feuchte Luft tief ein und fühlte mich aus irgendeinem Grund sofort pudelwohl. Dann machte ich mich auf den Weg in die Richtung, in der ich das Meer vermutete, um von dort die Küste hoch zu laufen, hin zu dem Hostel, in dem ich ein Bett für einige Nächte in einem Vierbettzimmer gebucht hatte. Mich durchfuhr ein wohliges Gefühl beim Anblick des Ortes. Er war von einer solchen Einfachheit, dass es mich fast wunderte, dass er überhaupt in meinem Reiseführer aufgetaucht war. Schöne, kleine Häuser, zum Teil schon völlig heruntergekommen, teils in verschiedenen Pastelltönen bemalt oder mit den für Portugal typischen „Azulejos“ gekachelt, neben kleinen Surfshops, einem Spielplatz und einer alten Mauer, die sich durch den ganzen Ort zog. Als ich an dem Kreisverkehr angekommen war, an dem der Bus zuvor abgebogen war, entdeckte ich einige alte Damen auf einer Bank auf der einen Seite der Straße und einige alte, braungebrannte Herren auf einer Bank auf der gegenüberliegenden Straßenseite, als wollten die alten Pärchen zwar nicht beieinander sitzen, sich jedoch gern gegenseitig im Auge behalten. Hier an der Straße links hoch sollte mein Hostel sein.

Ich klingelte ein erstes und ein zweites Mal. Nach dem zweiten Klingeln wurde mir die Tür geöffnet. „Hey there, how are you?", begrüßte mich der Besitzer des Hostels und bat mich herein. Ich hielt meinen Reisepass schon in den Händen bereit und streckte ihm diesen entgegen.

„Oh, no worries, I won't need that."

Wow, das erste Hostel, in dem man nicht sofort kontrollierte, wer ich war und all meine Daten aufnahm. Auf Anhieb waren mir dieses Hostel und der Besitzer, der sich Tomás nannte, sehr sympathisch. Wie ganz Peniche, war auch das Hostel sehr einfach gehalten. Die Wände waren größtenteils mit den typisch portugiesischen Fliesen gekachelt. Die restlichen waren bemalt mit verschiedenen, dezenten Graffitis, deren Darstellungen alle mit dem Meer in Verbindung standen. Fischernetze und kleine, bunte Bojen schmückten die Wände. Vom Flur, in dem wir standen, gingen sechs Zimmer ab, die er mir zeigte, nachdem ich meine ganze Ladung abgelegt hatte.

Mein Zimmer war das Vierbettzimmer, das zur Straße hinaus ging. Es gab außerdem zwei Badezimmer, die alle Gäste sich teilten, ein Doppelzimmer und ein Zehnbettzimmer, das einen eigenen Zugang zur Terrasse und ein eigenes Bad besaß. Stand man in der Küche, blickte man geradeaus noch in einen Raum, in dem ein Sofa, ein kleiner Tisch, ein Bücherregal mit Büchern zur Ausleihe oder zum Tausch und ein kleiner Fernseher standen. Von der Küche aus gelangte man außerdem direkt zur Terrasse. Als ich sie betrat, erblickte ich die ersten Gäste, die mich kurz, aber herzlich begrüßten. Sie hatten sich alle auf der gemütlichen Sitzecke verteilt und quatschten. Neben der großen Sitzecke gab es noch zwei kleine Tische, ein paar schöne, alte, verschnörkelte Stühle und einen großen Grill. An der Wand hingen einige Neoprenanzüge, teilweise schon mit so manchen Rissen und Löchern versehen. In der Ecke standen zwei Hälften eines zerbrochenen Surfbretts und zwei kleine Bodyboards.

Als nächstes fielen mir die Wände auf, die scheinbar als Gästebuch dienten, denn sie waren bemalt mit den verschiedensten Sprüchen und kleinen und großen Zeichnungen in vielen verschiedenen Farben. Nachdem Tomás mir mein Zimmer gezeigt hatte, gesellte ich mich zu den anderen Gästen auf die Terrasse. Ich fühlte mich sofort wohl.

Neben zwei Mädels aus Berlin, waren außerdem zwei Musiker aus Südspanien zu Gast, ein Pärchen, das sein Geld damit verdiente, Akustikauftritte zu geben. Er spielte Gitarre und sie beide sangen. Auch sie waren mir auf Anhieb sympathisch. Sie waren wirkliche Freigeister und sahen auch ein wenig aus wie

Hippies, die gerade aus den 60ern entsprungen waren. An meinem ersten Abend in Peniche saßen wir also alle beisammen auf der Terrasse und machten Musik. Wir schnappten uns, was auch immer wir finden konnten, um mitzumachen und sangen alle mit bei Songs, die wir einfach alle auf Anhieb kannten, tranken dabei portugiesischen Wein und genossen einfach unser Beisammensein.

Am nächsten Tag unternahm ich eine Wanderung mit einem der Mädels, die ich am Abend meiner Ankunft kennengelernt hatte und die mir sehr sympathisch war. Sie hieß Kati und hatte eine sehr ruhige, aber freundliche und lustige Art. Da Peniche eine Halbinsel ist, eignet sie sich wunderbar dazu, eine Wanderung um den Ort herum an der Küste entlang zu machen. Genau das taten wir also. Ich nahm meine Kamera mit, zog meine Wanderschuhe an und wir zogen los. Nach nur etwa fünf Minuten begegneten wir der ersten, wunderschönen Kulisse. Ganz Peniche ist umgeben von einer felsigen Küste und schönen, kleinen Buchten, zu denen man hinunter laufen kann. Viele dieser Plätzchen eignen sich auch optimal zum Wellenreiten. Je weiter wir liefen, desto abwechslungsreicher wurden die Formen und Ausprägungen der Felsen. An einigen Stellen stapelten sich die flach geformten Felsen sogar zu meterhohen Türmen, die wie aufeinander gelegte Pfannkuchen aussahen. Hier begann sich meine Faszination für felsige Küsten auszubilden. Die mystische Schönheit dieser rauen Landschaften hat es mir bis heute angetan.

Während unserer Wanderung philosophierten wir viel über das Leben, über das Reisen und auch über die Liebe. Sie erzählte mir später, dass sie polyamor lebte und sich mit ihrem Freund und ihrer Freundin eine WG teilte. Auch erzählte sie mir von ihren Überzeugungen, was die Liebe anbelangt, dass sie es für schwachsinnig hielt, dass man nur eine Person lieben konnte, und dass es zwar manchmal nicht ganz einfach war, sie aber glücklich war in ihrer Dreierbeziehung. Ich war noch nie mit jemandem in Kontakt getreten, der polyamor lebte- ich kannte noch nicht mal jemanden, der eine offene Beziehung führte.

Jahre zuvor hatte ich mir mal ein Buch zum Thema Polyamorie geholt, weil ich das Thema so spannend fand, hatte es jedoch wieder weg gegeben aus Angst, dass jemand das Buch finden und mich dafür verurteilen konnte. Daher fand ich es sehr interessant, was Kati zu dem Thema zu erzählen hatte und bewunderte sie sehr für ihre Offenheit, nicht nur mir gegenüber, sondern für ihre allgemeine Weltoffenheit, und dass sie ganz außerhalb der Konventionen lebte.

Durch sie begann auch ich nochmal mein Leben und meine Beziehung zu überdenken- nicht, weil ich unbedingt polyamor leben wollte, sondern weil mir selbst klar wurde, dass ich bis dahin die wenigsten Dinge in meinem Leben wirklich hinterfragt und überdacht hatte. Von ihr nahm ich in dem Moment ein Stück Unkonventionalität mit, einen Teil ihres Mutes, die Dinge zu überdenken und das Selbstbewusstsein, das sie besaß, genau so zu leben, wie sie es wollte.

17. August 2013

„Zwischen Heim- und Fernweh

Ich frage euch- was tut man, wenn man zwei verschiedene Dinge oder Menschen in seinem Leben hat, die man abgöttisch liebt, diese beiden Instanzen jedoch fordern, dass man sich zwischen komplett verschiedenen Orten und Lebensweisen entscheiden muss? Ich liebe das Reisen so sehr, dass es mir fast weh tut, wenn ich daran denke, doch zur gleichen Zeit verspüre ich das Bedürfnis bei meiner Familie, Timo und meinen Freunden zu sein. Bin ich bei ihnen, vermisse ich wiederum die Welt da draußen, dort wo ich mich derzeit am meisten hingezogen fühle. Beides ist so viele Kilometer voneinander entfernt, dass ich mich frage, warum es ausgerechnet diese beiden Dinge sind, zwischen denen ich mich nun irgendwie entscheiden muss..“

Augenleuchten

Die nächsten Tage, die ich in Peniche verbrachte, waren erfüllt von schönen Gesprächen, von gemeinsamen Abenden in der Bar um die Ecke oder auf der Terrasse und meinen ersten Surfversuchen, die ich sehr genoss, auch wenn ich die meiste Zeit prustend im Wasser verbrachte. Einige Tage nach meiner Ankunft verlängerte ich also meinen Aufenthalt um ein paar Nächte, weil es mir so gut gefiel und wurde in das Zehnbettzimmer verlegt. Zu dieser Zeit reisten die beiden Holländer, Remco und Lars, an. Lars studierte Mediendesign in Amsterdam, ein Kerl der eher ruhigen Art mit orange-roten Haaren und möglicherweise der hellsten Haut, die ich jemals gesehen habe. Remco war selbstständiger Fotograf und hatte eine sehr offene, lustige und etwas provokante Art.

Ich verstand mich auf Anhieb sehr gut mit ihm und wir saßen oft mehrere Stunden auf seinem Bett (er schlief im Etagenbett unterhalb von mir) und schauten Surf-Videos auf YouTube, während er mir begeistert von den verschiedenen Pro-Surfern erzählte, sowie von den diversen Surfbords und Surftechniken, die sie nutzten. Ich begleitete ihn und seinen Kumpel Lars häufig, wenn sie zum Surfen zum Strand runter gingen. Vom ersten Moment an war ich absolut fasziniert von dieser Sportart. Die Eleganz der Surfer, wie sie auf den Wellen hin und her zu tanzen schienen, ergriff mich sofort und ich begann, beim Zuschauen regelrecht mitzufiebern. Würde der Surfer, der die Welle anpaddelte, aufstehen können? War die Welle kraftvoll genug? Hatte er genug gepaddelt, um die Welle zu kriegen? Stand ein Surfer dann auf, durchfuhr mich ein leichter Nervenkitzel und ich musste einen kleinen Jubelschrei oft unterdrücken.

In den Tagen darauf begann ich, die kleine Digitalkamera, die ich dabei hatte, mit an den Strand zu nehmen. Ich verspürte plötzlich eine Riesenlust zu fotografieren- ein Drang, den ich seit Jahren nicht mehr verspürt hatte. Oft stand ich bis zu hüfttief im Wasser, um möglichst nah dran zu sein am Geschehen und verfolgte die Bewegungen der Surfer im Wasser. Sobald ich sah, dass sich einer von ihnen gen Horizont umblickte, sich dann wieder in meine Richtung drehte und kräftig begann zu paddeln, fingen die Schmetterlinge bei mir im Bauch an zu flattern. Ich liebte diese Art der Fotografie, die Spontanität, das Abwarten auf den perfekten Moment und zu guter Letzt, das Abdrücken. Wenn der Surfer dann stand, verfolgte ich ihn im Sucher und drückte ab. Ich bewunderte, wie er mit der Welle eins zu werden schien, wie er mit Leichtigkeit auf dieser gewaltigen Kraft der Natur daher tanzte. Fotos von diesem Sport zu machen, gab mir das überwältigende Gefühl, pure Schönheit einzufangen.

Nachdem die Jungs surfen gewesen waren, lagen wir oft noch eine Weile am Strand herum oder gingen in die lokale Strandbar und aßen dort ein Club-Sandwich, während wir über Gott und die Welt sprachen. An einem der Tage saßen wir gerade zu dritt auf der Terrasse der Beach Bar und blätterten eine Surfzeitschrift durch, die Remco für mich mit an den Strand gebracht hatte. Während wir quatschten, blätterte ich das Magazin durch und verliebte mich sofort in die Fotografien, die ich dort sah. Es waren die schönsten Orte dieser Welt abgebildet, die imposantesten, eindrucksvollsten Wellen mit unglaublich talentierten Surfern.

Die Bilder waren für mich einfach nur Kunst und ich sah plötzlich, ganz intuitiv, mich selbst als Surffotografin. Es war perfekt: Ich würde reisen können, mit der Fotografie kannte ich mich auch sehr gut aus und ich hatte Erfahrung in dem Bereich durch die vielen Jahre der Sportfotografie beim American Football. Meinen beiden neuen Freunden teilte ich meine Gedanken direkt mit:

„How difficult do you think it is to become a surf photographer?," fragte ich in die Runde.

„Well, for sure it's not easy, but I'm pretty sure you could do it, if you really wanted to."

Meine Augen leuchteten und ich spürte, dass das hier ein Moment war, der das Potential hatte, so einiges in meinem Leben zu verändern.

„You have a great eye, you just need the right equipment and some more technical knowledge- and voilá. I can show you later, which camera might be good for you to start with," sagte Remco dann. Ich schaute ihn voller Dankbarkeit und Freude an. Lars fügte noch hinzu:

„Whatever it is you want to do in life, Denise, whether it's photography, fashion design or whatever else- heck, **just go for it**!"

Die andere Seite

21. August 2013

„Es kommt ein Punkt, an dem man weiß, dass man nicht mehr zurück kann. Zu der Person, die man mal war, zu den Träumen, die man mal hatte und zu dem Ort, den man bisher sein Zuhause genannt hat.

Das hier ist meine Welt. Ich fühle mich inspiriert, kreativ und glücklich. Ich schwebe. Habe Angst. Was erwartet mich, wenn ich wiederkomme? Wie kann ich es schaffen, aus der einen Welt auszubrechen und in diese einzutauchen? Ohne alle um mich herum zu verletzen? Hier werden mir meine Ziele immer klarer. Eine alte Liebe wurde neu in mir entfacht- das Fotografieren. Warum habe ich jemals damit aufgehört? Ich liebe es, von diesen Menschen hier umgeben zu sein. Ich spüre ihre Liebe, ihre Energie, ihre Lebenslust.

Was soll ich Timo nur sagen? Ich muss mich entscheiden. Die Liebe zu ihm oder die Liebe zur Freiheit. Die Liebe für das, was mich wirklich aufleben lässt oder die Liebe für das, was für mich eine „sichere" Zukunft bereithält? Ich will raus in die Welt und Fotos machen. Am allerliebsten vom Surfen- es fühlt sich richtig an. Ich muss noch nicht mal viel Geld verdienen. Mit einer Gruppe von Surfern mitreisen und einfach fotografieren. Ich könnte zunächst an meiner Uni bleiben, einige Kurse besuchen, die vielleicht nützlich sind, dabei sparen auf eine gute Kamera.. In der Zeit suche ich dann nach Unis, an denen ich Fotografie studieren kann und nutze vielleicht die Zeit auch, um viele Fotos zu machen und mich eventuell für ein Praktikum oder Fotojobs zu bewerben. Und mir vor allem aber die Zeit nehmen, um alles zu überdenken..

Zur Zeit ist mir meine Beziehung ein Hindernis. Wäre diese nicht, wäre meine Entscheidung so leicht gefällt. Doch so muss ich mir Sorgen, nicht nur um mich, sondern auch um ihn und um sein Leben machen. Wir hatten unsere Zukunft zusammen geplant, schon von Kindern und Heirat gesprochen und erst jetzt, wo ich die andere Seite gesehen und erlebt habe, merke ich, dass sich alles andere für mich nie wirklich richtig angefühlt hat. Aber wie kann ich wiederkommen und offenbaren, dass all das nicht das ist, was ich brauche? Können wir eine Fernbeziehung führen? Und wenn ja, will ich das überhaupt? Ich weiß gerade nichts genau, außer dass ich ausbrechen und leben muss."

Porto

Ich lag in meinem Bett im Hostel in Porto und dachte an die letzten Tage zurück. Die Erinnerungen dieser Zeit wollten nicht aus meinem Kopf verschwinden- die wunderbaren Menschen, die ich kennengelernt hatte, die unglaublich schönen Abende, die wir miteinander verbrachten, all die Dinge, die ich über mich selbst und die Welt gelernt hatte. Auf einmal verspürte ich ein tiefes Gefühl der Melancholie, darüber, dass ich hatte weiter reisen und Peniche verlassen müssen.

In Peniche, einige Tage zuvor, waren noch zwei weitere Jungs aus Deutschland angereist, mit denen ich mich ebenfalls sehr gut verstanden hatte. Zusammen mit ihnen, hatten die beiden Jungs aus Holland und ich uns für zwei Nächte in einem benachbarten, kleinen Häuschen einquartiert, da das Hostel für diese beiden Nächte komplett ausgebucht war und ich sonst auf der Couch im Wohnzimmer hätte schlafen müssen. Wir nahmen zu fünft aber dann die Gelegenheit wahr, uns für diese beiden Tage in unser eigenes, kleines Reich zurückzuziehen. Dafür, dass wir uns alle erst wenige Tage kannten, fühlte es sich an, als wären wir schon seit Jahren die dicksten Freunde gewesen.

Wir kochten zusammen, hörten laut Musik und tanzten durch die Räume. Abends tranken wir zusammen ein paar Bierchen und quatschten oder schauten noch gemeinsam einen Film. Es war eine wunderschöne Zeit. Mir wurde bewusst, wie sehr es mir gefehlt hatte, wirkliche Kumpels zu haben. Den Großteil meines Lebens hatte ich immer lieber „mit den Jungs“ abgehangen, weil ich mich meist dort einfach am wohlsten gefühlt hatte, doch in den letzten Jahren waren meine Beziehungen zu meinen männlichen Freunden nach und nach verblasst. Ob dies an meiner Beziehung mit Timo lag, konnte ich nicht genau sagen.

Ich dachte auch an meine letzte Nacht in Peniche, in der wir zum Hafen hinunter gelaufen waren und ein Boot, das dort angebunden lag, frei gemacht hatten, um ein wenig darin herum zu paddeln. Hinterher hatten Daniel, ein Local, den ich in der Bar, in die wir immer gingen, kennengelernt hatte, und ich uns auf die Felsen der kleinen Bucht gesetzt und zusammen Jack Johnson-Songs gesungen, während der Mond auf uns herab schien und der warme, salzige Wind uns um die Ohren wehte. Mit ihm textete ich nun hin und her- ich sollte doch wieder nach Peniche kommen, schrieb er.

Ich begann plötzlich, diese Option in Erwägung zu ziehen. In etwa zehn Tagen sollte ich in Barcelona sein. Ich hatte dort einen Tattoo-Termin in einem Studio, das ich im Internet gefunden hatte und von dort ging auch mein Rückflug nach Düsseldorf-Weeze. Eigentlich hatte ich die Zeit in Anspruch nehmen wollen, um Stück für Stück nach Barcelona zu reisen, doch der Wunsch, wieder nach Peniche zurück zu kehren, brannte so stark, dass ich überlegte, stattdessen einfach die sehr lange Strecke nach Barcelona in Kauf zu nehmen, um dafür weitere Tage in Peniche verbringen zu können. Ich wusste natürlich, dass ich mich innerlich schon entschieden hatte, sobald die Idee in meinem Kopf aufgetaucht war.

Vom Sichlösen

24. August 2017

„Lieber Timo,

Wie kann ich dir nur alles, was in mir vorgeht, erklären? Ich liebe dich sehr und ich kann nicht glauben, dass sich alles derartig verändern kann. Ich hatte geplant, dass wir heiraten, Kinder kriegen, den Rest unseres Lebens zusammen verbringen und nun... weiß ich, dass ich noch etwas anderes brauche. Eigentlich wünschte ich, dass es nicht so wäre. Dass ich mein Leben lang bei dir bleiben könnte, doch ich muss ausbrechen. Ich habe hier mein Glück gefunden, die Sache im Leben, die mich inspiriert und aufleben lässt. Eine Umgebung, in der ich völlig ich selbst sein kann, in der ich mit mir selbst im Reinen bin und in der ich keine Zweifel habe. Und ich mag einfach nicht mehr an meinem Leben zweifeln.

Ich habe unendlich Angst, dass es das Falsche ist, dich loszulassen, doch ich kann dich nicht ewig an der Nase herumführen, mich von dir abgrenzen, nur um dich dann wieder in mein Leben zu lassen. Das ist nicht fair dir gegenüber. Ich wünschte, wir könnten zusammenbleiben, aber ich weiß, dass es nicht funktionieren wird und dass ich das hier allein machen muss.

Ich liebe dich, aber ich muss meinen Träumen folgen und möchte nicht nur mit halbem Herzen in unserer Beziehung stecken. Es tut mir so unendlich Leid und ich denke, du weißt, wie sehr ich dabei mit mir selbst ringe, doch ich kann einfach kein Leben führen, bei dem ich mich ständig nach der Ferne sehne und mir wünsche, woanders zu sein. Vielleicht finden wir eines Tages wieder zueinander, vielleicht ist das hier auch nur eine Phase, wer weiß.. Ich möchte nicht, dass du die Schuld bei dir suchst, dafür dass ich gehe, denn du hast kein bisschen dazu beigetragen. Lieber wäre es mir, du würdest mich hassen, als die Schuld bei dir zu suchen, aber trotzdem hoffe ich, dass du mich irgendwie verstehen kannst.

Der Gedanke, dass ich dich verletze, tut unheimlich weh, und ich habe so Angst, dass du dein Leben nicht normal weiterleben kannst, aber ich weiß, dass du stark bist und du auch selbst noch auf Reisen gehen wirst, die dich heilen werden. Ich kann gar nicht wirklich „Auf Wiedersehen" sagen, weil ich so sehr an dir hänge, aber ich muss. Ich liebe dich, meine erste, wahre Liebe.

Deine Denise"

Erste Lieben

In der Zeit an der neuen Schule, kurz nach meinem 18. Geburtstag, lernte ich durch einen Fotojob bei einer Footballmannschaft Timo kennen. Die Geschichte, wie wir uns annäherten ist weniger romantisch, denn wir hatten, ganz plump gesagt, nach einigen Flaschen Bier (oder was wir sonst noch so getrunken haben mögen) einfach begonnen, rumzuknutschen. Ich hatte daraufhin bei ihm übernachtet, wir hatten uns aber weiterhin nur geküsst. Vielleicht nicht die beste Ausgangslage für eine Beziehung, doch was daraus entstand, war weitaus mehr, als ich mir damals hätte vorstellen können. Timo war und ist immer noch ein wirklich besonderer Mensch. Er spielte, wie viele meiner Freunde zu der Zeit, American Football, was angesichts seiner Größe von knapp 2 Metern und Gewicht von 120 kg nur logisch war. Er wirkte oft aufgrund seiner Größe nach außen hin gefährlich, doch in Wirklichkeit war er ein echter Teddy-Bär, der keiner Fliege etwas zuleide tun konnte. Auch war er eine treue und gute Seele, wenn auch eine etwas verlorene oder zumindest verirrte. Er war mein erster, langjähriger Freund und meine erste große Liebe, mit der ich über die Jahre sehr viele Auf's und Ab's erlebt habe.

Unsere erste gemeinsame Zeit war wie ein Traum, wenn ich heute darüber nachdenke. Wir verbrachten so viel Zeit zusammen wie nur möglich und ich war viele Monate sehr glücklich mit ihm. Als er zu Beginn unserer Beziehung von der Mukoviszidose erfuhr, klärte ihn seine Mutter, die Ärztin war, über die Erkrankung auf und teilte ihm auch mit, wie hoch die durchschnittliche Lebenserwartung war. Er erzählte mir später:

„Meine Mutter hat mich gefragt, ob ich das wirklich möchte und ob ich da die Stärke zu habe. Das war für mich überhaupt gar keine Frage.“ Wir sprachen also immer recht offen über das Thema und ich fühlte mich auch gut aufgehoben bei ihm und vertraute ihm sehr.

Wir hatten allerdings, nachdem die erste schöne Zeit verflogen war, immer öfter immer heftigere Streitereien. Wir warfen uns gegenseitig die hasserfülltesten und vorwurfsvollsten Dinge an den Kopf. Er ließ mich oft sitzen, zog sich zurück in seine eigene Welt, ohne mich an sich heran zu lassen. Seine Art tat mir unheimlich weh und löste starke Ängste in mir aus, sodass ich oft sehr unsicher wurde und verzweifelte, bis ich ihm hin und wieder Ultimaten stellte: Entweder er änderte sein Verhalten oder ich würde ihn verlassen. Zu jener Zeit wusste ich nicht anders mit der Situation und vor allem mit meinen Gefühlen umzugehen. Ich schob alles auf ihn und auch wenn er mit Sicherheit kein Engel war, hatte er es nie verdient, dass ich ihm die gesamte Schuld gab. Somit kam es also, nachdem wir etwa neun Monate zusammen gewesen waren, dass wir unsere erste Beziehungspause einlegten.

Eines Tages, nach meinem ersten Schultag des 13. Schuljahres, ging ich nach Hause und berichtete meinen Eltern, dass ich die Schule abbrechen würde. Ich hatte in nur einem halben Tag beschlossen, dass ich genug hatte und mir den Ärger nicht mehr antun wollte. Nicht nur hatten sie die Schule in jenem Sommer in eine Ganztagsschule verwandelt, sodass ich fast täglich bis spätnachmittags dort hätte bleiben müssen, sondern auch der Gedanke, meine Mitschüler noch ein weiteres Jahr ertragen zu müssen (mein damaliger bester Freund war nämlich in dem Jahr von der Schule gegangen, um zur Bundeswehr zu gehen), nahm mir alle Lust, weiterhin die Schule zu besuchen. Im Nachhinein wirkt dies sehr drastisch und ich bin ehrlich erstaunt, dass meine Eltern diesen Schritt erlaubt und kurz darauf sogar unterstützt haben, doch in jenem Moment fühlte es sich einfach richtig an.

Die Zeit, die allerdings dann folgte, war eher unschön, um es gelinde auszudrücken. Nicht nur hatte ich mich von Timo getrennt, auch meine Gesundheit hatte sich stark verschlechtert. Ich war kurz vor meiner Entscheidung, die Schule abzubrechen, sehr krank geworden. Über Wochen hatte ich mit hohem Fieber und starkem Husten im Bett gelegen. Bis heute weiß man nicht, was ich hatte, doch mein allgemeiner Zustand ging in dieser Zeit stark bergab, ein weiterer Grund, weshalb ich mir die Schule nicht mehr hatte antun wollen.

Ich begann, regelrecht auf alles zu scheißen und hatte auch keine Lust mehr, mich ständig um meine Inhalationen und Atemtherapien zu kümmern. Ich fiel in ein tiefes Loch. Meine Lungenfunktion fiel ab auf etwa 36%, mein schlechtester Wert seit meiner Lungenentzündung im Alter von zwei Jahren. Ich fühlte mich körperlich gar nicht gut, hatte keine Ahnung, was ich beruflich machen oder studieren wollte und mit dem Menschen, den ich zum Mittelpunkt meines Lebens gemacht hatte, konnte ich keine Beziehung mehr aufrecht erhalten. Gefühlt funktionierte gar nichts in meinem Leben und ich sah auch den Sinn darin nicht. Meist schlief ich bis mittags und setzte mich kann kurz nach dem Aufstehen direkt vor den Fernseher, um dort den Großteil meines Tages zu verbringen. Ich dümpelte einfach ziel- und aussichtslos herum. Ich tat also, was jeder in der Situation tun würde: Ich ließ es so richtig krachen.

Und damit meine ich so richtig. Ich erinnere mich (eher schwammig) an die Winterzeit dieses Jahres. Meine Freundinnen Deni und Jenny hatten Weihnachtsferien (denn sie gingen ja schließlich noch zur Schule) und wir trafen uns so gut wie jeden Abend, um uns gemeinsam mit einer Flasche Wodka mit Red Bull zu betrinken. Wir luden entweder noch weitere Freunde zu mir ein- denn ich hatte in dieser Zeit sturmfrei- oder wir gingen aus. Dies war mit Abstand die selbstzerstörerischste Phase meines Lebens. Eines Abends schlief ich außerdem mit einem meiner Kumpels, der vor meiner Zeit mit Timo über Jahre immer mal wieder mein „Sex-Buddy" gewesen war und auch wenn ich den Moment sehr genoss, bereute ich ihn im Nachhinein umso mehr. Ich war hin- und hergerissen. Einerseits mochte ich dieses „Singleleben", frei zu sein und tun und lassen zu können, was ich wollte. Und auf der anderen Seite steckte mein Herz noch in meiner Beziehung mit Timo, die zwar weit davon entfernt war, beständig zu sein, doch hier konnte ich mich zumindest geliebt fühlen und als wenn man sich „um mich kümmerte". Während dieser ersten Beziehungspause vermisste ich Timo sehr. Diese Zwiespältigkeit und Rastlosigkeit würde mich noch viele Jahre begleiten.

Langsam aber sicher begann ich jedoch, meine Tiefphase zu überwinden. Ich hatte nun theoretisch mein Fachabi in der Tasche, musste nur, um dieses wirklich abzuschließen, entweder ein 6-monatiges Praktikum anschließen oder eine Ausbildung absolvieren. Ich begann in der Zeit, die folgte, das erste Mal wieder meine Kreativität auszuleben- und zwar dieses Mal in Form der Näherei. Ich saß stundenlang im Wohnzimmer meiner Eltern und nähte mir selbst, ganz ohne vorherige Nähkenntnisse und ohne Schnitt, meine ersten Kleider. Schon in der frühen Jugend hatte ich meiner Schwester oft Kleider genäht und Modeschauen für unsere Familie veranstaltet. Nach den Monaten der Arbeitslosigkeit und ohne irgendetwas wirklich sinnvolles zu tun, suchte ich mir dann eine Praktikumsstelle in einer Schneiderei und bekam direkt eine Stelle in einem kleinen Änderungsschneidereibetrieb. Hier konnte ich zwar keine Maßschneiderausbildung machen, aber dafür ging diese Lehre auch nur zwei Jahre und ich würde immer eine Dienstleistung anbieten können, bei der ich nichts von Grund auf anfertigen musste. Kurz darauf begann ich also die Ausbildung im Atelier und es machte mir ziemlich viel Spaß, vor allem auch dadurch, dass ich so viel Verantwortung tragen durfte. Ich durfte die Kunden bedienen, Aufträge entgegennehmen und eigenständig bearbeiten— an manchen Tagen kam es mir sogar vor, als sei es mein eigener Laden. Heute weiß ich, dass ich aus dieser Zeit eine große Portion Verantwortungsbewusstsein, soziale Kompetenz, sowie ein erstes Gefühl für's Geschäft mitnehmen konnte.

Kurz vor Beginn der Ausbildung war ich außerdem wieder mit Timo zusammen gekommen. Wir hatten beide eingesehen, dass wir uns zwar gegenseitig manchmal in den Wahnsinn trieben und uns auch gegenseitig manchmal sehr weh taten, wir uns aber doch zu sehr liebten, um nicht zusammen zu sein. Unsere starke Abhängigkeit voneinander mag ein weiterer Grund gewesen sein. Dann, im Sommer nach Beginn meiner Ausbildung unternahm ich meine allererste Campingreise, die mein Leben von Grund auf verändern sollte. Timo und seine Familie, die aus seinen Eltern, ihren neuen Partnern, seiner kleinen Schwester und der Tochter der neuen Partnerin seines Vaters bestand, hatten mich eingeladen, mit ihnen zum Campen nach Südfrankreich zu fahren. Ich erinnere mich daran, in dieser Zeit das erste Mal das Gefühl der Freiheit erlebt zu haben. Es war ein unglaublich schönes Erlebnis in der Natur zu sein, denn ich hatte so etwas ja noch nie erlebt. Meine einzigen Urlaube bis dato waren die mit meiner Familie in Florida gewesen, wo wir gefühlt die meiste Zeit in Disneyworld verbracht hatten.

Wir unternahmen wunderschöne Wanderungen, kochten abends gemütlich zusammen unter freiem Himmel und schwammen im Fluss, der entlang des Campingplatzes verlief. Als wir an einem der Tage ein wenig dort entlang spaziert waren, kletterten wir auf einen der Felsen, die aus dem Wasser empor ragten. Timo sprang wagemutig ins kühle Nass und nach kurzer Überlegung, nahm ich Anlauf und wagte dasselbe. Ich hatte so etwas in der Art noch nie getan und mir gefiel diese neue oder eher neu entdeckte Version von mir selbst sehr gut. Das Highlight dieser Reise erlebte ich in dem nächstgelegenen, wunderschönen, kleinen Ort, der sich Florac nennt. Wir hatten das große Glück an jenem Tag auf eine Art Straßenfest zu stoßen. Die Menschen saßen oder standen versammelt auf dem Marktplatz des Ortes und ich beobachtete wie Hippies barfuß tanzten, Musik machten und sangen. Sie tanzten in Grüppchen, in Paaren oder allein und strahlten dabei pure Lebensfreude aus. Ich war wie verzaubert. Mir wurde plötzlich klar, wie viel mehr es da draußen noch für mich zu entdecken gab. Und so wurde meine Reiselust geboren.

Im Jahr darauf plante ich meine erste Reise, die ich mit Timo unternehmen wollte. Wir flogen gemeinsam nach Andalusien, eine Region, die ich nach viel Recherche unbedingt bereisen wollte und diese Erfahrung war wirklich toll. Im selben Jahr ging es außerdem auf die Reise mit meiner Freundin Celina, auf der wir über Paris nach Südfrankreich und Nordspanien gefahren waren. Es war ein traumhafter Road Trip, begleitet von schlechter Musik, Desperados und viel Junkfood. Im Folgejahr reisten Timo und ich mit zwei weiteren, befreundeten Paaren nochmal nach Nordspanien, mit dem alten Wohnmobil seiner Eltern, und tasteten uns dieses Mal aber bis an die Picos de Europa, einem Nationalpark, der sich über Asturien, Kastilien und Kantabrien erstreckt, vor. Wir hatten eine Menge Spaß zusammen, wenn auch die eine oder andere Streiterei zwischen den Paaren nicht zu vermeiden war. Nur zwei Monate später, nach Ende meiner Ausbildung, beschloss ich dann, alleine nach Südspanien zu reisen, um dort in einer Sprachschule in Granada Spanisch zu lernen, denn die Sprache hatte es mir angetan. Zwei Wochen blieb ich in Granada und eine weitere Woche reiste ich noch nach Tarifa und Cadiz. Es war mein erstes Reiseerlebnis allein und ich war total angefixt.

Nach besagter Reise trat ich dann mein Modestudium an. Für mich war dies der nächste logische Schritt nach meiner beendeten Schneiderausbildung. Modedesignerin zu werden war allerdings nie mein Ziel. Ich hatte überlegt, gegebenenfalls später in der Funktionsbekleidungsbranche zu arbeiten oder Outdoorkleidung zu entwerfen. Was ich genau „werden" oder beruflich machen wollte, wusste ich allerdings, ehrlich gesagt, immer noch nicht. Am liebsten wäre ich einfach weiter um die Welt gereist, doch ich befürchtete, dass dies nicht möglich war, zumindest nicht, bis ich ein abgeschlossenes Studium hatte.

In dieser Zeit, mittlerweile im Jahre 2012 angekommen, hörte ich das erste Mal von einem Begriff, der mein Leben auf den Kopf stellen würde. Dieser Begriff lautete: „Digitaler Nomade". Ein digitaler Nomade ist ein Mensch, der für seine Arbeit im Prinzip nichts anderes braucht, als einen Laptop und eine gute Internetverbindung. Es sind oft Freelancer, Selbstständige, Gründer eines Businesses oder auch Festangestellte, die allerdings nicht in einem Büro sitzen müssen, um ihre Arbeit zu erledigen. Digitale Nomaden können ihre Zeit in der Regel frei einteilen sowie ihren Wohn- oder Arbeitsort selbst aussuchen, denn sie können ortsunabhängig von überall auf der Welt arbeiten- oder auch ganz einfach von zuhause aus, beispielsweise wenn sie gern mehr Zeit mit ihrer Familie verbringen möchten. Für mich wurde das „digitale Nomadentum" zum Inbegriff von Freiheit und ich wusste instinktiv, dass diese Art zu leben und zu arbeiten, mein Ziel werden würde.

Ich hatte nur noch keine Ahnung, wie ich diesen Traum in die Wirklichkeit umsetzen konnte, denn ich war ja schließlich bisher „nur" Schneiderin und wollte dies auch vermutlich nicht mein Leben lang und auch nicht als Hauptberuf ausüben. Die Idee, das Arbeiten mit dem Reisen zu kombinieren, platzierte sich fest in meinem Hinterkopf und sollte jedoch vorerst ruhen, bis die Zeit reif war, diesen Schritt realisieren zu können.

Dem Herzen folgen

Ich tat also, was ich mir während der paar Tage in Porto überlegt hatte und kehrte zurück nach Peniche. Die meisten, die zuvor noch im Hostel gewesen waren, waren in der Zwischenzeit schon abgereist. Allein Tim, ein Australier, der an dem Tag angereist war, an dem ich mich nach Porto verabschiedet hatte und mit dem ich mich an jenem Abend mehrere Stunden unterhalten und mich sehr gut verstanden hatte, traf ich noch an. Ich freute mich unheimlich, ihn und auch den Besitzer Tomás, mit seiner Freundin Claudia, wiederzutreffen. Es war ein bisschen so als würde ich nach einer langen Abwesenheit nach Hause zurückkehren.

In der Zwischenzeit waren noch einige andere Gäste angereist. Da gab es ein deutsches Pärchen aus Stuttgart, Mona und Andy. Sie beide waren Fotografen, was mich natürlich begeisterte. Ich fragte sie gern und häufig zum Thema Fotografie aus und ließ mir von ihrem Arbeitsalltag erzählen. Der nächste, der neu angereist war, war João. Er war Brasilianer, recht breit und gut gebaut, braun gebrannt, hatte einen Vollbart und war ein allgemein sehr entspannter Typ, mit dem man sehr gut über Gott und die Welt philosophieren konnte. Ich fühlte mich sofort zu ihm hingezogen, sowohl seelisch als auch körperlich. Mit vielem von dem, was er sagte, konnte ich mich identifizieren und scheute mich auch nicht, ihm Persönliches aus meinem Leben zu erzählen- man könnte sagen, ich hatte das sofortige Gefühl, ihm vertrauen zu können.

Eines Tages waren wir zu einer kleinen Strandbucht gelaufen. João ging dort surfen, denn das hatte er schon von klein auf gelernt. Schließlich war er in Brasilien in einem Häuschen am Meer groß geworden. Nachdem er surfen gewesen war und ich ihn dabei ein wenig fotografiert hatte, lagen wir am Strand und schauten auf die Wellen hinaus. Wir sprachen über alles mögliche, bis mir plötzlich etwas einfiel. Ich sprach aus, was mir im Kopf herumschwirrte.

„I've actually had this dream of being able to work and travel at the same time," vertraute ich João an. „You know, digital nomads they're called. They can work from anywhere, as long as they have their laptop and a steady WIFI-connection. Wouldn't that be a dream?"

Seine Augen glänzten ein wenig, als ich den Gedanken aussprach.

„That sounds absolutely amazing," sagte er dann. „I'm sure photography is your best option for being able to work like that."

Ich dachte darüber nach. Er hatte Recht. Dann sponnen sich meine Gedanken weiter.

„I honestly always thought of my life going this one certain way. Falling in love, getting married, having kids, at the same time maybe having a cool job where I could be creative.. But I realize that's never what I actually wanted, it's just the only thing I'd seen and experienced up until now. I now feel like there's just so much more waiting for me out there. You know?"

„Abso-fucking-lutely," war nur seine Antwort und mir war klar, dass er ganz genau wusste und fühlte, was ich meinte.

Die Befreiung

30. August 2013

„You've got such a white tan line right here," sagte er und fuhr mit einem Finger über die sichtbaren, weißen Ränder meines Bikiniabdrucks. Dann grinste er, küsste mich verspielt entlang der Linie, die er gerade mit dem Finger nachgezeichnet hatte. „You are so beautiful," sagte er dann, während er mir, halb auf mir liegend, von unten ins Gesicht schaute. „That was pretty damn amazing," erwiderte ich und ließ den wohligen Schauer meinen ganzen Körper durchfahren."

Es war das zweite Mal, dass ich fremd ging. Die einzigen beiden Male in vier Jahren- innerhalb von nur zwei aufeinanderfolgenden Nächten. In der ersten Nacht waren wir tanzen gewesen. Es war viel Alkohol mit im Spiel und trotzdem hatte ich irgendwie im Voraus schon gewusst, dass es passieren würde. Er war ebenfalls vergeben. Er hatte eine Freundin in Rio, die er mit mir allerdings, dem Anschein nach, nicht das erste Mal betrog. Wir waren vom eng umschlungenen Miteinandertanzen übergegangen zu wilden Küssen und intensivem Sex (natürlich nicht auf der Tanzfläche, sondern nachdem wir wieder im Hostel angekommen waren).

In der nächsten Nacht hatten wir draußen auf der Terrasse gelegen. Es war recht kalt, weshalb wir uns zusammen unter eine Decke kuschelten. Es roch nach Meer, der Himmel leuchtete stellenweise orange-rot in der sonst finsternen Nacht. Mein ganzer Körper kribbelte, meine Haut fühlte sich an, als stünde ich unter Strom. Ich trug einen weiten Pulli und eine graue, locker sitzendende Jogginghose und fühlte mich trotz dessen attraktiv. Er streichelte mir über den Bauch, nahm mich in den Arm. Wir sprachen über irgendwas- über was genau, daran kann ich mich nicht erinnern, da mein Kopf sich anfühlte, als würde er gleich zerbersten. Auf eine gute Art und Weise natürlich. Dann nahm er meinen Kopf in beide Hände und küsste mich. Gierig, leidenschaftlich, intim.

Mein moralischer Kompass, mein innerer Kritiker, meine ganze Welt war meilenweit entfernt- alles war wie ausgeschaltet. Ich spürte in keinem Moment auch nur einen Zweifel. Wie konnte das sein? Ich weiß es nicht. Ich wusste nur, dass es sich richtig anfühlte. In diesem Moment spürte ich nur diese unglaublichen Küsse, seine Hände überall.

Er zog mir als erstes die Hose aus. Trotz der kalten Luft wurde mir schlagartig heiß. Daraufhin zog er mir den Pulli aus, unter dem ich nichts trug und sich selbst sein T-Shirt aus und ich versank in seinen Anblick. Sein Oberkörper war durchtrainiert, aber nicht drahtig. Man sah, dass er viel surfte. Über seinen Rücken und seinen Bauch verteilt waren Narben zu erkennen, die er sich durch den einen oder anderen Sturz durch die scharfen Kanten der Riffs beim Surfen geholt hatte. Er küsste mich am Hals, am Bauch, am ganzen Körper. Es war nichts, gegen das ich mich hätte sträuben können. Es war wie eine Welle, die mich mit riss, bis in die Tiefen des Meeres.

Dass ich fremd ging, war nie der Grund, weshalb ich mich von Timo trennen wollte. Das war mir klar, denn die Entscheidung hatte ich zuvor schon gefällt. Ich erkannte, dass dieser Akt so gesehen nur ein Symptom der schon vorhandenen Krankheit war. Dass ich mich emotional und seelisch schon längst von meinem alten Leben gelöst hatte und dieser Akt bestätigte mir, dass meine Intuition richtig gelegen hatte. Ich konnte noch nicht mal ein schlechtes Gewissen verspüren und wäre ich in die Zeit zurück gereist, hätte ich es genau so wieder getan, denn ich wusste, dass es das Richtige gewesen war. Trotzdem fürchtete ich den Moment, an dem ich Timo meinen Entschluss mitteilen musste, denn ich wusste, wie sehr dieser Schritt uns beiden und besonders ihm weh tun würde.

Der Sprung

An dem Tag, bevor João abreisen sollte, machten wir uns auf den Weg zum Hafen von Peniche, von wo aus wir mit einem kleinen Motorboot zur Insel, die sich „Ilha das Berlengas“ nannte, fahren wollten. Ich hatte die Insel schon seit meiner Ankunft in Peniche besuchen wollen, hatte es jedoch irgendwie immer aufgeschoben. Darum war ich froh, an Joãos letztem Tag doch noch dort hinfahren zu können. Da wir versäumt hatten, im Voraus Karten für die Bootsfahrt zu reservieren, waren leider schon alle Karten für die Fahrt um 11 Uhr, die wir hatten nehmen wollen, ausverkauft, weshalb wir dreieinhalb Stunden Zeit zu füllen hatten.

Wir, Mona, Pavel, João und ich, vertrieben uns die Zeit damit, zur Burg von Peniche zu gehen, die ich mir auch noch nicht angesehen hatte, weil ich bis dato die meiste Zeit mit den Jungs am Strand mit dem Fotografieren verbracht hatte. Von der Burg aus kletterten João und ich hinunter zu einigen Klippen und setzten uns dort hin. Ich schaute ihn an und er strahlte zurück. Zwar kannte ich ihn noch nicht lang, trotzdem spürte ich einfach irgendwie, was er spürte. Er sah so unheimlich glücklich und zufrieden aus und es riss mich total mit.

„I don’t want to go home,“ sagte er.

„Dude, you live in Brazil right by the ocean.“

„Yeah, I know, but here, traveling.. The people, the atmosphere, the pure joy and ease of everything. I’m really going to miss it. And you… you have really made my trip truly special.“

Ich errötete, verstand aber sein Gefühl allzu gut. Dann fing er auf einmal an zu lachen und sagte, wie aus dem nichts:

„Man, I wish I could fly. Sometimes I have the craziest dreams! But really cool! I just wave my arms and lift off, you know? And then I just soar across the sky, like a bird.“

Ich lachte und musste zugeben, dass ich diesen Traum vom Fliegen auch schon mal gehabt hatte.

„Especially during the times when I’m not smoking weed.. I just have the sickest dreams! A while back I dreamt of these dogs, that had horns, no shit! And then I saw these strange trolls and you know what they were wearing? DIAPERS! Isn’t that some sick shit? And then the trolls were fighting against the dogs.. Fucking crazy!“

Nachdem ich mich wieder eingekriegt hatte, sprachen wir noch über andere Träume, die wir hatten, und dass wir beide schon oft versucht hatten, unsere Träume zu analysieren und zu verstehen. Auch hatten wir beide schon mal probiert, unseren eigenen Traum zu steuern und waren dabei das eine oder andere Mal erfolgreich gewesen. Daraufhin gingen wir langsam zum Hafen zurück, um dort noch etwas zu essen und dann mit dem Boot zur Insel rüber zu fahren.

Die Bootsfahrt machte unendlich viel Spaß. Wir düsten mit dem Motorboot über die Wellen, auf und ab und bei jedem Ab entfuhr mir ein lautes Lachen, das ich nicht kontrollieren konnte. Landeten wir mal mit dem Boot sehr hart auf der Wasseroberfläche, hielt ich mich reflexartig kurz an João fest, als könnte ich sonst befürchten, von meinem Sitz abzuheben. Nachdem wir, an der Insel angekommen, mit dem Boot eine kleine Tour einmal um sie herum mitgemacht hatten, wanderten wir zur Burg, die zur Insel gehörte. Ich lief Teile der Strecke immer vor, um nicht hinter den anderen herlaufen zu müssen, da meine Lunge nicht das steile Bergauflaufen gewohnt war.

Am höchsten Punkt der Insel blieb ich überwältigt stehen. Um uns herum sah man das Meer, die Felsen, die Buchten, überall wunderbare Natur. Hinter uns einen Leuchtturm und weiter geradeaus die Burg. In diesem Moment bewunderte ich einfach nur dieses Fleckchen Erde mitten im Atlantik. Ich setzte mich dann auf eine Felskante, die etwas hinausragte und versuchte jeden einzelnen Augenblick in mich aufzusaugen, als würde ich in meinem Leben nie wieder so etwas Wunderschönes sehen. Kurz drauf trat João hinter mich.

"Fuck, this is beautiful," sagte er und sprach somit wieder genau das aus, was ich dachte. "Do you want me to take a picture of you?," fragte er und überraschte mich ein wenig mit der Frage. Ich sagte: "Yeah, sure," und reichte ihm meine Kamera.

500 Stufen waren es, wie Mona mitgezählt hatte, bis wir unten an der Burg angekommen waren. Wir setzten uns zunächst einmal hin, da wir ziemlich platt von der Wanderung waren und aßen in Ruhe die Sandwiches, die wir uns am Morgen zubereitet hatten, während João sich schon mal auf die Suche nach einem Felsen machte, von dem Pavel und er springen konnten. Ich erinnerte mich an das Mal, an dem ich mit Timo von dem Felsen in Frankreich gesprungen war und musste mir selbst eingestehen, dass auch ich unbedingt springen wollte. Er hatte sich eine Stelle ausgeguckt, die direkt neben der Burg lag. Der Felsen hielt das eine Ende der Brücke, die zur Burg hin führte und mag etwa sechs Meter hoch gewesen sein. Nicht unheimlich hoch, doch definitiv höher als der Felsen, von dem ich damals in Frankreich gesprungen war.

João fragte mich aufgeregt, ob ich ein Video von ihm und Pavel drehen könnte während sie sprangen. Sie zogen sich die Neoprenanzüge an, die sie mitgebracht hatten, da das Wasser maximal 15 Grad warm war und sie nach dem Sprung noch ein ganzes Stück zurück schwimmen mussten, um wieder an Land zu gelangen. Sie machten sich bereit und sprangen. Zuerst João, dann Pavel.

Ich spürte ein intensives Kribbeln im Bauch. Ich wollte unbedingt, doch meine Angst hielt mich zurück. Ich hätte abrutschen oder nicht weit genug springen können- tollpatschig genug war ich schließlich. Oder fast noch schlimmer: Ich konnte mich an den Rand des Felsens stellen und dann doch nicht springen. Das hätte ich mir vermutlich selber nicht verziehen. Sie sprangen nochmal und nochmal. João sprang schon beim zweiten Mal über Kopf, was wirklich beeindruckend aussah.

Ich wägte in meinem Kopf ab. Ich wollte irgendwie nicht in dieses eiskalte Wasser, zumal ich auch nur einen Bikini an hatte. Ich wusste, dass ich keine Unterwäsche dabei hatte und in dem nassen Bikini hätte zurücklaufen müssen. Doch dann, nach dem letzten Sprung der beiden Jungs, stellte ich mir eine Frage. Ich fragte mich, ob ich es nun mehr bereuen würde, es zu tun, oder ob ich es im Nachhinein eher bereuen würde, es nicht getan zu haben. Und die Antwort war glasklar.

Ich packte die Digitalkamera in meine Tasche, legte mein Handy ab und zog mein T-Shirt und meine Shorts aus. Dann steuerte ich auf den Felsen zu. Ich wusste, dass wenn ich weiter drüber nachdachte, ich es nicht tun würde.

„Springst du jetzt?," fragte Mona erstaunt.

„Mal schauen," sagte ich. Ich wollte nicht zu früh sprechen.

„Warte, Pavel macht ein Video davon!"

Und dann stand ich da, am Felsrand mit zitternden Knien und überlegte mir, von welcher Stelle ich abspringen sollte, ohne die Gefahr, dass ich am Felsen hängen blieb. Ich schaute kurz nach unten, machte mir fast in die Hose und drückte mich dann einfach vom Felsen ab und sprang.

Und in diesen Bruchteilen einer Sekunde fühlte ich mich so, als hätte ich gar keine Kontrolle über meinen Körper. Ich fiel und schien niemals unten anzukommen. Ich fühlte mich so verdammt frei.

Und dann tauchte ich ein ins eiskalte Wasser.

Als ich wieder auftauchte, ließ ich einen lauten Schrei der Freude los.

„Ist es kalt?," schrie Mona mir von oben zu.

„Nö, gar nicht," lachte ich sarkastisch.

„I can't believe you jumped!," sagte João. "That was fucking awesome!"

Der Adrenalinschub hielt noch etwa weitere fünf Minuten an. Mein Herz raste und ich war unheimlich stolz auf mich, dass ich gesprungen war. Ich wusste, dass ich diesen Moment nie vergessen würde.

Der Rückweg war noch viel anstrengender, da wir die besagten 500 Stufen schließlich auch wieder hochlaufen mussten. João und ich quatschten beim Aufstieg weiter und immer, wenn ich hinterher hing, wartete er einen Moment auf mich und half mir die Treppen ein stückweit hinauf. Als wir am Hafen ankamen und das Boot, das uns wieder ans Festland bringen sollte, anlegte, sah ich, dass dieses Boot aus zwei Ebenen bestand. Oberhalb der Fahrerkabine befanden sich ebenfalls Sitzplätze.

„Meint ihr, man könnte auch da oben sitzen?," fragte ich in die Runde.

„Ja bestimmt," sagte Mona. Auf dem Boot fragte João auf Portugiesisch um Erlaubnis und es war drei Leuten gestattet, oben über der Fahrerkabine zu sitzen. „Geht ihr," sagte Mona. „Pavel und ich bleiben hier unten."

Wie Kinder kletterten João und ich die Leiter hinauf auf das Deck und setzten uns auf die Sitzbank, die von einer Plastikhülle bedeckt war. Wir schienen also die einzigen zu sein, die je hier oben sitzen wollten. Und dann fuhren wir los. Der salzige Wind wehte uns um die Ohren, ab und an bekamen wir auch ein paar Wasserspritzer ab, da der obere Bereich nicht von Plexiglasfenstern geschützt war.

„What a good day..," sagte João verträumt. Wir wollten nichts voneinander. Ich wusste, ich war nicht sein Typ und genau so war er kein Mann, der für mich je als fester Partner in Frage gekommen wäre. Doch in diesen Momenten waren wir trotzdem auf eine bestimmte Art und Weise verbunden. Wir liebten es beieinander zu sein, genossen einfach unsere Zweisamkeit da oben auf diesem Boot. Wir mussten unsere Beziehung zueinander nicht definieren, es bestanden keinerlei Zwänge. Wir waren einfach da. Zusammen. In dem Moment.

Er legte seinen Arm um mich und wir quatschten über unsere Heimaten. Zwischendurch küsste er mich ein Mal zwischen Hals und Kinn, wie ein kleiner Junge, der seinem Schwarm kurz und unbemerkt auf dem Pausenhof einen Kuss aufdrückt. Es fühlte sich einfach an wie das normalste der Welt.

Die Realität war dabei ganz, ganz weit weg...

Ein altes Leben

5. September 2013

„Ich kann es kaum erwarten dich zu sehen,“ lese ich auf dem Display meines Handys.

Panik steigt in mir hoch. Ich hatte gehofft, dass Timo sich ebenso von mir, wie ich mich von ihm, distanziert hatte, da wir uns ja kaum geschrieben oder gesprochen hatten. Er hatte mir schon zu Beginn meiner Reise zu verstehen gegeben, dass er keinerlei Fotos oder Berichte von dieser erhalten wollte, da es ihm weh tat, meine Reise aus der Ferne zu begleiten. Und nun, auf einmal, spricht er seine Gefühle aus, zeigt mir, dass er sich freut und ich kann mich nicht dazu bringen, ihm zu antworten.

Bei den letzten Anblicken von Spanien, an meinem letzten Tag, kann ich die Tränen einfach nicht mehr zurückhalten. Die Angst vor Zuhause, die Sehnsucht nach dem Meer, nach Portugal, und den neugewonnenen Freunden, der Gedanke, wieder in einem Land zu sein, in dem ich mich nicht wohl fühle, überfällt mich.

Ich merke, wie jetzt schon die depressive Stimmung einsetzt, auch wenn ich versuche mich dagegen zu wehren. Ich habe Angst vor den Menschen, die mir nah stehen, sie zu verletzen und vor ihren Reaktionen darauf, dass ich ausbrechen möchte. Ihren Gesichtern, ihrer Traurigkeit und ihren Zweifeln.

Was vor einigen Tagen noch Freude war, darüber, dass ich endlich weiß, was ich nun mit meinem Leben tun möchte, ist jetzt gerade nur Traurigkeit und Furcht.

Mein Körper sträubt sich dagegen, zurück nach Deutschland zu fliegen. Ich fühle mich schwach, müde, hungrig, mein Magen schmerzt und ich habe das Bedürfnis, mich zu übergeben. Das Gefühl in der Magengrube, das ich schon oft hatte, wenn mir etwas auf eine schlechte Art und Weise Angst macht oder ich unglücklich bin. Mein Kopf fühlt sich schwer und gleichzeitig leer an. Aber jetzt sitze ich hier, am Flughafen. Ich muss da einfach durch."

Che-Guevara

„Ist hier frei?," fragte er mich und zeigte auf die beiden, offensichtlich freien, Sitzplätze mir gegenüber. Ich guckte ihn etwas fragend an und sagte dann:

„Ja... klar!"

Er setzte sich hin, breitete irgendwelche Papiere auf dem Tisch zwischen uns aus und begann, seinen vor ihm liegenden Text bunt mit Textmarkern anzumalen. Er trug ein Che Guevara-T-Shirt, was ihn mir auf Anhieb sympathisch erscheinen ließ. (Wobei man natürlich nicht ahnen konnte, ob er überhaupt wusste, wer Che Guevara war…)

Ich döste vor mich hin und hörte mir meine neue Playliste auf meinem I-Pod an mit denjenigen Songs, die ich im Urlaub entdeckt, beziehungsweise gezeigt bekommen hatte. Vom Australier Tim, beispielsweise, vom Hostelbesitzer Tomás, Daniel, dem Musiker und so weiter.

Ich saß gerade im Zug nach Münster auf dem Weg zu meiner Freundin Celina. Zwei Tage lang würde ich bei ihr bleiben. Einerseits um sie wiederzusehen und mit ihr zu quatschen, aber auch um mich etwas ablenken zu lassen. An dem Vormittag hatten mein Vater, mein Freund Loan und ich meine ganzen Sachen aus Timos und meiner Wohnung heraus geschafft. Eine nervenzehrende Angelegenheit.

Vier Tage zuvor hatten wir uns getrennt.

9. September 2013

„Ist alles in Ordnung bei dir?," fragt er mich und sieht mich voller Besorgnis an. „Du bist irgendwie so... distanziert seitdem du wieder hier bist." Ich ringe mit mir selbst um eine Antwort.

Die Worte habe ich schon zigmal in meinem Kopf durchgespielt, bestimmte Phrasen zurechtgelegt. Ich muss sie nur rausbringen.

Vorgestern, an meinem zweiten Abend zurück in Deutschland, ist Timo mit seinem Kumpel Max in die Altstadt gegangen. Was mich sehr irritiert hat. Doch ich konnte einfach nicht sauer sein, da ich insgeheim froh war, unsere Trennung weiter hinauszögern und ihm aus dem Weg gehen zu können. Zu jenem Zeitpunkt dachte ich noch, dass er in den nächsten Tagen am Knie operiert werden müsste aufgrund seines Kreuzbandrisses. Darum wollte ich bei der OP unbedingt noch bei ihm sein, damit er sie nicht allein durchstehen musste.

Doch dann stellte sich heraus, dass die OP doch möglicherweise verschoben oder gar abgesagt werden sollte, damit das Kreuzband doch von selbst heilen konnte. Also wollte ich es eigentlich gestern Abend hinter mich bringen, nachdem ich den Nachmittag bei meinen Eltern verbracht hatte. Aber da schlief er sehr früh ein und belegte das ganze Bett, sodass ich einfach auf der Couch schlief, was ich bis dato noch nie gemacht hatte, wenn er da war.

Und jetzt sitzen wir hier, das Unvermeidliche direkt vor uns. Er weiß, was kommt und das fühle ich auch. Ich kann die Tränen nun nicht mehr zurückhalten. Ich will es nicht tun, denn ich weiß, dass seine ganze Welt im nächsten Moment in tausend kleine Teile zerfallen wird. Und dann fragt er:

„Vermisst du Portugal so sehr?" und er schaut traurig zu Boden.

„Nicht nur Portugal...," sage ich. "Die Lebensweise, das Reisen, die Abenteuer, das Meer..."

Er schweigt.

„Timo, ich kann nicht mehr hier leben. Ich muss da raus in die Welt. Ich kann nicht bleiben." "

Der Che-Guevara-Kerl begann, immer wieder zu mir hoch zu schielen. Das hatte mir gerade noch gefehlt. Er sagte etwas zu mir, woraufhin ich meine Ohrstöpsel aus den Ohren zog.

„Was?"

„Weißt du, wann wir ankommen?"

Ich schaute auf den Bildschirm am Ende des Waggons und antworte:

„Um 10 vor 9. Dauert noch eine ganze Weile," woraufhin er begann, mich voll zu quatschen.

Er hatte eine etwas seltsame Art. So sprach er sehr leise und lachte immer etwas hämisch. An sich hätte ich ihn ganz in Ordnung gefunden, wäre ich nicht gerade darin vertieft gewesen, „Eat, Pray, Love" zu lesen und Musik zu hören.

„Du hast einen echt tollen Körper," sagte er dann.

„Äh... Jo, danke," sagte ich etwas verdutzt.

„Machst du Sport?"

„Ehm.. nö."

„Ach, laber doch nicht, kann doch nicht sein!"

Ich beschloss, dass ich ihn doch nicht mochte, er mir stattdessen sogar extrem auf den Keks ging. Dann bemerkte ich, dass ich auch noch etwa eine Stunde Fahrt mit ihm vor mir hatte.

„Nee, mache ich nicht," sagte ich mit einem leicht gereizten Unterton.

„Was für eine scheiß Anmache,“ schoss mir durch den Kopf.

„Dann hat Gott aber bei dir mit zwei Händen gegeben."

Den Spruch hatte ich bisher auch noch nicht gehört. Autsch.

„Wann gehen wir zusammen einen trinken?,“ fragte er dann, scheinbar ohne zu merken, wie sehr er mich nervte.

Ich steckte mir die Kopfhörer wieder in die Ohren und las weiter.

Was für ein Idiot.

„ Er kommt zu mir herüber, setzt sich neben mich auf die Couch, die wir vor knapp 4 Monaten zusammen gekauft haben und legt einen Arm um mich. Ich schluchze nun schon richtig.

„Ich habe es mir schon gedacht,“ sagt er leise.

„Es tut mir so unendlich leid…“ “

Nachdem er weg war, um trainieren zu gehen und alles ein wenig zu verdauen, packte ich schon mal einen Koffer, den ich mit zu meinen Eltern nehmen würde. Und dann saß ich da. In unserer Wohnung, mit meinem Koffer mit meinen nötigsten Sachen. Draußen regnete es mittlerweile heftig. Ich konnte nicht viel mehr tun, als dort zu sitzen. Mein Kopf war wie leer gefegt und meine Augen brannten vom vielen Weinen.

Ich weinte noch einige Momente lang und machte mich daraufhin auf den Weg zu meinen Eltern.“

Ein neues Leben

Ursprünglich hatte ich es bei diesem Buch mit der Erzählung dieser ersten Reise belassen wollen, denn sie war die einschneidenste, intensivste und schönste Erfahrung meines Lebens- bis zu dem Zeitpunkt, als die nächsten einschneidenden, intensiven und schönen Ereignisse eintraten. Beim Schreiben des Buches wurde mir klar, dass diese Reise mein ganzes Leben erst in Bewegung gesetzt hatte und meine Geschichte somit hier noch lange nicht endet, denn mit dieser ersten Reise, ging die Reise, die sich das Leben nennt, erst richtig los.

Teil II

Der Ausbruch, die Zweite

Es war brütend heiß im Büro in der fünften Etage des Hochhauses mitten in der Innenstadt. Da das große Büro der Medienagentur, in der ich arbeitete, rings herum von riesigen Fenstern umgeben war, knallte die Sonne mit voller Wucht in die Räume hinein, sodass es kein Entkommen vor der Hitze gab. Die Fenster standen offen, was natürlich keine Erleichterung bot, da draußen kein Windhauch wehte. Sauerstoff war auch Mangelware, trotz der weit geöffneten Fenster. Es gab hier natürlich keine Klimaanlage- lediglich kleine Ventilatoren spendeten ein wenig Luft, wenn diese Luft auch nicht wirklich kühl war, sondern nur die vorhandene, warme Luft durch den Raum von A nach B schleuderte. Ich saß vor meinem riesigen Mac-Monitor, einer von sechs Stück im Raum, schweißgebadet, und arbeitete gerade an einem Schnittprojekt, einem Making-Of-Film eines Werbedrehs, dessen Dreharbeiten ich selbst filmisch begleitet hatte. Wir hatten für die Produktion ein sehr schickes Loft gemietet und waren mit unserem kompletten Equipment, sowie geliehener Ausstattung, aufgefahren. Ich hatte quasi bei der ganzen Produktion assistiert und auch für dieses Making-Of, das ich gerade schnitt, hinter den Kulissen des Drehs gefilmt.

Im Moment fühlte ich mich, als würde die Hitze mich regelrecht erdrücken. Plötzlich schienen auch die Wände immer näher zu kommen und ein Gefühl der Panik stieg in mir auf. Ich spürte den plötzlichen Drang, von einem Raum in den nächsten zu rennen, immer weiter, hinaus aus dem Büro, weit weg von diesem Ort und von diesen Menschen, deren negative Energie mich jeden Tags aufs Neue runterzog. Mir war egal wohin, Hauptsache raus!

Ich rannte kurzerhand und in totaler Panik in den einzigen, klimatisierten Raum auf der ganzen Etage, nämlich der Raum, in dem unsere Server auf Hochtouren liefen, machte die Tür hinter mir zu und hielt mich am Regal, in dem lauter Ordner und sonstiger Krimskrams herum standen, fest. Alles um mich herum schien sich zu drehen. Ich bekam schwer Luft, ich verspürte eine unglaubliche Last in meinem Nacken und oberen Rücken, als würde es mich Richtung Boden drücken. Ich schnappte nach Luft und mein Herz raste. Plötzlich brach ich ganz unkontrolliert in Tränen aus und kriegte mich vorerst nicht mehr ein.

So konnte es verdammt nochmal nicht weitergehen.

Nachdem ich eine Weile ganz bewusst tief ein- und ausgeatmet und mich langsam beruhigt hatte, entschied ich, dass der Punkt erreicht war. Dass ich die Schnauze gestrichen voll hatte, dass ich nicht so weiterleben wollte. Ich entschied in genau dem Moment, dass ich kündigen würde. Dass ich mich selbstständig machen würde, egal, wie schwer es sein mochte und egal, was ich tun musste.

Dieser Moment war meine Erlösung, getarnt als eine mehr oder minder heftige Panikattacke. Im nächsten Moment beruhigte sich mein ganzes System, ich spürte, wie alle Anspannung in meinen Schultern, meinem Rücken und meiner Brust wich, und kehrte dann, voller neuer Hoffnung und fest entschlossen an meinen Arbeitsplatz zurück und machte an meinem Projekt weiter.

In der Woche, nachdem ich meine kleine Panikattacke erlitten hatte, schmiedete ich die ersten Pläne für meine Selbstständigkeit und dafür, wie genau ich nach meiner Kündigung vorgehen würde. Auch wenn diese Entscheidung, ähnlich wie meine Entscheidung, in der 13. Klasse die Schule abzubrechen, sehr riskant erschien und von jetzt auf gleich gefällt war, wusste ich ganz intuitiv, dass sie die richtige war und zweifelte keinen Moment an ihr.

Zum Zeitpunkt dieses Entschlusses war ich gerade 24 Jahre alt und hatte noch keine Ahnung, wie ich das ganze anstellen würde oder wie genau es weitergehen sollte. Ich hatte gerade mal das erste Jahr meiner Ausbildung als Mediengestalterin in Bild und Ton hinter mich gebracht und wollte nun abbrechen und mich selbstständig machen. Wie ich es tun würde, wusste ich noch nicht genau, doch ich wusste mit absoluter Entschlossenheit, dass es funktionieren musste. Es gab keine andere Wahl. Ich wusste ebenfalls mit absoluter Entschlossenheit, dass ich den Traum, den ich schon Jahre zuvor gehabt hatte, nämlich digitale Nomadin zu werden, umsetzen wollte. Zwar hatte ich hierzu erst die Ausbildung beenden wollen, damit ich mich mit abgeschlossener Lehre als Videografin und Cutterin selbstständig machen konnte, doch merkte ich selbst, dass ich, zumindest in dem Betrieb, in dem ich war, nichts Neues mehr lernen würde, da ich mir eh schon das meiste mithilfe von YouTube selbst beigebracht oder von meinen Azubi-Kollegen gelernt hatte.

Die Arbeitskonditionen als Auszubildende waren extrem schlecht. Für gerade mal 300€ monatlich, wovon ich mir noch nicht mal eine eigene Wohnung oder ein WG-Zimmer leisten konnte, sondern stattdessen in einem kleinen Zimmer in der Wohnung meiner Eltern lebte, arbeiteten wir Azubis bis zu 60 Stunden pro Woche, da wir oft auch am Wochenende Filmdrehs hatten. Zwar war es toll, dass wir für manche Drehs auch mal nach Berlin reisten oder nach München, doch auch körperlich war die Arbeit dadurch sehr anstrengend für mich. Wir arbeiteten genau so, wie die Festangestellten es taten und übernahmen teilweise die selben oder ähnliche Projekte. Dagegen waren wir aber gegenüber den Festangestellten extrem billige Arbeitskräfte, die man gut ausnutzen konnte.

Oft mussten wir bei Drehs riesige Scheinwerfer und sonstiges sehr schweres Equipment schleppen, wir räumten regelmäßig das Büro auf und sortierten all das, was unser Chef und die restlichen Mitarbeiter durcheinander gebracht hatten. Zum Teil setzte man uns sogar dazu ein, Ikea-Möbel zusammen zu bauen oder die Wände des Büros unseres Chefs neu zu streichen. „Wir seien ja ein Team," hieß es dann. Leider half uns allerdings das restliche „Team" nicht bei irgendwelchen handwerklichen Arbeiten aus. Mit der Zeit schwand außerdem zunehmend der Spaß an meiner Arbeit und ich merkte, wie meine Kreativität immer mehr abnahm. Es demotivierte mich, dass die einzige Person, die von dieser profitierte, mein Chef war, und dass er zum Teil Tausende von Euros für Projekte einsackte, während ich mir noch nicht mal eine eigene Wohnung leisten konnte, geschweige denn die Reisen, die ich so sehr liebte.

Ich merkte nicht nur, wie ich nach und nach zunehmend Schwierigkeiten hatte, morgens aufzustehen, weil die Arbeit mich emotional so runterzog, sondern auch, wie meine Gesundheit sich langsam verschlechterte. Immer öfter wurde ich krank, meine Lungenfunktion verschlechterte sich, demnach musste ich auch öfter als sonst in die Klinik, um meine Antibiotikakuren zu machen. Ich hatte nicht nur weniger Zeit für meine Inhalationen, sondern hatte auch nicht die Ruhe und Zeit für mich, die ich so sehr brauchte und ich hatte auch so gut wie kein Privatleben mehr, tat alles für die Firma und bekam nichts dafür zurück, nicht mal in Form eines Dankeschöns. Viele der Beschwerden, die ich immer wieder bekam, wie meine Bauchschmerzen, meine Kopfschmerzen und Übelkeit, waren psychosomatisch, das wusste ich und doch machte mir die Arbeit, das Schneiden und das Filmen an sich unheimlich Spaß.

Ich war lange der Überzeugung, dass ich diese Ausbildung brauchte. Wer würde mich schon einstellen oder beauftragen, wenn er wüsste, dass ich keine abgeschlossene Ausbildung in meinem Handwerk hatte? Auch als ich etwa anderthalb Wochen nach meiner Entscheidung kündigte, war ich mir nicht sicher, ob man mich einstellen oder ob ich Arbeit finden würde, zumindest als Videografin, doch ich musste es versuchen. In dieser Zeit holte ich mir oft mein Motto in Erinnerung, das ich auf dem Rücken tätowiert hatte. „Es ist nicht wenig Zeit, die wir haben, es ist viel Zeit, die wir vergeuden." Und ich wusste: Würde ich diese Ausbildung fortführen, würde ich einfach nur meine Zeit, unser kostbarstes Gut, verschwenden.

In dieser Zeit beschloss ich, dass ich niemals fest angestellt in einem Büro arbeiten und auf alle Fälle in Zukunft mein eigener Chef sein wollte. Meine kreative Freiheit war mir einfach viel zu wichtig, um jemand anderen meine Kreativität zum eigenen Zwecke ausnutzen zu lassen. Ich war nun noch tiefer von meinem Wunsch überzeugt, digitale Nomadin zu werden und wollte alles dafür tun, diesen Wunsch in die Wirklichkeit umzusetzen. Nachdem ich mir also einen gründlichen Aktions-Plan überlegt hatte, wie ich meinen Schritt in die Selbstständigkeit angehen würde, marschierte ich in das Büro meines Chefs und reichte meine Kündigung ein. Nicht nur das: Ich erklärte ihm auch, dass, wenn er so weitermachte, ihm alle Mitarbeiter nach und nach abspringen würden, dass die Art, wie Azubis in der Firma behandelt wurden, nicht annehmbar war und wie wichtig es war, den Mitarbeitern auch mal seine Dankbarkeit auszudrücken, wenn man ihnen schon einen so mickrigen Lohn auszahlte. Wir führten tatsächlich ein recht konstruktives Gespräch und auch, wenn ich nicht glaubte, dass er meine Ansichten zu hundert Prozent verstand, hoffte ich doch, dass er die Art, wie er die Firma leitete, ein wenig überdenken würde, was im Nachinein wohl eine eher blauäugige Hoffnung gewesen war. Zum Schluss versuchte er mich noch zum Bleiben zu überreden oder zumindest meine Entscheidung zu überdenken, doch diese stand fest. Sie stand mit einer solch tiefen Überzeugung, wie bisher noch keine andere Entscheidung in meinem Leben festgestanden hatte. Und es war, ohne Frage, mit die beste Entscheidung, die ich je getroffen hatte..

Rudern wir allerdings erstmal noch ein Stück in der Zeit zurück, denn all das ereignete sich etwa zwei Jahre nachdem ich von meiner ersten, großen Reise zurückgekehrt war. Das Gefühl, das ich zu jener Zeit während dieser Ausbildung gehabt hatte, war nämlich ein ähnliches, wie damals, als ich mich aus meiner Beziehung und meinem bisherigen Leben hatte befreien wollen. Der erste Ausbruch war der aus meinem alten Leben gewesen, während der zweite mich aus beruflichen Zwängen befreite. Gehen wir also einmal zurück zu der Zeit, nachdem ich mich aus meinem „ersten Leben" befreit hatte..

Selbstwerdung

Meine Trennung von Timo war definitiv nicht das Ende vom Lied. Immer wieder hatte ich mit dem Gefühl der Reue zu kämpfen. Auch wenn ich wusste, dass es das Richtige war, vermisste ich ihn doch sehr. Wir hatten fast vier Jahre unseres Lebens gemeinsam verbracht und zwar von einem sehr jungen Alter an und ich war emotional stark von ihm abhängig. Offen gestanden, fehlte es mir sofort, in einer Beziehung zu sein, jemanden zu haben, der mich regelmäßig in den Arm nahm und mir versicherte, dass alles gut werden würde. Natürlich vermisste ich auch ihn und unsere gemeinsame Zeit und vermisste es, mit ihm zu verreisen, auch wenn wir das schon lange nicht mehr getan hatten. Nachdem ich jahrelang gefühlt auf festem Boden gestanden hatte und nie weit fallen konnte, war der Boden nun unter meinen Füßen verschwunden und ich befand mich im freien Fall ins Unbekannte.

Nur drei Wochen nach unserer Trennung kam dann meine böse Überraschung: Er hatte eine Neue. Für mich brach eine ganze Welt zusammen, weil ich den Wert unserer Beziehung plötzlich gen Null rutschen sah. Er beteuerte, dass er sich so daran gewöhnt hatte, eine Freundin zu haben, dass er gar nicht mehr ohne sein konnte oder wollte. Eine Freundin schien für ihn ein austauschbares Gut zu sein- ging die eine Beziehung kaputt, besorgte man sich halt eine Neue. Ich wusste natürlich selbst, dass ich diejenige war, die Schluss gemacht hatte und er tun und lassen konnte, was er wollte, doch da wir uns trotzdem sehr nah standen und uns nicht als Freunde verlieren wollten, tat es natürlich umso mehr weh, dass er mich scheinbar einfach ausgetauscht hatte. Es folgte eine Zeit, die emotional einer Achterbahnfahrt glich und ich hatte Mühe, mich auf das zu fokussieren, was ich eigentlich wollte: Die Sache finden, die ich beruflich machen wollte und meinem Traum nachgehen, das Reisen mit dem Arbeiten kombinieren zu können.

In dieser Zeit plagte mich außerdem ein solches Fernweh, wie ich es noch nie zuvor erlebt hatte. Dadurch, dass ich auch meine Beziehung nicht mehr hatte, die mich in Deutschland gehalten hätte, frustrierte es mich, dass ich trotzdem nicht reisen konnte, weil ich mir noch nicht überlegt hatte, was ich mit meiner Zukunft anfangen wollte und auch nicht das Geld hatte, wieder mehrere Monate zu verreisen. Dennoch schaffte ich es im späten Herbst des selben Jahres irgendwie, genug Geld zusammenzukratzen, um nochmal nach Peniche zu reisen. Als ich im Sommer dort gewesen war, hatte ich nämlich vom sogenannten „Rip Curl Pro“ gehört, einem Surf-Contest, der alljährlich in Peniche stattfand. Ich schaffte es nicht nur genug Geld zu sparen, um die Reise zu finanzieren, sondern hatte mir auch eine Canon EOS 600D besorgt, die nicht die beste Spiegelreflexkamera war, die es gab, jedoch das Beste, was ich mir zu dem Zeitpunkt leisten konnte. Denn mir war sofort klar, dass ich beim Rip Curl Pro fotografieren wollte. Ich dachte nicht daran, Geld mit meinen Fotos zu machen. Zu jener Zeit wollte ich einfach nur fotografieren, weil ich es liebte, weil ich einen Heidenspaß daran hatte. Ich dachte dabei auch nicht an die Zukunft, was mir diese Reise bringen würde oder in welche Richtung ich beruflich gehen wollte, aber ich wusste, dass es das Richtige war.

Von der Reise brachte ich nicht nur schöne Bilder mit nach Hause. Ich lernte auch eine sehr wichtige Lektion, nämlich dass auch Peniche, dieser schöne Ort und auch das Reisen selbst, mich leider nicht glücklich machen konnten. Ich liebte das Reisen zwar und ich liebe es bis heute, doch als ich so am Strand in Peniche saß, bei schönstem Wetter und mit den tollsten Menschen um mich herum, war ich trotzdem zu Tode betrübt. Ich fragte mich immer und immer wieder, was mit mir nicht stimmte. Ich war meinen Weg gegangen, hatte erkannt, was ich im Leben wollte und daraufhin mein Leben umgekrempelt und nun saß ich da und war trotzdem nicht glücklich. Ich verstand es einfach nicht. Bis mir klar wurde, dass ich all meine Hoffnung auf das Reisen gesetzt hatte, als würden all meine Probleme sich dadurch plötzlich in Luft auflösen und ich sah ein, dass das einfach nicht die Lösung war. Dass ich das Glück in mir finden musste, ganz unabhängig von dem Ort, an dem ich mich befand. Und so begann ich, mich langsam mit mir selbst und meinem Leben auseinanderzusetzen. Daraufhin wurde mir langsam klar, dass ich mich selbst als Individuum, losgelöst von einer festen Zweierbeziehung, überhaupt nicht kannte. Ich war so lange in einer Beziehung gewesen, dass ich mich emotional komplett abhängig von Timo gemacht hatte und meine eigenen Wünsche, Träume, Leidenschaften und Interessen nur noch schwer erkannte. Timos und meine Eigenschaften sowie Wünsche und Träume waren über die Jahre irgendwie miteinander verschmolzen.

Am schwersten fiel es mir, Selbstvertrauen aufzubringen, da ich dieses immer aus meiner Beziehung geschöpft hatte. Mir fehlte in gleichem Maße die Liebe zu mir selbst, weil ich auch diese immer woanders hatte finden können, wenn nicht bei Timo, dann bei meiner Familie oder meinen Freunden. Was Selbstliebe war, wusste ich einfach nicht, da ich sie noch nie praktiziert hatte. Man könnte also sagen, dass ich hier nochmal komplett von vorne anfing. Ich entdeckte mich selbst als Person, als Frau und einfach als Individuum neu. Und trotzdem verfiel ich über die nächsten paar Jahre immer wieder in meine Gewohnheit, diese Bestätigung im Außen zu suchen.

In der Zeit nach meiner Portugalreise recherchierte ich viel. Ich suchte nach Optionen, Fotografie zu studieren und zog die verschiedenen Möglichkeiten in Erwägung. Ich konnte mich sowieso erst im nächsten Jahr für das nächste Wintersemester bewerben und doch wollte ich es auf jeden Fall versuchen. Mein Traum des digitalen Nomadentums bildete sich immer weiter aus und ich las immer mehr über das Thema, völlig begeistert von den Möglichkeiten. So las ich alle Blogbeiträge von Conni Biesalski, die Reisebloggerin, Unternehmerin und natürlich digitale Nomadin war. Auch die Bücher von Tim Chimoy, einem Mann, der aus seiner freiberuflichen Tätigkeit als Architekt ein skalierbares, ortsunabhängiges Business gemacht hatte, faszinierten mich.

Während der Vorlesungen, die ich weiterhin an der Hochschule Niederrhein besuchte, träumte ich von der Ferne. Ich hatte meinen Studienschwerpunkt von Modedesign auf „Bekleidungsmanagement" verlegt. Denn mein Studium wollte ich noch nicht ganz aufgeben, da ich noch keine sinnvolle Alternative für die Zeit gefunden hatte und weil ich mir erhoffte, hier einige Informationen mit an die Hand gegeben zu bekommen, die für mich, als potentielle, zukünftige Unternehmerin, nützlich sein konnten- eine Hoffnung, die sich im späteren Verlauf meines Lebens bestätigen sollte. Ich besuchte also in jenem Semester nur zwei Kurse: Volks- und Betriebswirtschaftslehre. Aus irgendeinem Grund fand ich die Inhalte unerwarteterweise unheimlich spannend und ich paukte wie verrückt, als die Prüfungszeit nahte.

Zur selben Zeit plante ich natürlich auch schon meine nächste Reise. Eigentlich hatte ich nach Südamerika reisen wollen, musste mir jedoch eingestehen, dass ich mich, als eher unerfahrene Reisende, noch nicht sicher genug fühlte, solches Terrain zu beschreiten. Ich entschied mich also, mehr innerhalb Europas zu reisen, denn ich hatte bisher nur sehr wenig von diesem Kontinent gesehen. Der Entschluss fiel für Griechenland, Albanien, Montenegro, Kroatien, Italien und ich spielte auch mit dem Gedanken, nochmal in meine bisherigen Lieblingsländer, Spanien und Portugal, zu reisen. Eine Freundin, mit der ich die Monate zuvor viel Zeit verbracht hatte, beschloss kurzerhand, dass sie mitkommen würde. Zunächst dachte ich, dass sie es nur halb ernst meinte, doch wie sich herausstellte, war ihre Entscheidung mitzukommen, sofort gefallen. Zwar reiste ich gern allein, doch gegen eine Reisebegleitung hatte ich im Endeffekt auch nichts einzuwenden. Und somit war entschieden, dass Anna mich auf meiner Reise begleiten würde.

Die zweite große Reise

Meine zweite große Reise war eine wunderschöne, lehr- und erlebnisreiche Erfahrung, dennoch war sie nicht vergleichbar mit meiner ersten Reise. Ich lernte in erster Linie, dass es definitiv eine bestimmte Art von Mensch brauchte, mit der ich gemeinsam reisen konnte und ob dies je wieder eine Freundin von mir sein würde, wusste ich nach dieser Reise erstmal nicht.

An sich kamen Anna und ich ganz gut miteinander aus, wir konnten gute Gespräche führen und sie war mir stets eine gute Freundin. Doch hatte ich unterschätzt, wie es sein würde, jede freie Minute mit meiner Reisepartnerin zu verbringen, denn auch wenn ich hier und da gern wollte, war es sehr schwierig mal alleine etwas zu unternehmen. In meiner Vorstellung konnten wir auch mal getrennte Wege gehen- ich würde mal weiterreisen, wenn sie für eine längere Zeit irgendwo bleiben wollte oder ich würde mehr Zeit irgendwo verbringen, wo es mir gefiel, während sie weiterreiste. Und wir hatten es auch vorher so besprochen, aber die Realität sah doch ziemlich anders aus. Allgemein war es für mich einfach sehr schwierig und ich lernte erst dann, dass ich ein Mensch war, der sehr viel Freiraum und auch viel Zeit für sich selbst brauchte. Zwar würde ich mich nicht unbedingt als introvertierten Menschen bezeichnen, doch diese Zeit allein brauchte ich dringend und brauche ich auch bis heute, um mich immer wieder zu erden.

Kurz zusammengefasst, war die Reise zwar schön und die Länder, die Kulturen, die wir erlebt haben, bringen mich heute noch dazu, schwärmend an sie zurückzudenken, doch das gemeinsame Reisen war, zumindest zu dem Zeitpunkt und für eine so lange Zeit, einfach nichts für mich.

Nachdem wir knapp zwei Monate zusammen gereist waren- wir waren auf den schönsten Inseln Griechenlands, in Thessaloniki und Athen gewesen, hatten Griechenland durchquert, in einem Nachtbus, gefüllt mit albanischen Männern mit lauter großen Topfpflanzen, Teppichen und riesigen Einkaufstaschen, die griechisch-albanische Grenze überquert und einen halben Tag in Albanien verbracht, von wo aus wir nach Montenegro weitergereist sind (einem wunderschönen, kleinen Land mit der hübschesten Natur, welches mir persönlich am besten gefallen hat) und waren von dort nach Kroatien und Venedig weitergereist- hatten sich unsere Wege eigentlich trennen sollen. Annas Rückflug ging von Venedig aus und ich würde weiter nach Sizilien fliegen, um von dort gen Norden zu reisen und dann rüber nach Frankreich, Spanien und Portugal.

Leider war ich schon in Kroatien ziemlich krank geworden. Ich hatte mir kurz zuvor meine erste Erkältung eingeholt, hatte mich daraufhin weitestgehend erholt, als mich dann der zweite Infekt traf. Ich hustete ganze Nächte lang und die Art, wie mein Husten klang, machte mir auf einmal ziemlich Angst, da er sich eher wie ein Bellen anhörte als alles andere und ich wusste, dass dies das Zeichen war, dass der Infekt auf meine Lunge übergeschlagen war. Ich entschied also kurzerhand, etwa eine Woche, bevor Anna von Venedig aus zurück fliegen sollte, dass ich sie begleiten und mich in Deutschland mit einer Antibiotikakur behandeln lassen würde, was mich allerdings nicht davon abhielt, meine Reise drei Wochen später, nachdem ich wieder gesund und munter war, erneut anzutreten.

Kurz nachdem ich in Deutschland angekommen war, hatte ich mein nächstes Flugticket im Prinzip schon wieder gekauft. Es sollte, wie im Jahr zuvor, wieder nach Südspanien gehen, von wo aus ich nochmal nach Granada wollte. Weitere Pläne schmiedete ich allerdings nicht, auch wenn ich wusste, dass ich natürlich nochmal an meinen Herzensort, Peniche, wollte. Ein Rückflugticket kaufte ich mir diesmal nicht, damit ich nicht wieder die ganze Peninsula durchqueren musste, um meinen Rückflug anzutreten, weil ich meinem strikten Reiseplan nicht gefolgt war.

Ich verbrachte eine ganz nette Zeit in Granada, doch ich fühlte mich in dieser Zeit, so wie in den Monaten zuvor, einfach nicht wie ich selbst. Ich kam mir ein wenig verloren vor, trauerte noch viel um Timo und stellte meine Entscheidung, mit ihm Schluss zu machen, immer wieder in Frage. Es war außerdem das erste Mal seit Jahren, das ich wirklich mal wieder solo war und als Single reiste und testete mich natürlich dementsprechend aus. Ich feierte sehr viel mit den Leuten, die ich kennenlernte, trank viel, genoss die Gesellschaft des einen oder anderen Mannes und versuchte somit, im Prinzip, mein Gefühl der Einsamkeit und des Mich-Verloren-Fühlens zu kompensieren.

In dieser Zeit schrieb ich auch nicht viel, wie ich es sonst immer getan hatte, da ich mich nicht mit den Gefühlen auseinandersetzen wollte, die sich in mir auftaten. Es war nicht die Art, wie ich leben oder reisen wollte, das wusste ich, und ich tat mir selbst mit all diesen Dingen nur noch mehr weh, doch es war zu jener Zeit die einzige Art, wie ich mit diesen Emotionen umgehen konnte. Und ich rechtfertigte meine Art zu leben damit, dass es ein Teil meiner Selbstfindungsphase war, was rückblickend vielleicht sogar zu einem gewissen Teil der Wahrheit entsprach. Während meines Aufenthaltes in Granada und auf meinem weiteren Wege, lernte ich allerdings dann einige Menschen kennen, die mich zum Nachdenken brachten.

Nach einigen Tagen in dem großen Hostel, in dem ich in Granada untergebracht war, bildete sich ein kleines Grüppchen von Menschen. Da war Meg, die dunkelhaarige, groß gewachsene Amerikanerin, die ihren Mann verlassen hatte, um sich ihren Traum zu erfüllen, mal nach Europa zu reisen, Steve, der Australier, der eine smarte Brille trug und eine sehr warme und sympathische Stimme hatte, Olli, der aus England kam und eine sehr lustige Art zu sprechen hatte in seinem piekfeinen, britischen Akzent und: John. John war Halbsyrer, kam aber aus Texas, wo er auch zur Welt gekommen war. Er war mir auf Anhieb sehr sympathisch, denn er hatte eine sehr ruhige Art und wirkte für sein Alter von knappen 21 Jahren extrem weise, als hätte er schon so Einiges in seinem Leben gesehen und erlebt. Wenn er ganz normal sprach, klang sein Akzent wie der eines typischen Amerikaners, doch konnte er auch auf Knopfdruck einen texanischen Akzent ausspucken, der jeden in ein lautes Lachen verfallen ließ.

Einige Tage nachdem unser „Grüppchen" sich gebildet hatte, gingen wir hinunter zum Fluss, dem Río Genil, der im Sommer nur spärlich durch Granada floss, und setzten uns dort unter einige Bäume, die einen angenehm kühlen Schatten an diesem heißen Sommertag warfen. Dort unterhielt ich mich eine Weile mit John. Er erzählte mir, dass er seit Jahren an einem Projekt arbeitete, für das er wirklich brannte. Er hatte eine Organisation gegründet, die das Ziel hatte, Syrern mit der Verarbeitung ihrer Traumata zu helfen. Hierbei konnten ganz normale Menschen, ohne jegliche Qualifikation im Bereich der Psychologie oder sonstigem, helfen, indem sie den Menschen aus Syrien einfach nur ein offenes Ohr verliehen, sodass die Opfer verschiedenster Gräueltaten frei und ohne verurteilt zu werden, ihre Geschichte erzählen konnten. Er erzählte mir dann von einer Frau, mit der er gesprochen hatte, die das erste Mal in ihrem Leben offen darüber sprechen konnte, wie sie im Krieg gefangen genommen und Tag für Tag vergewaltigt worden war. Er erzählte mir noch ein wenig von seiner Arbeit und ich hörte ihm voller Bewunderung und Respekt zu. Als er zu Ende erzählt hatte, fragte ich ihn:

„And you built and organized the whole thing yourself?"

„Well, I do have volunteers that help me with the organization and everything, but yeah. I've known for years that I really want to try and make a difference in this world and with this project I feel like I've found my duty or rather my purpose in life. And it's really cool, the project is getting more and more attention, sometimes I even have to make speeches and everything..," erzählte er mit einem stolzen Grinsen im Gesicht.

Ich konnte kaum fassen, dass ein Mann in so jungem Alter schon wusste, was seine Bestimmung auf dieser Welt war und fühlte mich so inspiriert, fühlte so einen immensen Respekt vor ihm und spürte einfach diese Energie, die von ihm ausging. Ich konnte sie nicht beschreiben oder definieren, doch ich spürte sie ganz klar und deutlich.

Der nächste Mensch, der auf meiner Reise einen ziemlich starken Eindruck bei mir hinterließ, war, um es gelinde auszudrücken, ein ziemlich außergewöhnlicher Vogel. Louis (er sprach seinen Namen französisch aus: Louiiieeee) kam aus Michigan und war der waschechteste Hippie, den ich je kennengelernt hatte. Natürlich hatte er Dreadlocks und seine Arme waren voll mit Tattoos, die aussahen, als hätte er sie selbst gestochen. Er hatte neben seinem rechten Auge außerdem einen kleinen Stern tätowiert. Die Hose, die er zu etwa 95% der Zeit trug, hatte bunte Taschen, die er selbst per Hand aufgenäht hatte.

Ich fühlte mich wohl bei ihm, selbst nachdem er mir erzählt hatte, dass er anderthalb Jahre im Knast gewesen war wegen Drogenhandels. Er wuchs mir sogar ein wenig ans Herz, nachdem wir an mehreren Abenden ziemlich lange und tiefgründige Gespräche geführt hatten. Ein weiteres Highlight meiner Reise, war dann das erste Mal, das ich allein per Anhalter fuhr, auf dem Weg von Granada in einen winzigen Ort namens Alpandeire.

„Denise, do you think you could hitch here from Ronda? My car broke down, so I can't pick you up, I'm afraid," sagte Sophie am Telefon. Für einen Moment zweifelte ich und sagte dann, ohne mir meine Unsicherheit anmerken zu lassen:

„Yeah sure, I can do that."

Sie erklärte mir kurz, wo ich mich am besten hinstellen sollte, um möglichst leicht jemanden zu finden, der mich mitnahm. Sophie war meine Couchsurfing-Gastgeberin und lebte in dem besagten winzigen Dorf, etwa eine Stunde von der Stadt Ronda entfernt. Es war das erste Mal, dass ich Couchsurfing ausprobierte und ich war ein wenig nervös. Bei jemand Fremdem auf der Couch schlafen? Ich hatte keine Ahnung, was diese Erfahrung für mich bereithielt, doch ich wollte es zumindest mal ausprobiert haben. Der einzige Bus, der von Ronda aus nach Alpandeire fuhr, kam genau dreimal wöchentlich. Montags, mittwochs und freitags, jeweils um 14 Uhr. Da ich keine Lust hatte, den Zug in Granada um 6:45 Uhr morgens zu nehmen, um genau diesen Bus zu bekommen, entschied ich mich dafür, den späteren Zug um 12:45 Uhr zu nehmen und dafür ab Ronda per Anhalter zu fahren. Auch Louis erklärte mir nochmal, wo ich mich genau hinstellen sollte- denn dass er nur per Anhalter herum reiste, sollte ja klar sein- und zeigte mir die Stelle sogar auf einer Karte.

Ich verabschiedete mich also von ihm und den anderen, die ich kennen gelernt hatte und machte mich auf den Weg zum Bahnhof. Es war auch das erste Mal, dass ich auf Reisen mit dem Zug von A nach B fuhr. Bisher war ich immer nur mit dem Bus herum gereist. Die Zugfahrt von Granada nach Ronda war atemberaubend schön und selbst nach den drei Stunden Zugfahrt, hätte ich noch stundenlang weiterfahren können.

In Ronda angekommen, begann ich mich durchzufragen, wie ich denn zur Autobahn Richtung Alpandeire gelangen könne, die Antworten, die ich jedoch auf Spanisch erhielt, waren nur schwer und in vereinzelten Satzbrocken zu verstehen, da die Menschen in Andalusien meist ganz besonders schnell sprechen. Ich verstand nie, weshalb man mit mir immer auf so schnellem Spanisch sprach, wenn man mir doch ganz deutlich ansah und auch hörte, dass ich eben keine Spanierin war. Also packte ich mein Handy aus, ortete mich per GPS auf Google Maps und trottete mit meinem großen 60L-Rucksack (immerhin 20 Liter weniger als auf der vorherigen Reise) und meinem sieben Kilo-schweren Handgepäckrucksack in die Richtung, in der ich die Stelle vermutete, die Louis mir gezeigt hatte. Unterwegs suchte ich einen Schreibwaren- oder Krimskramsladen, in dem ich einen schwarzen Marker kaufen konnte, um mir ein Schild zum Trampen zu basteln.

Der Moment, in dem mir klar wurde, wieviel es auf dieser Welt noch zu entdecken gab.

Auf der Insel Berlengas bei Peniche in Portugal auf meiner ersten Soloreise.

Kurz nach Sonnenuntergang in meinem Herzensort Peniche.

Über den Dächern von Porto in Portugal auf meiner zweiten großen Reise.

Die tosenden Wellen an der portugiesischen Küste.

Ronda, die hübsche Stadt in Südspanien.

Das faszinierende Naturschauspiel in Norwegen.

Wale beobachten in den Fjorden von Nordnorwegen.

Auch Deutschland hat so einiges zu bieten: Hier in der Sächsischen Schweiz bei Dresden.

Der wunderschöne Bohinj See in Slowenien.

Die erste Reise als „digitale Nomadin", hier in Marrakesch, Marokko. Foto: Florian Schulz

Einige meiner Lieblingsmotive auf Reisen: Ausgefallene Türen und bunte Häuserfassaden.

Das geliebte Taghazout im Süden Marokkos.

Die „Painted Rocks“ bei Tafraoute im Anti-Atlas-Gebirge.

Im wunderschönen Chefchaouen in Marokko.

Auf Teneriffa, kurz vor Veröffentlichung dieses Buches. Foto: Katharina Perlbach

Auf dem Weg fand ich in einer Altpapiertonne einen Karton, von dem ich ein Stück abriss, um diesen an meinem Rucksack zu befestigen. Ich fühlte mich ein wenig wie eine Obdachlose, aber gleichzeitig verspürte ich ein starkes Gefühl der Unabhängigkeit und der Abenteuerlust.

Nach etwa einer Stunde erreichte ich die Burgmauer, die das Zentrum von Ronda umgab. Ich hatte keinen Schreibwarenladen gefunden. Nachdem ich versucht hatte, das Stück Pappe mit Kulli mit meinem Ziel zu versehen und das Ergebnis mich nicht zufriedengestellt hatte, da man die Aufschrift von weitem niemals hätte erkennen können, fiel mir ein, dass ich ein Fläschen schwarzen Nagellack in meinem Rucksack hatte. Voller Begeisterung über meinen Fund, malte ich also in dicken, schwarzen Buchstaben „ALPANDEIRE" auf mein Stück Pappe, ließ den Nagellack trocknen und befestigte das Schild wieder gut sichtbar an meinem Rucksack. Dann trottete ich weiter. Mehrmals sprachen mich Einwohner auf Spanisch an und zeigten lachend auf meinen Rucksack und gaben mir zu wissen, wie klein ich gegen meinen großen Rucksack wirkte. Als sie dann mein Schild sahen, wiesen sie mich darauf hin, dass Alpandeire ja ein winziges Kaff sei und was ich denn dort wollte, wünschten mir jedoch Erfolg bei meinem Versuch, dort hinzukommen. „Wie ermutigend," murmelte ich leise vor mich hin. Nach etwa einer weiteren Stunde, kam ich dann an dem Campingplatz an, der mir signalisierte, dass ich bald dort angekommen war, wo ich hin wollte.

Da war sie dann vor mir, die Carretera (was wohl einer deutschen Landstraße entspräche), die mich nach Alpandeire bringen sollte. Ich sah zu, dass die Stelle, an der ich mich hinstellte, genug Platz für Autofahrer bot, um anzuhalten und dass sie gleichzeitig etwas Schatten spendete, da die Sonne erbarmungslos bei satten 30 Grad auf mich herunter schien. Außerdem achtete ich darauf, dass die Strecke von der letzten Kurve hin zu mir weit genug war, damit man mich auch frühstmöglich sehen und erkennen konnte. Dann legte ich mein ganzes Gepäck ab, das mir in den letzten beiden Stunden ziemliche Schulter- und Rückenschmerzen bereitet hatte, schaltete meinen I-Pod auf volle Lautstärke und grölte laut mit. Hier sollte es wohl keinen jucken, denn ich war komplett allein, bis auf die ein bis zwei Autos, die alle zehn Minuten mal vorbeirauschten. Ich fühlte mich verdammt frei.

Zwischenzeitlich kam mir natürlich auch mal der Gedanke, dass das, was ich da tat, potentiell gefährlich sein konnte. Ich dachte an bestimmte Filme, an Horrorgeschichten, die man hier und da schon mal gehört hatte. Klar, hätte man mich aufgabeln, vergewaltigen, umbringen und in kleine Stücke zerhaxeln können, doch den Gedanken schlug ich mir ganz schnell wieder aus dem Kopf.

Ich war auf dem Weg in ein winziges Dorf, in dem jeder sich kannte und Sophie wusste, wo ich war. Außerdem würde ich zu niemandem ins Auto steigen, der mir nicht ganz koscher war. „Always trust your gut and you'll be just fine," hatte Louis zu mir gesagt. Im Falle der Fälle hatte ich mein Handy in der einen Tasche und das Taschenmesser in der anderen. Es fühlte sich richtig an, ich vertraute meinem Bauchgefühl und meiner Intuition und mehr musste ich in dem Moment nicht wissen.

Als ich so wartete und herumtanzte, fuhren einige Autos vorbei. Manche winkten mir zu, einige grüßten mich mit einem „Peace"-Zeichen und wieder andere zuckten nur entschuldigend mit den Schultern. An ihren Autokennzeichen erkannte ich, dass sie nicht in die Richtung fuhren, in die ich musste. Ich schmiedete innerlich schon einen Plan B, falls mich in den nächsten ein bis zwei Stunden niemand mitnahm.

Der Campingplatz war direkt um die Ecke, aber ich hatte kein Zelt und mein dünner, moskito-abweisender Schlafsack-Inlay aus Baumwolle, hätte mich keinesfalls durch die kalte Nacht gebracht. Das einzige, was mir bleiben würde, wäre die zwei Stunden wieder zurück ins Zentrum von Ronda zu laufen und mir da für eine Nacht eine Unterkunft zu nehmen. Und just in diesem Moment, als ich über meine Alternativen nachdachte, etwa 45 Minuten, nachdem ich mich an die Straße gestellt hatte, fuhr ein Auto auf den Seitenstreifen.

Ich packte mir meine beiden Rücksäcke und lief auf die Beifahrertür zu.

„Hola," sagte ich erleichtert, als ich die etwa 30-jährige Fahrerin sah. Sie begrüßte mich freundlich. Auf dem Beifahrersitz saß ihre Tochter, die mich ebenfalls begrüßte. „Besser hätte es nicht kommen können," dachte ich mir insgeheim, während ich auf den Rücksitz stieg. Wie es sich herausstellte, war die Frau sogar Österreicherin und lebte seit zehn Jahren mit ihrer Tochter in einem kleinen Ort hinter Alpandeire. Der Weg führte also genau an meinem Ziel vorbei.

Während der Fahrt sprachen wir über die Region, meine bisherigen Reisen und über das Leben in den Bergen Südspaniens. Ihre Tochter Rosa ging mit etwa fünf weiteren Kindern aus ihrem oder einem der umliegenden Dörfer in die fünfte Klasse und Nelly, die Mutter, beschwerte sich über die Englischlehrerin an der Schule, die selbst scheinbar miserables Englisch sprach. Ich bewunderte Nelly dafür, dass sie nur mit ihrer Tochter einfach in ein fremdes Land zog und das Kind, nicht, wie ich, nur zweisprachig erzogen worden war, sondern gleich dreisprachig. Es stellte sich außerdem heraus, dass die Tochter meiner Gastgeberin mit Rosa in eine Klasse ging.

In Alpandeire angekommen, stieg ich aus und die beiden wünschten mir viel Erfolg bei meiner Weiterreise.

Rastlosigkeit

Von Neugierde getrieben
Vom einen Ende der Welt
Zum anderen.
Zukunftsträume verblassen ins Nichts
Von der Liebe zur Freiheit
Ausgelöscht.
Sich von den Füßen leiten lassen
Schritt für Schritt
Und Traum um Traum.
Das Leben will gelebt werden
Deshalb bleibe ich rastlos."

Der Aufenthalt in Alpandeire war unglaublich schön. Ich half Sophie bei der Übersetzung ihrer Webseite ins Deutsche, wir kochten zusammen, ich half ihr ein wenig im Garten aus und genoss die Tage, an denen ich dort war, einfach nur. Auch sie inspirierte mich unglaublich mit ihrem Mut, mit ihrer kleinen Tochter aus England hierherzuziehen, ein eigenes Haus zu kaufen und auch mit der Art und Weise, wie sie ihre Tochter erzog. Ihr war wichtig, dass ihre Tochter Menschen verschiedenster Kulturen und Weltansichten kennenlernte, damit sie selbst möglichst weltoffen und tolerant werden konnte, weshalb sie auch oft Couchsurfer bei sich aufnahm.

Im weiteren Verlauf meiner Reise besuchte ich weitere Orte in Südspanien, reiste nach Portugal in mein geliebtes Peniche, das seinen Reiz zwar nicht verloren hatte, dieser allerdings nicht mehr ganz so stark war wie im Vorjahr. Ich bereiste den Norden Portugals und fuhr bis nach Pamplona in Spanien, wo ich einen weiteren Menschen kennenlernte, der im späteren Verlauf noch einen großen Einfluss in meinem Leben haben sollte. Ich schloss meine Reise wieder in Barcelona ab und ließ mir zum Abschluss dieser den Arm im selben Laden tätowieren, wo ich mich auch im Vorjahr nach meiner Reise hatte tätowieren lassen.

Daraufhin kehrte ich in meine Realität in Deutschland zurück- ich hatte mich nämlich für ein Mediendesign-Studium in Düsseldorf beworben und war auch angenommen worden. Das Einzige, was mir noch fehlte, war ein abgeschlossenes, achtwöchiges Praktikum im Medienbereich, mit dem meine Immatrikulation abgeschlossen sein würde. Womit wir wieder an der Stelle angekommen wären, als ich meinen ersten, wirklichen Bürojob begann.

Bewegtbilder

Ich begann mein Praktikum in einer Medienagentur, in der einer meiner besten Freunde gerade seine Ausbildung als Mediengestalter abgeschlossen hatte. An zweierlei Dingen war ich interessiert, nämlich an der Fotografie und auch der Videografie. Hauptsächlich eingesetzt wurde ich allerdings im Bereich Fotografie.

Ich assistierte auf Fotoshootings, machte Besorgungen für das Studio, und tat halt die ganzen Dinge, die man so als Praktikant macht. Ich lernte ausgiebig mit Photoshop umzugehen, vor allem das Retuschieren kleiner Schönheitsmakel der fotografierten Models, gehörte zu meinen täglichen Aufgaben. An sich machte mir die Arbeit Spaß, allerdings zog es mich immer mehr zur Videografie hin. Ich liebte die Dynamik des bewegten Bildes, es begeisterte mich, dass neben dem visuellen Element auch noch die Musik, beziehungsweise das gesprochene Wort, eine sehr große Rolle spielte und auch die Bearbeitung im Schnittprogramm faszinierte mich.

Auf meiner Reise hatte ich neben vielen Fotos auch einiges an Filmmaterial gesammelt und nachdem ich meine Vorgesetzte gefragt hatte, ob ich auch in den Bereich Film hinein schnuppern dürfte, legte ich mit dem Schnitt meines allerersten Filmes los. Ich nahm die Schnipsel aus dem Filmmaterial, die ich intuitiv am besten fand und fügte diese auf der sogenannten „Timeline" zusammen- Bilder vom von Kerzen erleuchteten Santorini an Ostern, den wunderschönen Berglandschaften Montenegros, die Seeorgel in Zadar, die Bootsfahrten in Venedig, die Straßenmusiker aus Cadiz und die schönen Märkte von Lissabon. Hinterher suchte ich mir einen passenden Song aus und fügte alles zu einem kleinen Film zusammen. Ich verspürte ein wahres Kribbeln im Bauch, als ich so da saß und den Film meiner Reise schnitt.

Nicht nur an diese schönen Orte zurückversetzt zu werden, machte den großen Reiz für mich aus, sondern auch das Schneiden an sich machte mir unheimlich Spaß. Es war für mich, als fügte ich ein Puzzle zusammen- man schaute, was an diese und jene Stelle gehörte, passte die Längen der jeweiligen Schnipsel an und nahm dabei den Takt der Musik als Leitfaden, um den Rhythmus des Filmes zu bestimmen. Meine neue Leidenschaft war geboren.

Kurze Zeit später leuchtete mir ein, dass meine neue Leidenschaft mir die optimale Gelegenheit bieten würde, ortsunabhängig arbeiten zu können, weshalb ich mich dann, als die Medienagentur mir eine Ausbildungsstelle anbot, dafür entschied, statt des Studiums, die Lehre zur Mediengestalterin in Bild und Ton zu machen. Ich würde bei diesem Beruf von unterwegs aus dem Filmmaterial, das meine Kunden mir zuschickten, Filme schneiden können oder ich könnte meine eigenen Produktionen machen, Reise- oder Dokumentarfilme zum Beispiel. Dieser Gedanke motivierte mich noch mehr, diese Ausbildung durchzuziehen, auch wenn ich eigentlich innerlich schon wusste, dass ein regulärer 9 to 5-Job nie mein Ding gewesen war und auch die Arbeit in einem Büro mir nicht gut tun würde.

Die ersten Monate während meiner Lehre liefen sehr gut. Ich fühlte mich inspiriert, leistete gute Arbeit und verstand mich ziemlich gut mit meinen Kollegen. Doch natürlich, wie ich erwartet hatte, hielt diese Begeisterung nicht lange an. Ich arbeitete immer mehr, oft auch an Wochenenden, konnte mich immer weniger so kreativ entfalten, wie ich wollte und fühlte mich auch im Büro und neben den Festangestellten und meinen Vorgesetzten immer unwohler. Den anderen Azubis und mir wurde gern verklickert, wie unbedeutend und wertlos wir waren, denn wir waren ja schließlich nur Azubis- auch wenn wir oft dieselbe Arbeit leisteten wie unsere besser bezahlten Kollegen. Etwa ein halbes Jahr nach Beginn meine Ausbildung versiegte die Lust auf die Arbeit komplett und ich merkte langsam, wie meine Gesundheit sich verschlechterte.

Im Frühjahr des Jahres 2015 eröffnete sich dann eine Gelegenheit, die einiges in meinem Leben verändern sollte. Die deutsche American-Football-Nationalmannschaft hatte mich darum gebeten, mit ihnen zur Meisterschaft nach Dresden zu kommen, um die Meisterschaftsspiele der Jugendmannschaft zu filmen. Anfangs war ich wenig angetan, denn sie konnten mir keine Bezahlung bieten, nur Kost und Logis würden gedeckt sein. Ich haderte mit der Entscheidung, doch ich wusste, dass jegliche Erfahrung außerhalb meiner Ausbildungsstätte mir und meinem Portfolio gut tun würde, also sagte ich zu.

Durch diesen Beschluss besuchte ich nicht nur zum ersten Mal die wahnsinnig schöne Stadt Dresden, die nun zu meinen Lieblingsstädten Europas zählt, sondern ich lernte auch, dass es Menschen gab, die die Arbeit und Hingabe, die man in etwas hineinsteckte, wirklich schätzten. Nach einigen sehr voll bepackten, aber schönen Tagen während der Meisterschaft, als es galt die Jungs und das ganze Staff zu verabschieden, kam so gut wie jeder einzelne zu mir, umarmte mich und dankte mir für meine Arbeit und meinen Einsatz. So banal es auch klingen mag: ab diesem Zeitpunkt wusste ich, dass es auch anders ging, dass meine Arbeit und meine Bemühungen etwas wert waren und zwar sogar ziemlich viel.

Daraufhin schnitt ich als Überraschung für die Jungs einen kleinen Film zusammen, was im Voraus nicht geplant gewesen war, und sie freuten sich riesig darüber. Ich bekam von allen Seiten zu hören, wie gut meine Arbeit war, und dass ich ja scheinbar wirklich die eine Sache gefunden hatte, die mir wirklich lag. Nach dieser Erfahrung fiel mir umso mehr auf, auf wie wenig Wertschätzung wir als Azubis im Betrieb stießen, doch der Gedanke, dass es auch anders ging, heiterte mich auf.

Neben diesen schönen Erfahrungen, fand in Dresden außerdem ein weiteres Ereignis statt. Ich lernte nach vielen Jahren mal wieder einen Mann kennen, der echtes Interesse in mir weckte, was für mich zu jener Zeit ein ziemlich außergewöhnliches und unerwartetes Phänomen war. Ich war die letzten Jahre zu dem Schluss gekommen, dass ich wohl mit ziemlich geringer Wahrscheinlichkeit mal einen Mann kennenlernen würde, mit dem ich auf einer Wellenlänge war und mit dem ich mir vorstellen konnte, eine Beziehung einzugehen. Schließlich war ich die Jahre zuvor hauptsächlich damit beschäftigt gewesen, mich selbst erst wirklich kennen zu lernen. Sein Name war Philipp und auch wenn es klischeehaft klingen mag: Er zog mich vom ersten Moment an in seinen Bann und ich konnte kaum noch an etwas anderes denken. Recht groß war er, vor allem aber gut gebaut. Er war ein sehr attraktiver Mann mit Vollbart, einigen Tattoos an Armen, Brust und Rücken (was ich da natürlich noch nicht alles hatte sehen können, doch später zu meiner Begeisterung feststellte), hatte eine sehr raue Stimme und nuschelte manchmal ein wenig. Er half der Mannschaft als Trainer aus, da er selbst seit vielen Jahren American Football spielte.

Wir wechselten nur wenige Worte, da ich natürlich auch keine Aufmerksamkeit der anderen Trainer und Staffmitglieder auf uns ziehen wollte, doch hier und da wechselten wir den einen oder anderen Blick und grinsten uns an. Einmal standen wir nebeneinander, ich filmte die Jungs gerade beim Training und hörte dabei Musik über meinen iPod, als er mir plötzlich einen Kopfhörer aus dem Ohr zog und sich diesen selbst ins Ohr steckte. Ohne mich zu ihm zu drehen, hörte ich dann, wie er ganz leise den Text- ich hörte gerade einen Song vom neuen Jennifer Rostock-Album- gekonnt mitsang, woraufhin ich auch begann, leise mitzusingen. Dieser Moment sollte nicht nur unseren ersten Kontakt zueinander darstellen, sondern auch unser allererstes Duett.

Selbstständigkeit

Nachdem ich also meine Kündigung eingereicht hatte, saß ich noch meine letzten Wochen in der Agentur ab und schmiedete fleißig weiter Pläne für meine anstehende Selbstständigkeit. Von Kollegen, sogar den Nicht-Azubis, bekam ich zu hören, wie mutig sie meine Entscheidung fanden, und dass ich es auf jeden Fall schaffen würde, mich selbständig zu machen, was mich etwas wunderte, da ich nie geglaubt hatte, dass sie etwas von mir und meiner Arbeit hielten. Meine Eltern unterstützen mich wie immer in meiner Entscheidung, egal wie riskant sie zu sein schien- ich hatte schließlich zuvor schon eine Ausbildung abgeschlossen und hatte immerhin das Handwerk der Schneiderei, auf das ich jederzeit zurückgreifen konnte.

Ich nahm mir also vor, zuallererst mal wieder auf Reisen zu gehen, denn ich lechzte förmlich danach und ich wusste, dass es mir nur gut tun würde. Auf dieser Reise wollte ich so viel Filmmaterial wie möglich sammeln und hatte auch einen Plan für eine kleine Dokumentation, die mein erster, ganz eigener Film werden sollte, denn ich wollte direkt beginnen, mein Portfolio aufzubauen. Danach würde ich wiederkommen, meinen Film schneiden, und mir dann einen 400€-Job suchen, damit ich zumindest eine feste Einnahmequelle hatte, während ich mich in die Selbstständigkeit stürzte. Nach Beendigung meiner letzten Tage im Betrieb, packte ich also meine Taschen und machte mich auf und davon, auf meine nächste Reise.

Diese Reise war die erste seit langer Zeit, die ich nicht allein antrat. Mit drei Kumpels flog ich mal wieder nach Portugal, in mein geliebtes Peniche, wo wir uns zu viert eine kleine Wohnung teilten. Ich hatte zuvor schon auserkoren, wen ich für meine Dokumentation interviewen wollte, unter anderem einen Local, den ich bei meiner vorletzten Reise nach Peniche kennengelernt hatte und zwei meiner Freunde selbst.

Mein Film sollte eine kurze Surf-Doku werden, allerdings wusste ich im Vorfeld noch nicht, wovon der Film genau handeln würde. Während der Interviews, die ich führte, kristallisierte sich das Thema jedoch langsam heraus. Es würde um das Thema „Zeit" gehen. Ich wollte darstellen, wie wir eine andere Auffassung von „Zeit" haben, wenn wir die Dinge tun, die wir lieben, im Gegensatz zu der Auffassung von „Zeit", wenn wir unser Leben so dahin dümpeln lassen und jeden Tag etwas tun, für das wir keine Leidenschaft hegen. In diesem

Film war es vor allem das Surfen und das Reisen, das meine Interviewpartner verband. Sie sprachen mit glänzenden Augen und einer solchen Leidenschaft davon, dass ich einfach spürte, dass ich auf genau dem richtigen Weg war.

Nachdem ich zwei Wochen mit den Jungs in Portugal gewesen war, reiste ich in den Norden Spaniens, um mich dort mit einem anderen, langjährigen Freund zu treffen. Loan und ich hatten uns ein Auto gemietet und eine Unterkunft ausgesucht, die uns beide sehr angesprochen hatte. Das Biosurfcamp in Suances, Spanien, war mein allererster Auftraggeber für einen Imagefilm, den ich für das Camp drehen und schneiden sollte. Ich hatte den Besitzer im Voraus angeschrieben, ob er Interesse an einem kleinen Film hätte, denn ich hatte das Video, das schon auf seiner Webseite war, gesehen und teilte ihm dann meine Ideen mit, wie man noch mehr Besucher anlocken könnte mit einem einzigartigen, neuen Film. Er war sofort begeistert und auch wenn ich im Prinzip nur meinen Aufenthalt für die Woche bezahlt bekam, war ich dennoch mächtig stolz, dass ich direkt meinen ersten Auftrag erhielt und es dabei auch noch ein so cooler Job war! Schließlich wollte ich ja meinen Job mit dem Reisen verbinden und das hier war direkt meine erste Chance, genau das zu tun.

Nach dieser Reise hatte ich also schon meine ersten beiden Filme, die ich nach außen hin zeigen konnte und auch wenn sie nicht sonderlich gut gemacht waren, waren sie dennoch authentisch. Sie zeigten, wer ich war und für was ich stand und die Filme kamen sehr gut an. Dann machte ich mich daran, eine Wohnung zu finden, sowie einen Minijob, der dafür sorgen sollte, dass ich meine Miete zahlen konnte. Mit einer Freundin, mit der ich in der Medienagentur gearbeitet hatte, bezog ich eine schöne, helle Wohnung direkt an der Uni Klinik in Düsseldorf mit Garten und freute mich riesig, mal wieder eine eigene Wohnung zu haben, auch wenn ich sie mir mit einer Freundin teilte. Die letzten Jahre hatte ich schließlich bei meinen Eltern in einem kleinen Zimmer gelebt, was zwar in Ordnung war, jedoch nie genügend Rückzug für mich geboten hatte. Dann überlegte ich mir, dass ich einen Kellnerjob annehmen könnte in der Düsseldorfer Altstadt. So würde ich nebenbei viel Geld verdienen können, vor allem aufgrund der steuerfreien Trinkgelder, und könnte meine restliche Zeit nutzen, um meine Filmtätigkeit auszuüben. Wie der Zufall es jedoch wollte, landete ich eines Abends auf der Webseite eines Coworking-Spaces in Düsseldorf (dass Düsseldorf überhaupt Coworking-Spaces hatte, war mir gar nicht bewusst- ich dachte diese gäbe es überwiegend auf Bali oder sonstigen attraktiveren Orten auf dieser Welt) und ganz zufällig suchten sie gerade nach einem 400€-Jobber in Form eines Hosts. In einem Coworking-Space war ich bis dahin nie gewesen, ich hatte nur oft von ihnen gehört, denn die ganzen digitalen Nomaden arbeiteten oft von dort, wenn sie im Ausland waren.

Ein Coworking-Space ist eine Einrichtung, in die jemand, der ortsunabhängig arbeiten kann, mit seinem Laptop kommen, sich einen freien Arbeitsplatz aussuchen und einfach arbeiten kann. Hier wird ihm die optimale Infrastruktur bereitgestellt, um konzentriert arbeiten zu können und, vor allem auch, um sich mit anderen Freelancern und Entrepreneuren zu vernetzen und auszutauschen, was besonders als Selbstständiger sehr wichtig ist.

Als ich mich zum ersten Gespräch vorstellte, war ziemlich schnell klar, dass das hier genau das Richtige für mich und auch ich die richtige Person für den Job war. Als Host war ich Ansprechpartnerin für die Coworker und hatte so ziemlich die Verantwortung für alles, was im Coworking-Space passierte, zumindest wenn meine Kollegin Melissa nicht da war. Ich lernte schnell, wie die Dinge liefen, welche Preispakete es gab, welche Events wann stattfanden und fand mich auch schnell in das virtuelle System ein, das aus verschiedenen Programmen wie Google Drive, Trello und so weiter bestand. Es war eine Arbeit, die ich noch nie gemacht hatte und doch tat es unheimlich gut, auch solch organisatorische und eher analytische Aufgaben zu übernehmen. Auch die Verantwortung tat mir sehr gut, denn so hatte ich das Gefühl, wirklich wertvolle und wichtige Arbeit zu leisten. Zwar verdiente ich, verglichen mit dem Arbeitsaufwand nicht wirklich viel, doch die Erfahrung, die ich dort sammeln konnte, war unbezahlbar. Das Beste an der ganzen Sache jedoch waren die Menschen, die ich dort während meiner Arbeit kennenlernte. Ich bekam meine ersten Einblicke in die Welt der Selbstständigkeit und der Ortsunabhängigkeit. Ich knüpfte Kontakte zu wunderbaren Menschen und profitierte auch geschäftlich von meiner Arbeit dort. Nach kurzer Zeit nämlich erhielt ich erste Aufträge von Coworkern und zwar nicht nur im Bereich Film, sondern auch in anderen Bereichen, in denen ich mich auskannte, wie Bildbearbeitung, Fotografie, Design und so weiter.

Ich lernte das erste Mal, wie viele verschiedene Dinge ich doch eigentlich konnte und realisierte, dass wir im Prinzip aus allen Phasen unseres Lebens etwas mitnehmen, sei es nur ein Kurs, den man mal gemacht hat oder eine Herausforderung, die man gemeistert hat. All diese Dinge, die ich gelernt hatte, standen mir nun zur Verfügung und nicht nur um Geld mit ihnen zu verdienen, sondern auch, um sonstige Hürden in meinem Leben zu meistern. Im Oktober des Jahres 2015 begann ich also meinen Job im Coworking-Space und erwähnte meiner neuen Vorgesetzten gegenüber jedoch sofort, dass ich für den Dezember drei Wochen Urlaub nehmen müsse, da ich schon eine Reise gebucht hatte: Und zwar nach Mexiko!

Mexiko

Auf meiner Reise im Jahr zuvor hatte ich Alex kennengelernt. Wir waren einander in Pamplona in einem Hostel begegnet, ausgerechnet drei Tage vor Beginn der großen Stierkämpfe im Rahmen des jährlichen San Fermin Festes. Also eigentlich eigenartig, dass wir uns genau zu dieser Zeit, einige Tage vor diesem großen Event trafen, doch beide keine große Liebe für Stierkämpfe hegten, weshalb wir auch vor Beginn der Feierlichkeiten wieder aus Pamplona abreisten.

Wir verstanden uns auf Anhieb blind und trafen uns sogar einige Tage später in Barcelona erneut, um gleich mehrere Tage miteinander zu verbringen. Alex war Mexikaner und lebte von klein auf in der mexikanischen Hauptstadt, Mexiko City. In der Zeit nach unserem Treffen in Spanien hatten wir den Kontakt gehalten und ich versprach immer wieder, dass ich bei Gelegenheit nach Mexiko kommen und ihn besuchen würde. Gesagt, getan also, so dass ich meine Flüge nach Mexiko hin und zurück buchte.

Ich freute mich unheimlich, wenn auch die eher kritischen und besorgten Stimmen schnell laut wurden. „Wie, du reist als Frau alleine nach Mexiko? Spinnst du? Siehst du nicht fern? Weißt du nicht, was dort so abgeht?“ Klar, dass ich auch meine Ängste hatte, denn ich war noch nie in einem lateinamerikanischen Land gewesen und hatte bisher nur die Vorstellung einer sehr faszinierenden Kultur mit toller Musik, beeindruckenden Menschen und einem wunderschönen Land. Ich vertraute jedoch darauf, dass ich in meinen bisherigen Jahren des Reisens gelernt hatte, wie ich mich unterwegs zu verhalten hatte, und dass ich auf mein Bauchgefühl hören konnte. Außerdem würde Alex den Großteil der Zeit bei mir sein, sowie zwei weitere seiner Freunde, die mit uns auf einen Road-Trip kommen würden. Zunächst sollte es allerdings für mich nach Cancun gehen, wo ich meine ersten beiden Nächte verbringen würde.

Ich erreichte die Innenstadt von Cancun am Abend, als es schon dunkel geworden war. In den ersten Minuten überkam mich eine leichte Angst, die Stimmen der Menschen, die mich gewarnt hatten, vage und leise in meinem Hinterkopf. Diese Gedanken schüttelte ich allerdings schnell ab. Denn als ich auf den Marktplatz von Cancun trat, sah ich das Mexiko vor mir, das ich mir vorgestellt hatte: Bunte Lichterketten umrandeten den ganzen Marktplatz, der gefüllt war mit Kindern und ihren Eltern, sowie ihren Großeltern, Tanten und Onkels. Mir strömte Musik entgegen sowie ein Gemisch an Düften von Churros und feurig gewürzten Speisen. Die Menschen standen in kleinen Grüppchen an den vielen, verschiedenen Marktständen. An der Vorderseite des Platzes stand eine große Bühne aufgebaut, auf der eine Gruppe kleiner Mädchen in Tütüs einen Balletttanz aufführte. Ich schaute mich um und entdeckte an der Ecke zur nächsten Seitenstraße hin eine kleine, unauffällige Kirche, vor der sich Menschen mit feierlicher Kleidung bis auf den Bürgersteig versammelt hatten. Sie sangen und beteten im Wechsel- manche im Sitzen, manche im Stehen, manche sogar auf Knien. Sie strahlten eine unglaubliche Freude und Hingabe aus. Sofort fühlte ich mich beschützt und pudelwohl in meiner Haut und machte mich weiter auf den Weg in mein Hostel.

Meine ersten beiden Tage, die ich allein in Cancun verbrachte, gaben mir einen Einblick in eine wirklich faszinierende Kultur und schenkten mir auch ein wenig Zeit für mich, um wieder mal alles, was in den letzten Monaten passiert war, zu verdauen. Denn, wie immer vor meinen Reisen, hatte ich bis zum letzten Augenblick noch gearbeitet und versucht, alles was noch so vor meiner Reise zu tun war, zu erledigen, sodass ich kaum Zeit gehabt hatte, mich wirklich mit mir und meinen Gedanken und Gefühlen auseinanderzusetzen.

Auf meinem Weg zur Insel „Las Mujeres“, die eine kurze Fährenfahrt von Cancun entfernt lag, sammelte ich meine erste skurrile Erfahrung, als ich versuchte mich zu orientieren und herauszufinden, welchen Bus ich denn nehme müsse, um zum Hafen von Cancun zu gelangen. Ich wusste zwar ungefähr, in welche Richtung ich musste, war jedoch erstmal völlig überfordert von der Gesamtsituation. Es gab keine festen Bushaltestellen, geschweige denn Buspläne. Kleine Busse, die gerade mal die Größe eines Bullis hatten, fuhren im Halbminutentakt mit schon aufgeschwungenen Türen an den Straßenrand heran und hielten ohne erkennbares Muster an beliebiger Stelle an. Außer einem kleinen Schild in der Frontscheibe der Busse, auf dem zu lesen war, wie die Endhaltestelle lautete, gab es keine Information zu den Strecken, die die Busse fuhren. Ich muss ein wenig hilflos ausgesehen haben, denn es kam plötzlich ein Mann auf mich zu. Er musste um die 40 Jahre alt gewesen sein, trug seine langen, spärlichen Haare in einem Zopf im Nacken und war oberkörperfrei.

„Hey, you're lookin' kinda lost. Where you headin' to?,“ sagte er in einem dicken texanischen Akzent.

Er wirkte freundlich genug, also erklärte ich ihm, wo ich hin wollte. Er beschrieb mir kurz, wie das Bussystem funktionierte und sagte dann, während er mir die Hand reichte:

„Hey, I'm Rex from Texas, by the way. I've been livin' down here in paradise for about 15 years now.“

„Cool," sagte ich und stellte mich ebenfalls vor. Dass ich das erste Mal in Mexiko war, erwähnte ich auch, obwohl er mir das wahrscheinlich schon angesehen hatte. Nachdem ich mich bei ihm bedankt hatte, machte ich mich in die Richtung, in die Rex mich gewiesen hatte, auf, um auf meinen Bus zu warten. Kurze Zeit später kam er nochmal zu mir und teilte mir mit, dass ich ja auch ein Taxi nehmen könnte.

„Ok, cool, thanks man," antwortete ich. Als er ein drittes Mal auf mich zukam, begann ich mich ein wenig zu wundern. Er wirkte neben seiner eh schon abgedrehten Art auch ziemlich aufgedreht. Als er mich wieder ansprach, bestätigte er meine Vermutung. „Hey, just so ya know, I work in research, experimentin' with some cool drugs, if you're interested. Here's my website and Facebook name, look me up!"

Das erste und einzige Mal also, bei dem mir in Mexiko Drogen angeboten werden sollten, war demnach noch nicht mal von einem Mexikaner, sondern von einem Hillbilly aus Texas.

Nach einer sehr aufregenden Busfahrt in einem überfüllten, kleinen Bus, einer Fährenfahrt und vielen neuen Eindrücken aus dem Alltagsleben der Mexikaner- die bunten Geschäfte, aus denen zum Teil laut lateinamerikanische Musik dröhnte, Männer, die in Karren voll mit frischem Obst durch die Straßen zogen und Händler, die lauter Krims Krams auf den Bürgersteigen auslegten und zum Verkauf anboten- kam ich auf der Insel, Las Mujeres, an. Ich schlenderte ganz gemütlich und ohne ein bestimmtes Ziel durch die Gassen, betrachtete die Auswahl an Schmuck, die in den prächtigsten Farben in Schaufenstern und Straßenständen präsentiert wurde, probierte in einem kleinen Laden einen typisch mexikanischen Tequila und stellte erstaunt fest, wie türkis doch das Meer war und wie weiß ein Sandstrand doch sein konnte..

29. November 2015

„Ich wollte nur mal hören, wo du jetzt bist. Die Sonne kommt langsam raus, die Wolken lösen sich, blauer Himmel und.. Ja, das ist das Zeichen für mich, dass du in der Nähe bist."

Absolute Verständnislosigkeit und Verwirrung. Zweifel an mir selbst und meiner Intuition.

„Du?"
„Ja?"
„Ich bin da."
„Oh, cool, soll ich runterkommen und dir beim Einparken helfen?"
„Ehm, nee, also das ging schon, nur..," ich unterdrückte krampfhaft meinen starken Drang zu lachen oder loszuheulen. Langsam rückte ich raus mit der Sprache.
„...ich habe meinen Autoschlüssel im Auto eingeschlossen."
„Ist nicht dein Ernst."
„Doch, doch."
„Ich komme runter."

Ich war gerade in Dresden angekommen, schon halb am Platzen vor Nervosität. Je näher ich Dresden gekommen war, desto mehr verspürte ich den Drang, mich zu übergeben. Nach einem Monat ständigen Hin- und Hertextens war ich nun da. Wir trafen uns das allererste Mal allein, nachdem wir uns beim Camp der Jugendnationalmannschaft kennengelernt hatten. Es war verrückt, denn in der kurzen Zeit, in der wir uns beim Camp gesehen hatten, wusste ich irgendwie, dass da etwas zwischen uns war. Nie waren wir auch nur einen Moment allein und trotzdem hatte ich ständig seine Präsenz gespürt. Jedes Mal wenn ich ihn sah oder seine Stimme hörte, warf es mich komplett aus der Bahn. Berührte er mich in irgendeiner Art und Weise nur kurz, fühlte ich mich, als bekäme ich einen kleinen Elektroschock verpasst. Kitschig irgendwie, dennoch wahr. Als wir uns am Ende des Camps nicht mehr verabschiedet hatten, überraschte es mich, wie betrübt ich darüber war. Und trotzdem wusste ich innerlich, dass ich ihn in nicht allzu langer Zeit wiedersehen würde.
Als er an diesem schönen Sommertag in Dresden auf mich zukam, war ich hibbeliger denn je und es fühlte sich an, als würde mein Herz in meiner Brust zerbersten.

„Top Ausgangslage für das erste Treffen alleine“, dachte ich mir insgeheim, während ich nochmal einen kurzen Blick in mein Auto mit meinem eingeschlossenen Schlüssel warf. Mit einem breiten Grinsen und scheinbar unterdrückten Lachen, kam er auf mich zu und nahm mich in den Arm, um mich zu begrüßen.

„Du bist so doof,“ lachte er liebevoll.

„Mann, ich kann da echt nichts für, meine Fahrertür ist kaputt und klemmt und lässt sich dann nur von der Beifahrerseite öffnen. Und dann… naja, ist das ungeschickt, wenn man den Schlüssel in der Zündung stecken lässt und die Fahrertür zuwirft.“

Er schaute mich lachend an und schüttelte mit dem Kopf. Ich wusste, dass ich schon ein wenig dämlich rüberkam- ich hoffte jedoch, auf eine eher süße Art und Weise. Nach einigem Hin und Her riefen wir den ADAC. Natürlich, wie sollte es anders sein, hatte ich meine ADAC Karte nicht dabei, was zu weiteren Peinlichkeiten führte. Doch, als hätte ich es vorhergesehen, hatte ich mir die Nummer vom ADAC, sowie meine Mitgliedsnummer in mein Handy eingespeichert.

Nachdem der ADAC gekommen und meine Fahrertüre gekonnt mit einem kleiderbügelähnlichen Gegenstand wieder geöffnet hatte, nahmen wir meine Sachen und gingen in seine Wohnung. Diese war zum größten Teil aufgeräumt (für seine Verhältnisse war sie wohl blitzblank). Footballposter, selbst angefertigte Skizzen und Malereien hingen an den Wänden, einige CDs und DVDs lagen herum. Seine Wohnung spiegelte ihn irgendwie wider, was ich sofort sehr ansprechend fand, denn das bedeutete zumindest, dass er die Wohnung selbst eingerichtet hatte und nicht beispielsweise seine Mutter.

Nervös plappernd saß Philipp auf der Couch und erzählte mir durchgehend von Football, während ich versuchte, meine Nerven zu beruhigen, was mir jedoch nicht so ganz gelang. Stattdessen verstummte ich aufgrund meiner Nervosität und hoffte einfach nur, dass wir gleich etwas lockerer würden. Später, als wir in ein spanisches Restaurant essen gingen (als hätte er gewusst, wie sehr ich Tapas liebe), fiel die Nervosität langsam von uns ab und ich fühlte mich zunehmend so, als würden wir uns schon ewig kennen, während das Kribbeln in meinem Bauch jedoch weiterhin zugange war, wenn er mich ansah, lachte oder mich berührte.

Er erzählte mir im späteren Verlauf des Essens von seiner Exfreundin und ich ihm von Timo. Er erzählte, wie sie nach kurzer Zeit mit ihm hatte zusammenziehen wollen, er allerdings verneint hatte, woraufhin sie sich von ihm getrennt und nur kurze Zeit später einen Neuen hatte, von dem sie nun schwanger war. So wie es schien, hatte ihn das ziemlich mitgenommen, auch wenn er es natürlich nicht zugegeben hätte. Seitdem war er Single, insgesamt drei Jahre nun.

Später zeigte er mir die Stadt, die ich zwar aufgrund meines Besuches vor einem Monat schon ganz gut kannte, jedoch ohne die Geschichten eines Insiders dazu zu kennen. Wir spazierten bei Dunkelheit am goldenen Reiter vorbei, an der Elbe entlang mit Ausblick auf die „Skyline" von Dresden und über die Brücke in die Innenstadt. Ich liebte diese Stadt irgendwie, bei Nacht ganz besonders, und ich fühlte mich durch und durch wohl und glücklich. Es war unfassbar schön. Irgendwann ergriff er meine Hand, was ich durchaus nicht immer als angenehm empfinde, aber in jenem Moment freute ich mich innerlich wie ein Teenie im zarten Alter von 13 Jahren.

Am Zwinger vorbei in einen Park, stieg ich auf eine Parkbank, während er vor mir stand und mich umarmte. Kurz bevor wir uns küssten, zog er seinen Kopf zurück. Ich erschrak. Was war denn jetzt los? Sofort stieg Panik in mir auf. Hatte ich die Zeichen falsch gedeutet? Ich versuchte mich zu beruhigen und mir nichts anmerken zu lassen, während wir zur Semperoper weitergingen. Er führte mich zum König-Johann-Denkmal, das in der Mitte eines großes Platzes stand, wo wir uns auf die Stufen setzten mit Blick auf die Semperoper. Wir sprachen über unsere Tattoos und deren Bedeutungen und ich war überrascht darüber, wie tiefgründig seine Erläuterungen doch zum Teil waren. Nachdem wir eine Weile geredet hatten und ich mich langsam zum Weitergehen erhob, nahm er meine Hand und zog mich zu sich heran. Als wir uns näherten, um uns dann schließlich zu küssen, schien mein Kopf förmlich zu explodieren.

In jenem Moment gab es nichts und niemanden mehr um uns herum. Die Außenwelt schien meilenweit von uns entfernt zu sein und ich hätte ewig in diesem Moment bleiben können. In den Sekunden, wo wir uns gerade nicht küssten, schauten wir uns einfach nur an und grinsten blöde, wie zwei verliebte Idioten. Dieser erste Kuss hatte jeglichen Rest an Nervosität von uns abgeworfen und wir quatschten und lachten munter weiter, bis wir wieder bei ihm zuhause angekommen waren…

Ja, so war es. Und nun sitze ich am Meer auf der Insel Las Mujeres in Mexiko und wieder mal merke ich, dass der Schmerz nicht besser wird, nur weil man den Ort wechselt. Ich kann die Reise und alles um mich herum genießen, keine Frage. Die große Weite des Meeres schafft es auch, wie immer schon, einen kleinen Ausgleich in mir zu schaffen und mir zu zeigen, dass meine Probleme verhältnismäßig klein sind. Und doch tut es so unheimlich weh.

Vor nicht allzu langer Zeit habe ich erkannt, was und wohin ich möchte und habe mich freigemacht- von meinem Job, zwei Jahre zuvor von meiner langjährigen Beziehung und ich weiß genau, dass ein neues, aufregendes Kapitel in meinem Leben begonnen hat. Und ich weiß außerdem, dass ich auf dem richtigen Pfad bin.

Ich komme meinem Ziel, orts- und zeitunabhängig zu leben und zu arbeiten, immer näher. Und gerade aus diesem Grund nervt es mich so ungemein, wie sehr eine Person meine Welt trotzdem so trüb erscheinen lassen kann. Es zeigt mir, wie sehr ich doch noch abhängig sein kann und vor allem wie verletzlich.

„Hey du :) Also das mit Schlafen zwischendurch war wohl nichts mehr, aber ich wäre soweit, wenn du es bist."

Nachdem ich zwei Stunden später keine Antwort erhalten hatte, schrieb ich:

„Philipp, wo bleibst du denn?"

Ein Monat war vergangen, seitdem wir uns das letzte Mal in Dresden gesehen hatten. Einige Male hatten wir geskyped oder telefoniert und ich hatte ihn extrem vermisst. Dennoch hatte ich schon kurz nach unserem Wochenende in Dresden bemerkt, dass sich etwas geändert hatte, was genau wusste ich allerdings nicht. Nun sollte er also nach Düsseldorf kommen. Er hatte an jenem Tag ein Footballspiel mit seiner Mannschaft und wollte dann die beiden Tage darauf bei mir verbringen. Einige Stunden zuvor hatte ich mir also mit einer Freundin, sowie meiner Schwester, das Spiel angesehen. Ich freute mich riesig, ihn zu sehen und wartete nur auf den Moment nach dem Spiel, wenn wir uns nach so langer Zeit begrüßen würden. Als der Moment kam und das Spiel beendet war, begrüßte er erst seine Familie, die in der Nähe von Düsseldorf lebte, und schlenderte dann zum Schluss zu mir und nahm mich in den Arm- kurz und knackig- und sagte: „Na? Alles klar bei dir?". Mein Magen drehte sich um. Ich wusste innerlich, dass etwas nicht stimmte, doch ließ ich mir nichts anmerken. Er zog ab Richtung Umkleide. Nachdem er sich umgezogen hatte, kam er dann allein zu mir. Wir führten ein wenig Smalltalk- leere Worte zwischen zwei Menschen, die sich einerseits gefühlt ewig kannten, aber dennoch sehr weit voneinander entfernt waren.

„Also, ich fahr dann jetzt zu meinen Eltern, wir essen eine Kleinigkeit und dann komme ich später zu dir."

„Alles klar," antwortete ich mit gespielter Leichtigkeit. „Ich wollte eh noch eine Runde schlafen, weil wir gestern feiern waren."

„Okay, meld' dich doch einfach, wenn du wach bist."

Um halb 1 in der Nacht kam dann die Antwort auf meine Message und alle anderen Fragen, die in meinem Kopf herumschwirrten.

„Hey, tut mir leid, bin noch bei meinem besten Kumpel."

Nichts weiter.

„Cool, dann kannst du ja heute dort schlafen," lautete meine schmerzhaft sarkastische Antwort.

Sein bester Freund, so wie seine Eltern, lebten etwa eine halbe Stunde von mir entfernt und dort hatte er auch den Großteil seines Lebens gewohnt, bis er nach Dresden gezogen war. Ich fragte mich, ob er wirklich glaubte, dass ich kein Verständnis dafür gehabt hätte, dass er seine Freunde und Familie vermisste und diese selbstverständlich gern sehen wollte. Aber kam man nicht früher zu dieser Feststellung? Und wenn nicht, wie schwer wäre es gewesen, sich die halbe Minute zu nehmen, um mir kurz Bescheid zu geben, dass er länger dort bleiben würde?

Innerlich wusste ich vermutlich schon, dass es das Ende war. Zu jener Zeit war ich allerdings lange noch nicht dazu bereit, das zu akzeptieren, vor allem ohne eine Erklärung zu erhalten. Als ich keine Antwort mehr bekam, konnte ich nichts anderes tun als bitterlich und verzweifelt zu weinen, bis ich irgendwann unter Tränen einschlief. Schon lange war ich nicht mehr so am Boden zerstört gewesen wie in dieser Nacht…"

An meinem dritten Tag in Mexiko ging es für mich zurück zum Flughafen, von wo aus ich nach Mexiko City fliegen sollte, um mich dort mit Alex und seinen beiden Freunden zu treffen. Vom dortigen Flughafen aus wollten wir direkt in unseren Road Trip an die Pazifikküste starten.

Von dem Moment an, in dem wir zu viert im Auto saßen, verstanden wir uns prächtig. Mo war Kanadier und arbeitete bei einer Firma in San Francisco. Alex und er hatten mehrere Semester zusammen in Prag Bauingenieurwesen studiert und es war somit ein glücklicher Zufall, dass er und ich Alex zur selben Zeit besuchten. Die Vierte im Bunde war Ana, Alex' beste Freundin, die ebenfalls in Mexiko City lebte. Auch sie gefiel mir auf Anhieb, denn sie strahlte eine solche Liebenswürdigkeit aus, dass man sich direkt gut bei ihr aufgehoben fühlte. Als erstes ging es also für uns nach Oaxaca, einem pittoresken Ort im gleichnamigen Bundesstaat, dessen historisches Zentrum zum UNESCO Weltkulturerbe gehört. Hier mieteten wir uns in ein kleines Hotel ein, das Ana vorher auserkoren hatte und wo wir gemeinsam in einem Vierbettzimmer schliefen.

Unseren ersten und einzigen vollen Tag in Oaxaca verbrachten wir damit, durch die Stadt und über die schönen, bunten Märkte zu schlendern. Ich probierte das erste Mal in meinem Leben frittierte Heuschrecken, was zu dem Zeitpunkt schon sehr exotisch für mich war und ich staunte nicht schlecht über die Auswahl an Fleisch, Gemüse, Obst und Gewürzen. Vor allem beim Anblick der verschiedenen Teile des Schweins, wie Magenhäuten, Gedärmen und Zungen, drehte sich mein Magen ein wenig um.

Nachdem wir die Stadt erkundet hatten, gingen wir zusammen essen- das erste Mal essen wie ein Local in Mexiko war eine Erfahrung, die ich so schnell nicht vergessen werde. Am Folgetag besuchten wir noch die prä-kolumbianische Stätte „Monte Alban", die schon hunderte von Jahren vor Christus die Hauptstadt der Azteken gewesen war. Diese Ruinen live zu erleben, war wirklich eine Erfahrung für sich. Die Aura dieses Ortes beeindruckte mich sehr, denn diese uralten Bauten strahlten eine solche Ruhe und Majestizität aus, dass es einen direkt ins Staunen versetzte, vor allem, wenn man sich vorstellte, wie vor zig tausend Jahren diese beeindruckenden Bauten errichtet worden waren. Von hier aus zogen wir noch am selben Tag weiter Richtung Meer, wo ein winziger Ort namens „Zipolite" unsere nächste Destination sein sollte.

Es gibt diese wenigen Orte auf der Welt, bei denen man innerhalb weniger Minuten weiß, dass sie einem viel bedeuten werden. Man fühlt sich direkt unheimlich wohl, ein wenig so, als würde man „nach Hause" kommen. Für mich war und bleibt Zipolite einer dieser magischen Orte. Als wir dort ankamen, war die Sonne gerade untergegangen. Die Luft war feucht, warm und salzig und obwohl es schon fast Abend war, mussten es trotzdem noch um die 30 Grad gewesen sein. Mit unserer Unterkunft landeten wir einen echten Volltreffer, denn wieder hatten wir ein Zimmer zu viert, das diesmal allerdings riesig groß war, einen eigenen, großen Balkon hatte und einen wunderschönen Ausblick auf das Meer bot. Von unserem Balkon aus hätte man theoretisch direkt in den darunter liegenden Sand plumpsen können. Und da wir in Mexiko und dazu noch in einem sehr kleinen Ort waren, in dem sich der Tourismus stark in Grenzen hielt, war das Zimmer natürlich dementsprechend günstig. Am selben Abend schlenderten wir noch in die Ortschaft, also dem „Kern" von Zipolite, der allerdings aus nicht mehr als drei kleinen Geschäften und etwa fünf Restaurants bestand, und aßen dort zu Abend. Während wir aßen, spielten einige Hippies Musik, barfuß natürlich, während eine Frau zur Musik Hoolahoop tanzte. Hier war ich in meinem persönlichen, kleinen Himmel angelangt.

Den Tag darauf nahm ich mir, um von den vielen Eindrücken wieder mal ein wenig herunterzukommen. Am Strand liegend, einen kühlen, frischen Smoothie in der Hand und außer meinen Freunden, keine weitere Menschenseele weit und breit, begann ich wieder einzusinken in meine Gedankenwelt und schrieb, was mir auf der Seele lag, auf, so wie ich es schon immer getan habe, um mir Klarheit über mein Leben zu verschaffen und vergangene Erlebnisse zu verarbeiten.

3. Dezember 2015

„Am nächsten Tag erwartete ich irgend eine Art Entschuldigung, eine Erklärung, irgendwas. Es kam jedoch nichts und es machte mich rasend, dass ich diejenige war, die dort saß und wartete und nicht einfach drauf scheißen konnte. Zudem wollte ich das auch gar nicht, denn ich hatte mir versprochen, dass wenn mir das nächste Mal wirklich etwas an einer Person lag, ich nicht einfach aufgeben und davonlaufen würde, egal wie viel Angst es mir machte, mein Herz zu öffnen. Denn klar, ich konnte hinfallen, ich konnte verletzt werden, aber ich wusste, dass ich es bereuen würde, wenn ich es nicht wenigstens wirklich versucht hätte. Irgendwann gegen Mittag nach dem Abend, an dem Philipp mich versetzt hatte, hatte ich es satt, zu warten und wollte wissen, was Sache ist.

„Also man merkt echt, wie du dich darauf gefreut hast, mich zu sehen. Kannst du mir mal erklären, was jetzt hier abgeht?", schrieb ich ihm nicht wenig sarkastisch. Zwei Stunden später kam die nichtaussagende Antwort:

„Tut mir Leid, ist so ziemlich das passiert, was ich befürchtet habe, bin mit der Family unterwegs. Die haben mich auch das ganze Jahr nicht gesehen und wollen was machen. Meld' mich später."

Seine Gleichgültigkeit schockierte mich zutiefst. Ungläubig starrte ich auf mein Telefon. Das konnte doch alles nicht wahr sein. Dann schrieb ich:

„Wie schwer wäre es denn gewesen, mir das einfach zu sagen oder anzukündigen, anstatt mich zu ignorieren und zu versetzen? Als ob ich nicht verstehen würde, dass man gern Zeit mit seiner Familie verbringen möchte. Kannste bleiben lassen."

„Dachte nicht, dass heute so viel geplant war. Hab auch erstmal bis 12 Uhr gepennt :(Keine böse Absicht."

„Alles keine Entschuldigung dafür, dich einfach nicht zu melden und mich ohne ein Wort sitzen zu lassen."

Ich dachte in jenem Moment, dass ich völlig ausrasten würde. Ich musste raus. Die Wände der Wohnung schienen mich förmlich zu erdrücken. Wutentbrannt packte ich meine Tasche, zog meinen Bikini an und mein Sommerkleid und fuhr zu meiner Freundin Celina, die zum Glück gerade bei ihrer Mutter im benachbarten Hilden unterkam.

Mehrere Stunden verbrachte ich bei ihr, mittlerweile nicht mehr sauer, sondern einfach nur zu Tode betrübt. Ich verstand nicht, was ich falsch gemacht hatte oder was in ihm vorging. Ich quatschte mich mit Celina aus und weinte dicke Tränen, bis ich das Gefühl hatte, dass es keine Tränen mehr zu weinen gab. Am Abend zwang ich mich wieder nach Hause. Ich wusste, dass ich eigentlich zu stolz war, mich nochmal bei ihm zu melden und ich wusste auch, dass ich es auf keinen Fall verdiente, so behandelt zu werden, doch wurde ich das Bedürfnis nicht los, ihn vor mir stehen zu sehen, wenn auch nur um ihn anzuschreien oder zu schütteln, um ihn wachzurütteln und dazu zu kriegen, zu verstehen, was er da tat.

Ich wusste ehrlich nicht, ob er einfach nur ein Arschloch war und mich verarscht hatte oder ob er tatsächlich nicht verstand, was sein Verhalten mit mir machte. Er hatte, wie es mir schien, bisher nur eine richtige Freundin gehabt und ich wusste natürlich nicht, was diese sich während ihrer Beziehung hatte gefallen lassen oder ob sie ihn vielleicht ständig so gestresst hatte, dass er nun bei mir bei der kleinsten Streitigkeit schon dicht machte. Ich konnte mich so viel im Kreis drehen und jeden Gedanken 50 Mal neu denken, doch es änderte nichts an der Sache. Unsere Tage in Dresden waren wahnsinnig schön gewesen, ich hatte in keinem Moment das Gefühl, dass er nicht dasselbe fühlte wie ich, doch ich musste mir eingestehen, dass er vielleicht einfach keine Beziehung wollte, wenn auch nie die Rede von einer Beziehung war, und sich deshalb von mir distanzierte.

Am nächsten Tag erhielt ich eine weitere Ausrede, weshalb er keine Zeit hatte, aber er hoffte, dass wir uns am Tag darauf mittags sehen würden- an dem Abend sollte er wieder die Heimreise antreten. Das Wochenende, das wir geplant hatten, zusammen zu verbringen, wollte er durch einen Nachmittag ersetzen und schien zu erwarten, dass ich glücklich darüber sein würde. Ich antwortete, völlig fertig und ergeben:

„Eh nein, ich glaube nicht, Philipp.“ Und da ich das starke Bedürfnis hatte, wenigstens das letzte Fitzelchen Ehre, was ich noch hatte, zu bewahren, schob ich, so sehr es mir weh tat, noch hinterher:

„Ich denke wir können das jetzt so beenden. Was du die letzten beiden Tage abgezogen hast, ist echt unter aller Sau und sorry, aber so muss ich mich nicht behandeln lassen. Ich wünsche dir eine gute Heimreise.“ Ich verspürte ein kleines Gefühl des Triumphs, wenn dieses auch nicht lange anhielt. Ich realisierte nämlich dann, dass ich nichts daran ändern konnte, dass er mir schon so weh getan hatte, dass ich mein Herz geöffnet und mächtig auf die Schnauze gefallen war. Ich fühlte mich so verwundbar, als würde eine offene Wunde in meiner Brust, an der Stelle meines Herzens, klaffen.

Erst Monate später hörte ich wieder von ihm. Eines Abends nahm ich mein Handy in die Hand und sah, zu meiner Überraschung, dass er mir eine Sprachnachricht geschickt hatte. Ich öffnete die Nachricht und hörte ihn, leise und verzweifelt (und vielleicht auch ein bisschen betrunken), wie er mir bestätigte, was ich zuvor vermutet hatte- dass er nicht glaubte, fähig zu sein, eine Beziehung zu führen.

Laut ihm, waren unsere Tage in Dresden zu gut um wahr zu sein, so hätte er zumindest gedacht, und hatte sich demnach schnell und glimpflich aus der ganzen Sache herausziehen wollen. Was nun davon stimmte, drastischer dargestellt wurde oder einfach nur eine Lüge war, kann ich natürlich nicht wissen, doch war ich irgendwie trotzdem froh, dass er zumindest versuchte, mir eine Erklärung zu liefern- wenn auch einige Monate zu spät.

Ich hatte schon für mich beschlossen, dass meine Zeit viel zu kostbar war, um sie mit einem Menschen zu verschwenden, der mich nicht wertschätzte und mit Respekt und Liebe behandelte. Ich war mir selbst zu wichtig, um mich so behandeln zu lassen, wenn ich auch nicht glaube, dass seine Absichten jemals wirklich schlecht waren. Und ich beschloss für mich, dass ich, obwohl ich so auf die Schnauze gefallen war, mein Herz nicht wieder schließen würde. Dass ich selbst diesen Schmerz aushalten, durchleben und mit meinem Leben weitermachen würde.“

Nach einigen Tagen des Reisens in Mexiko, meldete meine Lunge sich nach langer Zeit mal wieder zu Wort. Ich bekam zunehmend Probleme bei der Atmung und ich vermutete, dass es an den vielen Wechseln zwischen Klimata und Höhenlagen von Ort zu Ort lag. Ich machte mir wenig Sorgen, dennoch bemerkte ich in Zipolite, dass mein Salbutamol-Spray langsam zuneige ging. Das Spray ist mir immer eine Hilfe, wenn ich zwischenzeitlich mal schlechter Luft bekomme, denn es ist dasselbe, das Asthmatiker benutzen, um das Atmen zu erleichtern, und ich hatte es in letzter Zeit wesentlich häufiger benutzt als normalerweise. Ein Gefühl der Panik stieg in mir hoch, denn ich hatte keinen Ersatz. Und wo zur Hölle sollte ich jetzt ein Rezept herbekommen, um ein neues Spray zu kriegen? Ich sprach mit Alex über meine Sorgen.

„Meine Mutter ist Ärztin, das ist gar kein Problem. Natürlich müssten wir nur leider dann warten, bis wir wieder in der Hauptstadt sind, bevor sie dir ein Rezept ausstellen kann,“ sagte er. „Wenn es dringend ist, können wir aber natürlich auch früher zurück.“

Es würde etwa eine Woche dauern, bis wir wieder in Mexiko City sein würden. Ich drückte meine Bedenken aus und sagte:

„Das Spray ist jetzt schon leer, ich glaube eine Woche ohne halte ich nicht aus..“

Wir überlegten uns also eine Alternative. Wir würden nach der nächsten Apotheke suchen und dort einfach vorsichtig nachfragen. Schließlich waren wir in Mexiko, vielleicht brauchte man gar kein Rezept für solche Medikamente.

Wir fanden über das Internet die nächste Apotheke, die nicht weit entfernt war von unserem Hotel und machten uns noch am selben Tag auf den Weg dorthin. Wir ließen uns von Google Maps zur Apotheke navigieren, die, wie wir dann feststellten, nichts weiter war als ein kleines Grundstück am Ende eines Schotterwegs, vor dessen Eingang ein handbemaltes Schild angebracht war mit der Aufschrift „24/7 Farmacia". Wir passierten die kleine Brücke, die zum Tor des Grundstücks hin führte. Da wir an diesem Tor keine Klingel vorfanden, begannen wir den Arzt-Apotheker zu rufen. Den Herrn, der dann aus dem kleinen Haus trat und uns das Tor öffnete, hätte man als den absoluten Bilderbuchmexikaner bezeichnen können. An den Füßen trug er Cowboystiefel, in die er seine Jeans gesteckt hatte, darüber ein Polo-Shirt. Auf dem Kopf saß eine Art Cowboyhut und auf seiner Oberlippe hatte er einen dicken Schnäuzer. Ohne diesen hätte er vermutlich auch Texaner sein können.

Der Arzt-Apotheker war sehr freundlich und fragte uns auf Spanisch, was wir brauchten und ich hielt ihm mein leeres Asthmaspray hin, um ihm zu erklären, was mein Problem war. Er ging in sein Häuschen, und brachte, ohne mit der Wimper zu zucken und ohne eine Rezept von uns zu verlangen, ein kleines Päckchen hervor, das erstaunlicherweise ziemlich genau so aussah, wie die Verpackung des Sprays, das mein Arzt mir normalerweise verschrieb. Die 20 Pesos, die er verlangte, drückte ich ihm glücklich in die Hand und war unglaublich erleichtert, dass ich mir keine weiteren Sorgen machen musste. Seit dieser Reise nehme ich selbstverständlich immer ein zweites Spray als Ersatz mit- nur für den Fall.

All das war schon sehr faszinierend und exotisch für mich, da ich bisher ja eigentlich nur in Europa und mal in den USA unterwegs gewesen war. Die Andersartigkeit der Kultur drückte sich natürlich auch in vielen anderen Bereichen aus. Vor allem die Religiosität und Hingabe der Mexikaner beeindruckte mich sehr. Auch wenn ich selbst nicht religiös bin und auch, besonders von der katholischen Kirche, nicht viel halte, fand ich es irgendwie wahnsinnig interessant und auch schön zu sehen, dass Menschen so viel Hoffnung in sich tragen konnten. Es war, als bräuchten sie keine Beweise für die Existenz einer höheren Macht, sie glaubten einfach fest daran, dass alles im Leben seinen Sinn hatte und zeigten ihre Dankbarkeit und ihre Freude am Leben besonders durch ihre Hingabe zu Gott.

Diese Religiosität der Mexikaner hat allerdings sehr starke Ausmaße, sodass sie für mich schon fast ins Extreme ging. Auf unserem Road Trip beispielsweise sahen wir auf den Straßen hunderte von Gläubigen, die mit Karawanen und Pick-Ups, voll mit Menschen beladen, bunt und mit Glitzer beschmückt, per

Fahrrad, zu Fuß oder zu Pferd zum Gedenktag der Santa Maria de Guadalupe zur Basilika der „Jungfrau von Guadalupe“, einem sehr wichtigen Wallfahrtsort für Katholiken, nach Mexiko City pilgerten. Männer fuhren teilweise mit großen Marienstatuen auf den Rücken gebunden auf ihren Fahrrädern, ganze Familien liefen mit Kinderwagen und zu Fuß an der Autobahn entlang. Es war ein Erlebnis, das nicht mit irgendetwas, was ich bis dato erlebt hatte, zu vergleichen gewesen wäre.

Auch mit der Polizei, vor der ich teilweise schon ein wenig Angst oder vor der ich zumindest immensen Respekt hatte, kamen wir in Kontakt. Alex hatte uns schon Geschichten von sehr korrupten Cops erzählt, die einen ganz schön in Schwierigkeiten bringen konnten, wenn sie denn wollten und man ihnen nicht in den Kram passte. Hinsichtlich der Korruption in Mexiko, bestätigen sich leider zum Teil schon die Klischees während meiner Reise. Diese ist dort ein Riesenproblem, denn Korruption findet sich nicht nur im Rechtssystem wieder, sondern auch ganz besonders in der Politik und im Gesundheitssystem.

Aufgrund der Armut im Land steht es den reichsten Menschen offen, diese Armut auszunutzen, um an Macht zu gelangen. Korrupte Politiker kommen somit an die Macht und korrupte Beamte erhalten viel mehr Macht als ihnen zustehen dürfte. Dadurch verliert auch das Rechtssystem seine Wirkung und die Kriminellen im Land können im Prinzip tun und lassen, was sie wollen.

Dass die Polizei so korrupt ist, hat also natürlich auch einen großen Einfluss darauf, wie mächtig die Drogenkartelle im Land sind, da diese mit der Polizei oft unter einer Decke stecken. Somit gibt es auch einige Orte in Mexiko, die man schon meiden sollte, ob nun als Tourist oder als Einheimischer, weil die Gefahr, in Dispute im Zusammenhang mit den Drogenkriegen zu geraten, nicht ganz gering ist. Das sollte einen jedoch nicht davon abhalten, in dieses wunderschöne Land zu reisen, denn vor allem der Süden ist für Reisende optimal- dennoch ist es einfach wichtig, sich vorher zu informieren und sich nicht einfach in irgendein Gebiet zu stürzen, über das man nichts weiß.

Meine erste Begegnung mit einem korrupten Cop war zu einem etwas späteren Zeitpunkt unserer Reise, als wir auf dem Weg zurück nach Mexiko City waren. Wir waren nochmal einige Tage an die Golfküste gefahren, hatten gerade zu Mittag gegessen und fuhren nun durch einen Ort namens Tuxpan, als ein Polizist uns anhielt. Wir fuhren heran und er erklärte uns, dass wir gerade falsch herum in eine Einbahnstraße gefahren wären. Dann forderte er Mo, unseren kanadischen Freund, der den Wagen gefahren hatte, auf, aus diesem auszusteigen. Alex stieg mit ihm aus, um die Situation auf Spanisch zu klären. Außerdem war er der Einzige, der mit der Polizei schon Erfahrung hatte und wusste, wie man mit der Situation umzugehen hatte. Nachdem Mo dem Polizisten seinen Reisepass und Führerschein gezeigt hatte, waren nun, laut des Polizisten, 600 Pesos fällig. Knapp 35 Euro wären das gewesen, doch während der Bulle so tat, als würde er den Strafzettel ausfüllen, sagte er, wie man es sich in einem typischen, mexikanischen Film vorstellen würde, zu den beiden Jungs:

„Wir können das aber auch anders regeln..“

Er händigte Alex daraufhin eine kleine schwarze Mappe aus, wie man sie zum Beispiel im Restaurant sieht (nur dass die Mappe in jenem Falle für das Trinkgeld des Kellners gedacht wäre) und teilte ihm seinen gewünschten Betrag mit. Die 300 Pesos, die nun nur noch fällig waren, legte Alex in die Mappe hinein und gab sie dem Cop zurück. Es schien so selbstverständlich, als sei es das Normalste der Welt, Schmiergeld von einem Zivilisten einzufordern. Ich saß im Rücksitz und konnte meinen Augen kaum glauben- sowas gab's in Deutschland jedenfalls nicht. Als wir uns vom Acker machten, schauten wir uns nochmal um und sahen kein Schild, das hätte beweisen können, dass wir in eine Einbahnstraße gefahren waren.

Meine weitere Mexikoreise war geprägt von vielen weiteren, kleinen Abenteuern, aber auch von einer großen Portion Selbstreflexion, sowie viel nachdenken über mein Leben. Ich las in meiner Zeit in Mexiko das „Handbuch für ortsunabhängiges Arbeiten“ von Tim Chimoy, einem Entrepreneur, der schon mehrere Jahre ortsunabhängig lebte, und ich machte mir das erste Mal konkret Gedanken darüber, wie ich mein Leben in Zukunft gestalten wollte. Darunter fielen Dinge wie:

Wie sollte mein perfekter Tag aussehen? Was war mir wirklich wichtig im Leben? Welche Rolle sollte Geld in meinem Leben spielen? Wie wollte ich arbeiten? Wollte ich ständig unterwegs sein oder wollte ich monateweise in Deutschland bleiben? All diese Fragen beantwortete ich mir und wurde mir somit sehr klar darüber, wie mein weiterer Plan aussehen sollte.

Der erste Schritt, den ich ja schon gewagt hatte, war es, mich selbstständig zu machen und mir einen Minijob zu besorgen, der meine monatlichen Fixkosten decken würde. Check. Jetzt war es an der Zeit, Kunden ans Land zu holen.

Ein weiterer Schritt auf meinem Plan war etwas, das mir schon mehrere Jahre vorschwebte: mein eigener Reiseblog. Seitdem ich begonnen hatte zu reisen, hatte ich das starke Bedürfnis, davon zu erzählen, den Menschen zu zeigen, was auch ich erst einige Jahre zuvor gelernt hatte: Dass die Welt eine riesig große Spielwiese war, voll bepackt mit unendlichen Möglichkeiten, Arten von Menschen, Kulturen, Sprachen und Naturspektakeln. Ich wollte den Menschen, die sich nicht trauten, auf ihre erste Reise loszuziehen, den Mut geben, es zu tun, auch wenn sie sich davor fürchteten. Durch meine Videos, Fotos und Geschichten wollte ich ihnen Lust auf Abenteuer und auf diese schöne, bunte Welt machen.

In meiner Zeit in Mexiko wurde also mein Reiseblog „Travelous Mind" geboren, mein Herzensprojekt, das ich heute mit mehr Liebe denn je betreibe, auch wenn meine Themeninhalte sich seitdem etwas gewandelt haben. Was meine Selbstständigkeit anbelangte, hatte ich ein wenig das Gefühl, als würde ich ein bisschen im Dunkeln tappen, auch wenn ich theoretisch alle Infos hatte, die ich brauchte. Doch mir war klar, dass dieses Gefühl in mir lauerte, weil es einfach neues Terrain für mich war. Ich würde es einfach riskieren- ob ich nun scheiterte oder nicht.

Journey to Freedom

Wieder in Deutschland angekommen, konnte ich meine Motivation kaum im Zaum halten- ich wollte loslegen und durchstarten! Leider wollte mein Körper jedoch nicht so ganz mitspielen, denn ich hatte aus Mexiko einen ziemlich heftigen Magen-Darm-Infekt mitgebracht. Scheinbar war ich etwas zu unvorsichtig gewesen, was das Essen anbelangt oder hatte mal versehentlich etwas Wasser aus der Leitung abbekommen, was wir Europäer natürlich noch weniger vertragen als die Mexikaner selbst. Ich machte also einige ziemlich schlimme Tage durch, litt unter sehr starken Magen-Darm-Krämpfen, Übelkeit und Durchfall, bis ich eines Morgens in meinem Bad zusammenklappte und plötzlich so wenig Energie hatte, dass ich nicht mehr aufstehen konnte. Ich rief mit der wenigen Kraft, die mein Körper noch hergab, meine Eltern an und bat sie darum, mich abzuholen und ins Krankenhaus zu fahren, wo man mich sofort einbehielt und begann, mich mit Flüssigkeit und Elektrolyten voll zu pumpen. Ich war natürlich stark dehydriert, denn aufgrund meiner ständigen Übelkeit, konnte ich mich nicht mal dazu zwingen, regelmäßig Wasser zu trinken.

Einige Tage später stellte sich heraus, dass ich mir in Mexiko EHEC geholt hatte, ein Bakterium, das einen sehr heftigen Magen-Darm-Infekt hervorrufen kann. Nach nur zwei Tagen im Krankenhaus allerdings, genau am 24. Dezember, wurde ich zu Heiligabend wieder entlassen. Ich freute mich riesig und war unheimlich dankbar, Weihnachten bei meiner Familie verbringen zu dürfen statt in einem Krankenhauszimmer in der Uni Klinik Düsseldorf. Mir ging es sogar gut genug, um an Heiligabend ein wenig mitzuessen, was mich natürlich umso mehr freute.

Als ich dieses kleine Tief überwunden hatte und langsam wieder gesund geworden war, konnte ich mich endlich in meine Arbeit stürzen. Ich zog meine ersten Kunden an Land, hauptsächlich aus meinem Bekanntenkreis und durch meine Bekanntschaften aus dem Coworking-Space. Mal fotografierte ich bei einem Event, mal nahm ich einen kleinen Design-Job an und dann, im Februar des Jahres, filmte und schnitt ich meinen ersten Hochzeitsfilm. Auch bei meiner Mexikoreise hatte ich viel Filmmaterial gesammelt, das ich nun, gemeinsam mit anderem Material von meinen Reisen, zusammenschnitt. Ich produzierte mein erstes Video für meinen Reiseblog, unterlegte diesen noch mit einem gesprochenen Text, um meine Message so klar wie möglich rüberzubringen: Leute, geht raus in diese wunderschöne, bunte Welt und entdeckt, was diese zu bieten hat! Die Arbeit am Blog machte mir riesig Spaß, auch wenn sie mit weitaus mehr Aufwand verbunden war, als ich vorher gedacht hatte. Wer sich also überlegt, einen eigenen Blog zu starten- denkt vorher wirklich gut darüber nach!

Im Februar 2016 unternahm ich außerdem eine kurze Reise nach Jávea in Spanien in ein Coworking-/Coliving Space, um meine allererste Workation für mich zu testen. Ein Coworking- und Coliving Space ist im Prinzip eine Mischung aus einem Coworking-Space, in dem man Raum zum Arbeiten hat und eine Unterkunft, wie einem Hostel oder Hotel, sodass man das Arbeiten mit dem Zusammenwohnen vereinen kann. Ich wollte also das erste Mal für mich ausprobieren, wie es war, im Ausland zu sein, während ich von dort arbeitete.

Dass ich noch nicht wirklich Geld mit dem verdiente, was ich tat und auch noch nicht ortsunabhängig arbeitete, war nicht weiter schlimm, denn ich wollte in erster Linie erfahren, ob dieser Lifestyle, den ich anstrebte, in der Realität überhaupt etwas für mich war. Ich entdeckte in dieser Zeit nicht nur, dass es tatsächlich mein Ding war, andernorts zu arbeiten, sondern lernte in dieser Woche auch noch sehr spannende Menschen kennen, die zum Teil auf dem Weg hin zum digitalen Nomadentum schon weiter waren als ich, wobei einige andere auch aus ganz anderen Bereichen kamen. Da waren eine Webdesignerin, ein App-Programmierer, zwei Architekten, die sonst in Berlin lebten und arbeiteten, eine Kunst-Studentin aus Amsterdam, sowie eine Deutsche, die Recherche betrieb zum Thema Coworking/Coliving und die beiden Spanier, die die Besitzer des Spaces waren. Die Erfahrung war für mich unheimlich wertvoll, weil ich einen Einblick in die Welt erhielt, in die ich gern eintauchen wollte, sodass es mir umso leichter fiel, mir mich selbst mit diesem Lifestyle vorzustellen.

Nach dieser kurzen Reise, war mein Fernweh stärker denn je. Schon am Flughafen in Valencia, als ich in meinen Flieger gen Heimat stieg, spürte ich regelrecht diesen Schmerz, dass ich nicht hier bleiben konnte. Ich wollte einfach nicht zurück in den kalten, deutschen Winter, fernab von all den spannenden Kulturen und warmen Ländern, die es da draußen so gab.

Diese Reise inspirierte mich also dazu, einen neuen, relativ radikalen Entschluss für mich zu fassen. Ich beschloss, dass ich, egal was passierte, bis zum Januar des Folgejahres wieder für mehrere Monate verreisen würde. Hierfür würde es meine Nummer Eins Priorität werden, Jobs an Land zu ziehen, die es mir erlaubten, von unterwegs zu arbeiten und dann, vor Ort, während dieser mehrmonatigen Reise, Geld zu verdienen. Mir war klar, wie unrealistisch das war, schließlich hatte ich mich gerade erst selbstständig gemacht und musste erstmal einen Kundenstamm aufbauen, bevor ich überhaupt erst daran denken konnte, wieder zu verreisen oder meine Jobs ins Ausland mitzunehmen. Doch auch wenn mein Traum so fern und noch unrealistisch wirkte, wusste ich, dass ich mir dieses Ziel setzen musste. Ich wusste, dass ich groß träumte, doch ich wusste auch, dass meine Willenskraft mich sehr weit bringen konnte und das war etwas, was ich mir in den nächsten Monaten immer wieder ins Gedächtnis rief, wenn ich an mir zweifelte: „Wo ein Wille ist, ist auch ein Weg." Und auch wenn der Spruch abgelutscht und klischeehaft klingen mag, bin ich felsenfest davon überzeugt, dass er zu 100% wahr ist.

Ich machte mir also, wie auch schon damals, als ich im Vorjahr gekündigt hatte, einen Plan. Ich schrieb auf, wie mein Jahr verlaufen müsste, um mein Ziel im Jahr darauf zu erreichen, setzte mir ganz konkrete Zwischenziele und notierte, was ich bis wann zu tun hatte. Und was dann kam? Ich setzte alles daran, diesen Traum in die Tat umzusetzen.

Eine der ersten Hürden, die sich mir stellten, war meine Arbeitsweise an sich. Ich hatte noch nie zuvor selbstständig gearbeitet und hatte bisher immer einen Chef im Nacken sitzen gehabt, der mir sagte, was ich zu tun und zu lassen hatte, wann ich zu arbeiten hatte und wie. Das war nun alles anders. Ich hatte plötzlich die komplette Freiheit, im Grunde den ganzen Tag zu tun, was ich wollte, wenn ich auch einige Stunden am Tag im Coworking-Space arbeitete. Nach und nach las ich mehr Bücher zum Thema Selbstständigkeit, hörte Podcasts von anderen digitalen Nomaden, in denen sie über Tagesroutinen sprachen und über Dinge wie Zeitoptimierung.

All das war mir neu und ich hatte nie geglaubt, dass ich jemals eine genaue Struktur oder Routine in meinem Tag brauchen oder wollen würde, doch ich wurde sehr schnell vom Gegenteil überzeugt. Ich begann, früher aufzustehen (bis dato war ich immer der totale Morgenmuffel gewesen und konnte die Morgende, die bei mir immer sehr hektisch abliefen, eigentlich nie leiden) und entdeckte den Morgen für mich neu. Ich lernte, wie lange ich fähig war, mich auf eine Sache zu konzentrieren und wann ich Pausen brauchte. Zudem begann ich zu lernen, wann mir welche Arbeit am leichtesten fiel und wann eher andere Arten von Aufgaben in meinen Tag passten. Vor allem morgens machte ich zunehmend meine kreative Arbeit und ging dabei in dieser total auf. Zum Nachmittag hin, machte ich eher stupidere Aufgaben, wie Emails beantworten, wenn meine Konzentration schon nachgelassen hatte. Ich begann, mehr auf meine Ernährung zu achten und fing sogar an, auf Tipps dieser Podcaster und Buchautoren hin, immer häufiger am Morgen zu meditieren. Zunächst hielt ich nicht viel davon, doch im Laufe der Wochen, in denen ich immer häufiger meditierte, nahm ich langsam die positiven Effekte wahr. Ich konnte schon besser abschalten und mich erden, eine Sache, die unglaublich wertvoll war in meinem sonst recht chaotischen Leben.

Ein weiterer Riesenvorteil war natürlich, dass ich meine Therapien und Inhalationen viel besser und regelmäßiger integrieren konnte, sobald ich eine Routine in meinem Alltag etabliert hatte. Es fiel auch mir plötzlich leichter, Sport in mein Leben zu integrieren, was bei einer Erkrankung wie Mukoviszidose natürlich essenziell ist. Früher, in Angestelltenverhältnissen, war es mir extrem schwer gefallen, mich regelmäßig zu meinen Therapien und zum Sport durchzuringen. Besonders der Morgen war für mich immer ein kleiner Wettlauf um die Zeit, in dem ich immer versuchte, alles, was so anstand, in dem Zeitfenster vor der Arbeit unterzukriegen, ohne dabei zu wenig Schlaf zu bekommen. Hier war oft das Frühstücken oder das Duschen dann gerade wichtiger als die morgendliche Therapie.

Mein zweites Problem sollte sich im Laufe der nächsten Monate zeigen. Ich hatte die Jahre zuvor immer sehr sparsam gelebt und tat dies auch in dieser Zeit. Ich ging selten feiern oder gönnte mir mal etwas. Auch ging ich so gut wie nie shoppen, denn ich brauchte einfach selten neue Dinge. Allerdings musste ich mir nach und nach einiges an Equipment zulegen, für meine Filmjobs und für meine digitale Arbeit. Hier zeigte sich dann langsam, dass ich bei meinen Aufträgen viel zu wenig verlangte. Oft sagte ich Sätze wie „Ach, das machen wir schon irgendwie.“ oder „Ach, klar für einen Hunni mache ich das, kein Problem.“ Am Anfang ist das natürlich auch ok, denn man hat schließlich noch nicht viel vorzuweisen und auch noch nicht viel Erfahrung im Job gesammelt. Dies jedoch mit der Zeit anzupassen und den wahren Wert meiner Arbeit zu erkennen, fiel mir extrem schwer. Wir halten oft weniger von uns und unserer Arbeit, als wir in Wirklichkeit wert sind, was uns gerade als Freelancer oft zum Verhängnis werden kann. Dieser Prozess sollte jedoch noch eine ganze Weile andauern, bis ich begann, einen fairen Gegenwert für meine Arbeit zu verlangen.

Im Sommer desselben Jahres wurde dann ein großer Teil meines Traumes wahr. Ich bekam meinen ersten, völlig ortsunabhängigen Job. Und zwar hatte ich mehrere Monate zuvor Katharina getroffen. Wir hatten uns durch eine Facebookgruppe für digitale Nomaden kennengelernt und uns schon zweimal zum Kaffee getroffen. Es gefiel mir auf Anhieb, Zeit mit ihr zu verbringen und mit ihr zu quatschen, denn sie war nicht nur eine tolle und inspirierende Person, sondern auch die erste Person, die ich „in echt“ traf, die die gleiche Schiene fuhr wie ich und ebenfalls einen Reiseblog hatte.

Als ich dann eines Tages einen Beitrag von ihr auf Facebook entdeckte, der besagte, dass sie eine virtuelle Assistentin auf Honorarbasis für ihren Blog „So nah und so fern" suchte, war ich sofort Feuer und Flamme und meldete mich bei ihr, da ich sehr interessiert war an dem Job. Es sollte ein Job sein, der nicht allzu viele Arbeitsstunden beinhaltete, dennoch war es Arbeit, die mir sehr gut gefiel. Zur Jobbeschreibung gehörte: Fotos bearbeiten, Texte verfassen oder mal ins Englische übersetzen, Arbeiten mit Wordpress und ein wenig Webdesign. Alles Dinge, die ich entweder aufgrund der Arbeit an meinem eigenen Blog beherrschte oder in meinem sonstigen Leben gelernt hatte. Nach einem kurzen Treffen mit ihr, war der Job sicher und ich schwebte über allen Wolken, dass ich tatsächlich meine erste Arbeit hatte, bei dem ich nur meinen Laptop und eine stabile Internetverbindung brauchte.

Slowenien

Im Juni 2016 sollte mich dann eine Überraschung erwarten. Ich hatte mit einigen alten Freunden eine zehntägige Reise nach Slowenien geplant. Unsere Absicht, oder eher unser Wunsch war es, einfach nur für einige Tage in der Natur, abseits von der restlichen Welt, gemeinsam eine schöne Zeit zu verbringen. Die Unterkunft, die wir gebucht hatten, lag inmitten des Triglav-Nationalparks, wenige Minuten vom Bohinj-See entfernt und einer von vielen Vorteilen an unserer Unterkunft war, dass es kein Internet gab. Insgesamt waren wir zu sechst. Drei langjährige Kumpels von mir, die Freundin meines Freundes Carsten und ein weiterer Typ, den ich bisher nicht gekannt hatte.

Komischerweise hatte ich an diese Reise kaum Erwartungen gestellt, hatte mich auch nicht gut vorbereitet und freute mich offen gestanden auch gar nicht so sehr. Ich war gedanklich komplett eingespannt in meine vielen Tätigkeiten-da war der Fotoassistenzjob, den ich am Tag unserer Abreise noch hatte, der Hochzeitsfilm, den ich auf unserer langen Autofahrt gen Süden zu Ende schneiden und auf dem Campingplatz in Bayern, auf dem wir die Nacht verbrachten, noch hochladen musste, mein Blog, der Blogassistenzjob bei Katharina, und zuletzt mein Job im Coworking-Space, von dem ich mir für Slowenien einige Tage frei genommen hatte. Ich hatte mir natürlich viel zu viel vorgenommen, was ich auch wusste, dennoch war ich der Überzeugung, dass mir nichts anderes übrig blieb. Und zugegebenermaßen machte jeder meiner Jobs mir unheimlich viel Spaß, wenn ich auch zwischenzeitlich ziemlich überarbeitet war. Diese Reise kam genau zum richtigen Zeitpunkt.

Florian, derjenige, den mein Kumpel Loan mit auf die Reise gebracht hatte, war 33, Physiotherapeut und wurde, je nachdem in welchem Freundeskreis er sich gerade befand, auch liebevoll „Bob“ genannt. Er trug einen Vollbart und eine runde Brille, seine Haare waren recht lang und auf seinem Kopf hatte er meist eine orangene Truckermütze. Es war seltsam, denn obwohl mir diese hunderttausend Dinge im Kopf herumschwirrten, merkte ich, wie ich mich zu ihm hingezogen fühlte, wenn ich auch absolut keine Ahnung hatte, auf welche Art und Weise. Auf Anhieb hatte ich das Gefühl, dass er komplett in mich hineinschauen konnte und er mich vom Wesen her verstand. Eines der ersten Dinge, die mir außerdem auffiel, war, dass er ein Mensch war, der mit den Augen lachte, was für mich unheimlich viel über ihn aussagte. Als wir nach unserer ersten

Nacht auf dem Campingplatz in Bayern gegen Nachmittag an unserem Haus in Slowenien angekommen waren und ich die drei Zimmer gesehen hatte, stand für mich sofort fest, welches davon ich gern beziehen wollte und verkündete, als wir draußen in unserem Vorgarten standen:

„Ich nehm' das Zimmer oben links!"

Zu meiner Überraschung, oder eher zur Überraschung aller Beteiligten, sagte Flo daraufhin:

„Das Zimmer nehm' ich auch!"

Etwas verdutzt, nahm ich seine Aussage hin und dachte mir insgeheim: „Na, das wird ja was...", woraufhin wir unsere Zimmer bezogen, denn die restliche Zimmeraufteilung hatte sich somit ergeben.

Wir alle verbrachten in den nächsten Tagen eine wunderschöne Zeit miteinander. Tagsüber gingen wir wandern, paddelten auf dem See oder genossen einfach nur die Sonne. Dadurch, dass wir kein Internet hatten, war es umso leichter abzuschalten. Niemand hatte bei Gesprächen sein Handy in der Hand oder schielte auf seinen Laptop. Stattdessen verbrachten wir tolle Abende miteinander, indem wir gemeinsam kochten und am Kamin oder in der Abendsonne aßen, Musik machten, sangen, tranken und quatschten. Es war ein einzigartiges Erlebnis.

Tag für Tag bemerkte ich außerdem immer mehr, dass zwischen Flo und mir irgendetwas war. Ich hatte ständig das Bedürfnis in seiner Nähe zu sein, ihn irgendwie anzufassen, mit ihm zu reden. Wir verbrachten jede Nacht damit, bis zwei oder drei Uhr morgens über Gott und die Welt zu quatschen und regelmäßig in Gelächter auszubrechen. Ich hatte das Gefühl, dass er alles über mich erfahren wollte und ich auch über ihn. Eines Abends, als wir zusammen saßen, und zwei von uns gerade das Abendessen zubereiteten, griff er auf einmal nach einer der Gitarren, die wir mitgebracht hatten und begann zu spielen. In diesem Moment, in dem er spielte, schien mein Herz sich bis auf das Zehnfache zu vergrößern. Als er so spielte und seine Finger über die Gitarre glitten, blieb die Zeit für mich für eine Weile stehen, so schön fand ich das, was ich hörte. Wenn ich nun zurückdenke, war dies möglicherweise der Moment, in dem ich mich in ihn verliebte.

An einem Tag- die anderen waren losgezogen, um im nächsten Ort klettern zu gehen- hatten Flo und ich uns von den anderen abgeseilt und ihnen mitgeteilt, dass wir nicht sonderlich Lust auf klettern hätten, wir aber „nachkommen würden". Stattdessen genossen wir erstmal nur die Ruhe, die sich im ganzen Haus ausbreitete und legten uns gemütlich auf unser Bett. Draußen, von der Weide gegenüber unseres Hauses, hörte man das leise Bimmeln von Kuhglocken, das kaum hörbare Rauschen des Flusses und das Pfeifen des Windes. Wir fassten uns nicht an, schauten beide nur an die Decke und sprachen nicht, dennoch hatte ich das starke Gefühl, dass wir verbunden waren, dass dies ein besonderer Moment war, in dem nichts anderes zählte als das Hier und das Jetzt.

Im späteren Verlaufe des Tages zogen wir gemeinsam los und verbrachten somit unsere erste Zeit allein miteinander. Wir taten etwas, was ich zuvor noch nie getan hatte, nämlich: Fliegenfischen. Das einzige Mal, an dem ich jemals geangelt hatte, war damals während eines Urlaubs in den USA, wo mein Dad und der derzeitige und mittlerweile dritte Ehemann meiner Grandma mich zum Angeln mitgenommen hatten- und es war stinklangweilig gewesen. Als wir dennoch gemeinsam an der Landstraße entlang stampften, um zu einer geeigneten Angelstelle zu kommen und er mir später zeigte, wie man das Fliegenfischen funktionierte, freute ich mich einfach nur- über diese kostbaren Momente und über das ganze Leben. Am selben Abend noch küssten wir uns das allererste Mal...

25. Juni 2016

„Auf der Wiese liegend, Blick gen Himmel gerichtet, konnte ich mich nicht an das letzte Mal erinnern, an dem ich so glücklich war wie in genau jenem Moment. Wir waren gerade mehrere Stunden Kayak fahren gewesen und es hatte riesigen Spaß gemacht. Mein Körper war erschöpft und wund, aber mein Herz, mein Kopf und meine Seele waren plötzlich alle im Einklang miteinander. Ich spürte die warme Sonne auf meiner Haut, das Gras unter meinen Füßen und Armen, die Enge des Wetsuits, den ich trug, hörte die Vögel zwitschern, das Rauschen des Flusses und das entfernte Reden meiner Freunde.

In diesem Moment dachte ich mir nur: „Jetzt könnte ich sterben, jetzt, in genau diesem Moment.“

27. Juni 2016

„Nach unserer abendlichen Jam-Session putzte ich mir die Zähne, zog meinen kurzen Overall an und legte mich ins Bett. Nachdem Flo die Balkontür weit geöffnet

hatte, legte er sich auf die andere Hälfte des Bettes und kroch aber nach kürzester Zeit zu mir herüber.

„Weißt du, was mir aufgefallen ist, was ich unheimlich an dir mag?," fragte ich.

„Wie du sogar mit den Augen lachst. Du bist einer der wenigen Menschen, die das tun."

Er grinste mich breit an und begann, mich zu küssen. Erst zurückhaltend, dann fordernd und wieder zurückhaltender- alles ganz langsam und mit einer von mir selten erlebten Zärtlichkeit. Irgendwann wurden wir beide ganz albern und ich tat so, als würde ich ihn heftig und gierig mit Küssen überfallen, um dann im nächsten Moment wieder komplett von ihm abzulassen. Er spielte beleidigte Leberwurst und drehte sich mit dem Rücken zu mir, woraufhin ich ihn am Rücken küsste und mich entschuldigte, bis er sich wieder zu mir drehte und mich weiter küsste. Nach einiger Zeit zog ich mich zurück und hielt inne. Wir schauten uns an und grinsten beide dämlich. Ich musste unentwegt kichern und wurde rot.

„Ich dachte schon, jetzt kommen tiefgründige Gespräche auf," sagte er grinsend.

„Was meinst du?"

Er begann, ein wenig herumzudrucksen und brachte dann heraus, was er sagen wollte:

„Naja, ich dachte wir.. ich könnte mal versuchen, das, was hier gerade passiert, ein bisschen einzuordnen. In einen Kontext, weißt du?"

Ich musste noch mehr grinsen, während ich ihn bei seinem Versuch, sich irgendwie auszudrücken, anschaute.

„Okay...," sagte ich langsam.

„Also mal davon abgesehen, dass ich dich echt sympathisch finde und ich mich zu dir hingezogen fühle, finde ich dich auch sehr attraktiv und ähm... Du scheinst ja auch nicht ganz abgeneigt zu sein mir gegenüber..."

Meine Augen wurden groß. Solche Ehrlichkeit und Offenheit war ich von Männern nicht gewohnt.

„...Und ich fand es bisher wirklich unfassbar schön mit dir, dich kennenzulernen und bin auch sehr interessiert daran, alles über dich zu erfahren, was es zu erfahren gibt."

Ich hatte das Gefühl, dass er noch mehr sagen wollte, doch an diesem Punkt hielt er inne.

„Mir geht es ganz genauso," sagte ich ganz ehrlich.

„Ich mag dich einfach unheimlich gerne und bin so gern in deiner Nähe, dass es mich ein bisschen überwältigt."

Im nächsten Moment kamen wir darauf zu sprechen, wie es überhaupt dazu gekommen war, dass wir im selben Zimmer gelandet waren, obwohl wir uns zuvor gar nicht oder kaum gekannt hatten und kamen zu dem Schluss, dass es wohl einfach so sein sollte.“

Auf der Rückfahrt nach Deutschland wurde ich den Gedanken nicht los, dass es für mich mehr als nur ein Urlaubsflirt gewesen war und hoffte innerlich, dass ich nicht die einzige war, die so dachte. Mein innerer Kritiker wurde immer wieder laut und warnte mich: „Lass dich nicht drauf ein, der will eh nichts von dir, das war alles nur Spaß für ihn.“ Ich dachte mir dann, dass selbst wenn nicht mehr daraus wurde, ich unheimlich glücklich war über die schöne Zeit und dass es ok war, selbst wenn wir uns nicht nochmal wieder sahen.

Glücklicherweise kam es jedoch anders, denn noch am selben Abend schrieben wir miteinander und teilten uns gegenseitig mit, wie toll die Zeit gewesen war und dass wir einander unbedingt wiedersehen wollten. Einige Tage später trafen wir uns dann für unser „erstes Date“, was etwas seltsam war, denn schließlich kannten wir uns ja schon ziemlich gut. Dennoch verspürte ich vom ersten Moment an, in dem ich ihn wieder sah, Schmetterlinge im Bauch. Unsere erste „Dating“-Phase war unheimlich schön: Wir quatschten ewig lang, fühlten uns wohl beieinander und wir teilten dieselben Interessen. Auch sein Reise- und Naturherz schlug wie wild und über das Leben, die Gesellschaft und verschiedene philosophische Themen teilten wir ebenfalls sehr ähnliche Ansichten.

Nur wenige Tage nach unserem ersten Date, beschlossen wir, über ein Wochenende für einen Road Trip nach Holland ans Meer zu fahren. Eine Reise, auf der wir die Sonne und unser Beisammensein einfach nur genossen, im Auto, mit dem Kofferraum gen Meer ausgerichtet, schliefen, sodass am Morgen unser erster Blick auf die Wellen fiel. Unterwegs machten wir hier und da kleine Picknicks. Während dieser kurzen Reise stellten wir für uns beide fest, dass wir ein Paar sein wollten und ich genoss es unheimlich, nach vielen Jahren des Single-Seins, das mir natürlich auch sehr gefallen hatte, wieder in einer festen Beziehung und frisch verliebt zu sein.

In der kommenden Zeit verbrachten wir, wie in einer frischen Beziehung so üblich, viel Zeit miteinander und davon mal abgesehen, dass ich total verliebt war, schätzte ich auch eine weitere Eigenschaft sehr, die mir diese Beziehung mit Flo gab: Sie erdete mich unheimlich. In meinem sonst sehr chaotischen und eher außergewöhnlichen Leben, war er meine Konstante, die Person, die mich immer wieder auf den Boden holen konnte, was für mich in dieser Zeit ein absoluter Segen war.

Dennoch packten mich nach und nach meine Unsicherheiten, die ich auch damals in meiner Beziehung mit Timo empfunden hatte. Wenn Flo bestimmte Dinge sagte, fasste ich sie oft direkt negativ auf und es machte sich eine Angst in mir breit, dass er mich wieder fallen lassen könnte. Jede minimale, negative Bemerkung verletzte mich, auch wenn ich genau wusste, dass er diese nicht im negativen Sinne gemeint hatte. Rational waren diese Reaktionen nie, sie waren rein emotional und das wurde mir langsam klar. Aufgrund dieser Unsicherheiten gerieten wir zum Teil in heftige Streitereien, nach denen ich mich jedes Mal unglaublich schlecht fühlte und mich immer wieder ärgerte, dass ich auf diese bestimmte Art und Weise reagiert hatte.

Kurz bevor er im September dann drei Wochen mit seinem Bruder nach Kanada fliegen sollte, knallte es nochmal richtig und ich befürchtete, dass ich unsere Beziehung langsam aber sicher kaputtmachte. Nach seiner Abreise begann ich mich also ganz intensiv mit mir selbst auseinanderzusetzen. Ich wollte verstehen, weshalb ich so stark auf bestimmte Dinge reagierte, warum ich mich so triggern ließ durch bestimmte Bemerkungen und weshalb ich solche Angst hatte, fallen gelassen zu werden. Ich überlegte mir insbesondere, wann in der Vergangenheit ich sonst dieses Gefühl empfunden hatte, diese Verlustangst, oder eher wann ich sie die ersten Male in meinem Leben gehabt hatte. Nachdem mir langsam klar wurde, dass diese Gefühle schon in meiner Kindheit entstanden waren und ich durch bestimmte Erlebnisse in meiner Vergangenheit bestimmte negative Glaubenssätze über mich selbst entwickelt hatte, fasste ich meine Gedanken zusammen in einen Brief an Flo, den ich am folgenden Tag direkt nach Kanada schickte.

16. September 2016

„Hola mi cariño,

ich hoffe sehr, dass es dir gut geht und du das erlebst und erfährst, was du dir für diese Reise erhofft hast. Ich denke viel an dich und du fehlst mir ungemein- du mit deiner ganzen, wunderbaren Person, wie du mich zum Lachen bringst, wie du mich umarmst, küsst und berührst. Und doch merke ich gerade, wie unfassbar schnell alles mit uns gegangen ist, wie wir in kürzester Zeit so viele Auf's und Ab's zusammen durchlebt haben und wie unglaublich krass, wie intensiv diese Zeit schon gewesen ist. Manchmal habe ich das Gefühl, dass das Ganze mit uns beiden total surreal ist, wie ein weit entfernter Traum, aus dem man irgendwann aufwacht und völlig schockiert ist über die Tatsache, dass es nur ein Traum war, weil es so real gewirkt hat.

Darum bin ich ehrlich gesagt ganz froh, dass wir beide jetzt mal die Zeit haben, das Ganze sacken zu lassen und zu verarbeiten. Wenn wir uns diese Zeiten nicht nehmen, werden wir vermutlich sonst ab und an aneinander verzweifeln, vielleicht gerade weil wir beide so eigen und selbstständig sind. (Mir zumindest macht es, ehrlich gesagt, manchmal Angst, zu abhängig von dir zu werden- das ist nämlich etwas, was ich nicht nochmal erleben möchte.) Aber das, finde ich, macht eine Beziehung aus und das ist doch auch irgendwie die Kunst- zwei Individuen mit ihren eigenen Ecken und Kanten, Macken und persönlichen Erfahrungen so zusammen zu bringen, und zwar so, dass etwas noch schöneres dabei entstehen kann. Sozusagen eine Symbiose aus zwei Menschen, die sich ergänzen, die sich gegenseitig als Spiegel ihrer selbst dienen, um eigene Macken und Eigenschaften zu erkennen und besonders sich selbst besser kennenzulernen. Aber vor allem, um sich gegenseitig zu unterstützen, Erfahrungen miteinander zu teilen und dem anderen bei alledem seinen Freiraum lassen, um zu wachsen.

Ich weiß, dass bisher nicht alles nur rosarot und wolkig war. Wir haben, glaube ich, jetzt schon ziemlich eklige Seiten aneinander kennengelernt und vielleicht ist das auch ganz gut so, denn so lernen wir, wo die Grenzen und empfindlichen Stellen des anderen sind- wir müssen einander gegenüber nur vielleicht ein wenig einfühlsamer und verständnisvoller sein. Auch habe ich in dieser recht kurzen Zeit mit dir erfahren, wie unsicher ich in Beziehungen oft bin, was hier und da auch auf jeden Fall zu Streitigkeiten führt, das weiß ich. Nach viel Selbstreflexion weiß ich aber auch jetzt, wo diese Unsicherheit ihren Ursprung hat und sehe, dass sie sich auch in anderen Bereichen meines Lebens wiederfindet. Es ist ein tief sitzendes Gefühl, dass ich nicht genug bin, das mich in vielen Hinsichten hemmt und zurückhält. Ich habe also irgendwie das Gefühl, dass du mir dazu verholfen hast, das zu sehen- und das ist dieses zusammen und gegenseitig Wachsen, das ich meine. Und allein dafür bin ich dir schon unheimlich dankbar.

Worauf ich hinaus will ist, glaube ich, dass ich in dir jemanden gefunden habe, aus heiterem Himmel und wie aus dem Nichts, der mich ergänzt und Seiten an mir aufzeigt, die sonst vielleicht nicht ans Licht gekommen wären. Es ist wirklich ein tiefes Gefühl der Verbundenheit (Ih, ist das kitschig), das ich zu dir habe, als würdest du mich wirklich sehen und kennen, auch wenn wir uns in Wirklichkeit erst seit so kurzer Zeit kennen. In meinem sonst sehr chaotischen Leben, mit meinen etwas abgehobenen Wünschen und Träumen und Vorstellungen, bist du der Boden unter meinen Füßen, mein Halt, und gleichzeitig weiß ich, dass ich mit dir genauso bekloppte Unternehmungen starten kann und mich genau so zeigen kann, wie ich *bin. Unsere Verrücktheit gleicht sich vielleicht sogar gegenseitig ein wenig aus ;-) Und weißt du, was noch echt verrückt ist? Bevor du gefahren bist und ich erfahren habe, dass ich keinen Urlaub bekomme, hat mich das echt betrübt und das Fernweh, das ich eigentlich stets habe, war echt schlimm. Das Verrückte ist aber, seitdem ich weiß, dass es dir dort drüben so gut geht und du so tolle Erfahrungen sammelst, ist mein Fernweh weitaus weniger schlimm, weil ich das Gefühl habe, Teil deiner Reise zu sein und weil ich mich einfach mit dir und für dich freue. Und das ist irgendwie so eine coole Erkenntnis, denn ich hätte, ehrlich gesagt, gedacht, dass ich total neidisch sein würde. Ok, ich komme nun mal zum Abschluss:*

Ich bin absolut und komplett verliebt in dich. Ich fühle mich derart zu dir hingezogen, seelisch, mental, körperlich... Und egal, was nun kommt, ob das hier nun lange hält oder nicht, bin ich unheimlich froh, dich in meinem Leben zu haben und weiß, dass das Schicksal es wirklich gut mit mir meint. Ich drücke dich ganz fest und freue mich tierisch, dich wiederzusehen und von all deinen wunderbaren Erfahrungen zu hören.

Deine Denise"

Norwegen

Eine kurze Zeit später bot sich mir die nächste große Gelegenheit in meinem Leben. Ich erhielt eine Email von einem Professor der Uni Bochum und Leiter einer Organisation für Expeditionsreisen namens „Pure.Venture Forschungsreisen“, der mich dazu einlud, eine seiner Reisen filmisch zu begleiten. Er hatte mich über meinen Blog entdeckt und war der Überzeugung, dass ich mit meinen Filmen genau das ausdrücken könnte, was er nach außen tragen wollte. Er könne mich zwar nicht bezahlen, würde mir allerdings die Kosten für die Reise in Höhe von etwa 2000€ erlassen und Kost und Logis übernehmen- ich würde dafür im Nachgang einen kleinen Image-Film der Reise produzieren. Und zwar sollte es in ein Land gehen, dem ich bis dato noch nicht mal nahe gekommen war: Norwegen.

Beim Erhalt dieser Email tanzte ich euphorisch durch meine Wohnung und schrieb ihm sofort zurück, dass ich dabei war. Dies war ein Job, der genau das war, was ich mir erträumt hatte, bezüglich meiner Arbeit als Videografin und ich freute mich riesig auf dieses neue Erlebnis.

Nur knappe drei Wochen später ging es schon los. Ich packte, nicht wie sonst meinen Rucksack, sondern einen großen Koffer, denn ich musste schließlich mein ganzes Kameraequipment sowie einen schweren Floater mitnehmen- einen Anzug, der uns vor der Kälte und Nässe auf offener See schützen sollte. Flo, der mittlerweile aus Kanada wiedergekehrt war und mit dem ich mich besser verstand denn je, brachte mich zum Flughafen und ich merkte, wie auch er sich tierisch mit mir über diese Reise freute.

Nach einem Stopp in Kopenhagen, einer verspäteten Landung in Oslo, etwa 15 verlorenen Gepäckstücken, die wir am Abend zurück erhielten, und einer Fährfahrt später, kamen wir auf der kleinen Insel namens Vengsoy an, wo es zu später Nachmittagsstunde schon stockdunkel war. Auf Vengsoy lebten rund 70 Menschen und es gab außer einem kleinen Supermarkt, den man wahrscheinlich eher als Tante-Emma-Laden bezeichnet hätte, nur noch den kleinen Hafen sowie eine Fischerei. Wir kehrten in unsere schönen, kleinen Häuser ein- ich wohnte bei den Betreuern, während die Studenten über zwei weitere Häuser verteilt waren.

Direkt am nächsten Morgen ging es schon das erste Mal auf die große Weite des Meeres. Wir stapften alle mit unseren schweren Floatern Richtung Hafen und bereiteten die kleinen Boote für unsere Abfahrt vor, während der Himmel sich am Morgen in wunderschönen Rosatönen, in seiner vollen Pracht zeigte.

Die Umgebung war einfach nur bildschön. Überall, wo ich hinsah, entdeckte ich die schönsten Motive, die ich natürlich alle mit meiner Kamera festhielt- teilweise sehr heruntergekommene, kleine Häuser, Berge in der Ferne mit schneebedeckten Gipfeln, kleine Eiszapfen und gefrorene Wasserläufe, glitzerndes, klares Wasser, das die Insel umgab. Kurz nachdem wir losgefahren waren, konnten wir unser Glück kaum fassen, denn direkt an unserem ersten Morgen, entdeckten wir die ersten Wale, die elegant durch das Meer um uns herum schwammen. Dabei sahen wir sie nicht nur aus der Ferne, nein, die Orcawale schwammen teilweise unter unseren Booten her, nur um kurz vor dem Bug unseres Boot wieder aufzutauchen. Sie sprangen sogar mal komplett aus dem Wasser, was wohl für Orcas sehr ungewöhnlich war. Wir sahen außerdem riesigen Buckelwalen beim Fressen zu und auch diese tauchten hierzu aus dem Wasser auf und schnappten mit ihren riesig großen Mäulern nach ihrer Beute. Es war, als würden die Wale uns eine kleine Show bieten wollen. Auch die Natur war während dieser Bootsfahrten atemberaubend schön, denn dadurch, dass die Sonne nie komplett aufging zu dieser Jahreszeit, sondern die ganze Zeit über dem Horizont zu schweben schien, verlieh sie dem Himmel eine durchgehende Sonnenuntergangsstimmung und er verfärbte sich über rosa zu fliederfarben, hin zu den schönsten Blautönen- ein wahres Spektakel.

Nach einigen Stunden, als es gegen 14 Uhr schon wieder dunkel wurde, beendeten wir immer langsam unsere Bootstour und kehrten mit einer glücklichen und zufriedenen Müdigkeit zurück in unsere Häuschen, um entweder eine Runde zu schlafen (dadurch dass es so früh dunkel wurde, setzte die Müdigkeit auch umso früher ein) oder ein wenig zu arbeiten. Ich schnitt dann oft das Material, das ich auf dem Boot gesammelt hatte noch am selben Tag, denn es kam, wie man sich vielleicht vorstellen kann, eine ganze Menge an Filmmaterial an einem solchen Tag zusammen. Es war der perfekte Job, denn so konnte ich die schönsten Momente des Tages direkt nochmal durchleben.

Während dieser Tage hofften natürlich alle darauf, dass wir mal das Glück haben würden, Polarlichter zu erblicken. Man erklärte uns, dass dies in der Zeit, zu der wir gerade in Norwegen waren, eher unwahrscheinlich war, denn leider war der Himmel nicht klar genug. Außerdem leuchtete genau an diesen Tagen der sogenannte Supermond nachts hell am Himmel, was die Bedingungen, Polarlichter sehen zu können, nur verschlechterte.

Eines Abends dennoch, nachdem wir alle gemeinsam gegessen hatten, sagte plötzlich eine der Studentinnen, die an der offenen Terrassentüre gestanden hatte: „Polarlichter! Sie sind da, kommt gucken!“ Nachdem wir uns alle am Fenster versammelt und gen Himmel geschaut hatten, packten wir schnell unsere dicken Jacken, zogen unsere Schneeschuhe an und stürmten nach draußen. Ich rannte freudig zu der Stelle, die ich schon zuvor zum Filmen auserkoren hatte, mit Blick auf einen Steg, der Insel im Hinter- und dem Meer im Vordergrund, setzte mich auf die Erde und begann mit meinen Zeitrafferaufnahmen. Was ich sah, wirkte auf mich plötzlich einfach nur surreal, als zeigte sich vor mir ein Bild, das jemand mit Ölfarben auf Leinwand gemalt hatte und ich mir nun dieses gemalte Bild anschaute. Am Himmel leuchtete ein klarer, diagonal verlaufender, hellgrüner Streifen. Rechts daneben leuchtete der Mond in einer Kraft, die der Kraft der Sonne zu Tageszeiten glich und warf seine Reflexion in einem langen Streifen über die Meeresoberfläche. Ich bemerkte, wie der Mond sich ganz langsam bewegte und wunderte mich, dass sich dies mit bloßem Auge erkennen ließ. Vereinzelte, dunkle Wolken zogen am Himmel vorüber, deren Ränder jedoch von der Helligkeit des Mondes erleuchtet wurden. Es war einfach nur ein magisches Naturschauspiel, das man so schnell nicht wieder vergisst.

Von der Angst, seine Träume zu realisieren

Nach dieser Reise, die mich wirklich tief beeindruckt hatte, schien es für mich nur weiter bergauf zu gehen. Von Sebastian, dem Leiter der „Pure.Venture-Forschungsreisen“ erhielt ich weitere Aufträge. Ich sollte nämlich für ihn Filmmaterial, das er selbst im Laufe seiner letzten Reisen gesammelt hatte, zu Kurzfilmen zusammenschneiden. Auch erhielt ich einen weiteren Auftrag für eine American- Footballmannschaft, bei dem ich monatlich einen Videobeitrag schneiden sollte- alles ortsunabhängige Jobs- und ich konnte es kaum fassen, dass ich nun, Ende des Jahres, tatsächlich mein großes Ziel, von unterwegs arbeiten zu können, erreichen würde.

Dann ging es daran, meine große Reise, bei der ich das erste Mal von unterwegs arbeiten würde, zu planen. Ich überlegte hin und her, wo ich gern hin reisen wollte und wie bei der Planung meiner zweiten großen Reisen, stand auch Südamerika bei meinen Überlegungen wieder ganz weit oben. Irgendwie fühlte sich diese Entscheidung jedoch nicht ganz richtig an. Südamerika war weit weg und ich hatte hier die große Sorge, dass ich gegebenenfalls krank werden könnte und die restliche Reise dann ins Wasser fallen musste. Ich konnte mich außerdem nicht wirklich entscheiden, wohin genau, denn wenn ich nach Südamerika wollte, wollte ich möglichst viel sehen und wenn möglich ein halbes Jahr oder länger dort bleiben. Bei dieser Reise wollte ich hingegen erstmal nur ausprobieren, wie es war, von unterwegs zu arbeiten und nicht ständig von Ort zu Ort zu tingeln.

Ein Land, das mich sehr anzog und bei dem ich wusste, dass, selbst wenn mein Plan nicht aufging oder ich unterwegs krank würde, ich recht schnell und günstig wieder nach Hause käme, war Marokko. Die Kultur faszinierte mich ungemein und die Natur war laut Erzählungen atemberaubend. Florian hatte mich auf die Idee gebracht, denn er war zehn Jahre zuvor für mehrere Monate dort unterwegs gewesen und hatte wahnsinnig spannende Geschichten zu erzählen von seiner Zeit dort.

Als mein Ziel feststand, teilte ich Flo meine Pläne mit und bot ihm an, dass er sehr gern mitkommen könne, wenn er denn wollte, und dass ich mich riesig freuen würde, wenn wir dieses Abenteuer gemeinsam angingen. Zwar würde ich einen Großteil der Zeit arbeiten müssen, doch da wir beide sowieso recht flexibel waren und auch gut Zeit allein verbringen konnten, machte ich mir nicht allzu große Sorgen. Eher machte mir der Gedanke, das erste Mal mit einem festen Freund für eine so lange Zeit zu verreisen, etwas Angst, doch es war eine gute Art von Angst, eine, bei der ich mich einfach darauf freute, mich in das Neue und Unbekannte zu stürzen. Kurze Zeit später teilte Flo mir dann mit, dass sein Beschluss fest stand. Er würde seinen Job kündigen und wir würden dieses Abenteuer zusammen angehen. Er hatte auch in der Vergangenheit schon das ein oder andere Mal einen Job gekündigt, um für längere Intervalle zu reisen, denn er hatte selten Schwierigkeiten, eine neue Stelle zu finden. Dennoch war ich sehr gerührt davon, dass er einen so großen Schritt wagte, um mitzukommen. Nach einem Gespräch mit seinem Chef, stellte sich heraus, dass Flo gar nicht kündigen musste, sondern unbezahlten Urlaub nehmen konnte. Demnach konnte er also, nach den drei Monaten, die er sich frei nahm, wieder ganz normal in seinen Job einsteigen. Ich freute mich total und mein Bauchgefühl verriet mir, dass das hier das Richtige war.

Kurz vor der Reise nahm meine Angst dennoch zu- ich stand vor dem großen Moment, für den ich die letzten Jahre und speziell das ganze letzte Jahr gearbeitet hatte und ich fürchtete plötzlich, dass ich mir zu viel vorgenommen hatte.

Was, wenn ich doch nicht gemacht war für diese Art zu leben und zu arbeiten? Was, wenn ich kein zuverlässiges Internet finden würde und ich meine kürzlich gewonnenen Kunden direkt wieder verlöre? Was, wenn ich während der Reise total krank würde und nicht mehr arbeiten könnte?

All diese Gedanken und mehr kreisten in meinem Kopf umher, doch anstatt mich von diesen Ängsten hemmen zu lassen, entschied ich, diesen Fragen auf den Grund zu gehen und, um mir selbst das Gefühl von Sicherheit zu vermitteln, systematisch und ohne Angst diese Sorgen ganz objektiv zu betrachten.

Ich beantwortete mir meine Fragen ganz realistisch und recherchierte beispielsweise, in welchen Städten ich wirklich verlässliches Internet finden würde, sollte das Internet mal nicht gut genug sein. Ich besorgte mir außerdem einen kleinen WLAN-Router, in den ich eine in Marokko gekaufte Internet-SIM-Karte einlegen konnte, um mich jederzeit in dieses WLAN einloggen zu können. Außerdem machte ich mir eine Liste der Tätigkeiten, für die ich Internet brauchte und für welche nicht. Denn beispielsweise meine Blogposts schreiben oder Filmmaterial schneiden, konnte ich auch, wenn gerade kein Internet zur Verfügung stand. So konnte ich während meiner Reise planen, wann ich gutes

Internet brauchte und wann nicht. Auch suchte ich einige Krankenhäuser heraus, die als gut bewertet wurden und listete diese für den Fall der Fälle auf. So konnte ich gut gegen meine Ängste vorgehen und fühlte mich zunehmend sicherer in meinem Vorhaben.

Dennoch fühlte ich mich, kurz vor Antritt der Reise so, wie ich mich einige Jahre zuvor in Portugal gefühlt hatte: Ich stand am Rande dieser Klippe, schaute runter in die Tiefe und es blieb mir nun keine andere Wahl mehr, als zu springen. Es kribbelte in meinem Magen, meine Gedanken rasten, und mein Herz klopfte wie wild. Ein Zurück gab es nun nicht mehr. Ich lernte, dass dies das Gefühl war, das mir signalisierte, dass etwas wirklich Großes bevor stand.

Zuletzt vermietete ich noch mein WG-Zimmer unter, sodass ich nicht während meiner Reise umsonst Miete zahlen musste. Ich erfuhr, nachdem ich meine Pläne mit dem Coworking-Space, bei dem ich noch meinen 400€-Job hatte, geteilt hatte, dass ich auch für sie im Bereich Social Media und für den Blog des Spaces von unterwegs weiterarbeiten könne. Und dann packte ich meine Tasche. Ich dachte an meine erste Reise, für die ich meinen riesigen 80- Liter- Rucksack gepackt hatte und musste unwillkürlich grinsen bei dem Gedanken daran, was seitdem alles passiert war.

Marokko

Indem wir Marrakech als allererstes besuchten, tauchten wir sofort in die Tiefe Marokkos ein, in eine Welt, die so gegensätzlich war zu allem, was ich bis dato kennengelernt hatte und ich erlebte somit einen regelrechten Kulturschock. Zunächst waren wir vom Flughafen aus, wo man mich erst nicht durch die Sicherheitskontrolle lassen wollte wegen der vielen Medikamente, die ich in meiner Tasche hatte (schließlich hatte ich mein ganzes Sammelsurium an Medizin für vier Monate dabei), mir aber dann doch aufgrund des Attestes vom Arzt, gestattete, zu passieren, mit dem Taxi Richtung Zentrum zu unserer Unterkunft gefahren.

Wir hatten ein wunderschönes Zimmer über Airbnb gefunden, das Teil eines typisch marokkanischen Riads war. Die Öffnung in der Mitte des Hauses ermöglichte uns, von unserem Zimmer aus über eine Brüstung zum offenen Wohnzimmer hinunter und nach oben in den Himmel hinauf zu schauen. Auch eine Dachterrasse gab es, auf der wir morgens unser Frühstück, das meist aus frischem Obst, leckerem Minztee und etwas Brot mit Avocado bestand, zu uns nahmen.

An diesem ersten Morgen badeten wir genüsslich in den Sonnenstrahlen und es faszinierte mich plötzlich, dass es Januar war, und wir das schönste Wetter genossen, während wir uns in Deutschland gerade vermutlich wegen der Kälte in unserer Wohnung verbarrikadiert hätten. Es durchfuhr mich ein kleines Kribbeln vor Glück und Dankbarkeit, dass ich gerade genau hier sein durfte.

An unserem ersten Tag zogen wir los, um die Stadt zu entdecken. Ich machte mir erstmal Gedanken darüber, was ich anziehen sollte, denn ich war es natürlich nicht gewohnt, mich kleidungstechnisch an die Sitten eines muslimischen Landes anzupassen, vor allem, wenn es draußen recht warm war. Ich zog meinen Lieblingsrock an, der bodenlang und türkis war wie das Meer und trug ein schwarzes Oberteil dazu, das zwar einen Teil meines Rückens zeigte, aber mein Dekolleté und meine Arme zu drei Vierteln verdeckte. Später wurde ich wesentlich entspannter, was meine Bekleidung anbelangte, dennoch machte ich mir zu Beginn natürlich viele Gedanken darum, denn ich wollte nicht respektlos sein und auch nicht wie ein typischer Tourist wirken. Als wir unterwegs waren, war ich auch ganz froh über meinen Aufzug, denn natürlich stachen wir mit unserem Aussehen, und speziell ich mit meinen blonden Haaren, extrem heraus.

Spätestens als wir den großen Souk von Marrakech erreichten, kam ich kaum noch aus dem Staunen heraus. Wir waren umgeben von den interessantesten Gerüchen, den wunderschönsten, prächtigsten Farben, von arabischer Musik und von Menschen, die laut zwischen Marktständen miteinander feilschten. Ich betrachtete den wunderschönen Silberschmuck sowie die mit Liebe und Präzision handgearbeiteten Teppiche, die Backwaren, die vom Zuckerguss glänzten und die Tajines, die einen köstlichen Duft ausströmten.

Wir kamen natürlich auch sofort mit der für marokkanische Händler üblichen Art zu verkaufen und zu handeln in Kontakt. Man sprach uns zunächst auf allen möglichen Sprachen an und versuchte, uns in jeden Laden hineinzulocken, was wir natürlich zu Beginn noch bei jedem Händler brav mitmachten. Im Ladeninneren angekommen, begannen die Verkäufer uns mit all ihren Künsten von ihrer Ware zu überzeugen. Diese Art war mir sofort sehr unsympathisch und stresste mich innerlich auch ungemein, zumal ich noch keinen Schimmer hatte, wie ich mit diesem Verhalten umgehen sollte. Dennoch ließen wir uns die Laune nicht verderben und ließen uns stattdessen weiterhin von all den wunderbaren Andersartigkeiten faszinieren.

Wir probierten verschiedene Speisen und ließen uns am Abend auch noch zu einem Abendessen hinreißen in einem eher touristischen Restaurant, dessen Besitzer uns direkt auf Deutsch angesprochen hatte. Da wir Hunger hatten und es noch nicht besser wussten, ließen wir verschiedene Speisen bringen, weil wir möglichst viel probieren wollten. Zu unserem Entsetzen erhielten wir zum Schluss eine Rechnung von umgerechnet etwa 40 €, womit man sich in Marokko mit guter Wirtschaft wahrscheinlich bis zu einem Monat lang mit Essen versorgen könnte. Doch auch das sollte unsere Laune nicht verderben und wir machten uns bewusst, dass solche Erlebnisse nötig waren in Marokko, um zu lernen und es beim nächsten Mal besser zu machen.

Ein Erlebnis, das mich allerdings sehr schockiert und mitgenommen hat, ereignete sich an unserem zweiten Tag in Marokko. Wir waren wieder über den Souk geschlendert und kamen nun das erste Mal am großen Marktplatz, dem Djemaa el Fna, an. Von der Seite hörte ich plötzlich Rufe und eine süße, kleine, dickliche Frau huschte zu uns hinüber. Ich winkte sofort ab, denn mir war klar, dass sie uns etwas verkaufen wollte. Sie schaute sich allerdings erstmal lediglich meinen Arm an, strich über mein Tattoo, das sich über meinen Oberarm erstreckte und sagte zu mir auf Englisch, wie schön sie das Tattoo fand. Ich bedankte mich und wir sprachen kurz mit ihr. Sie war Henna-Tattoo-Artistin, wenn man es denn so nennen konnte und war deshalb so an meinem Tattoo interessiert. Sie zeigte uns ihre Skizzen und Bilder von Henna-Tattoos, die sie zuvor gemalt hatte und fragte mich, ob ich Interesse hätte. Nachdem ich verneint hatte, nahm sie plötzlich meine Hand und sagte: „Ich male nur eine Kleinigkeit.“ Als ich versuchte, meine Hand wegzuziehen, hielt sie diese noch fester und malte unbeirrt weiter, oder eher: sie kritzelte weiter, bis sie mit ihrem Werk zufrieden war. Dann ergriff sie noch Flos Arm und bemalte seinen Unterarm.

Als wir weiterziehen wollten, machte sie natürlich Stress, denn sie wollte nun Geld für ihre „erbrachte Leistung“. Nach einer kleinen Diskussion sagten wir, dass wir leider kein Bargeld hatten, wir allerdings zurück kämen, wenn wir einen Geldautomaten gefunden hätten. Da ließ sie es sich natürlich nicht nehmen, uns zum nächsten Geldautomaten zu bringen.

Wir fühlten uns total hilflos und wussten nicht, was wir tun oder wie wir uns aus dieser Situation befreien sollten. Also folgten wir ihr, hoben Geld ab und gaben ihr ein wenig- umgerechnet fünf Euro fanden wir sehr fair, zumal wir nie um ein Henna-Tattoo gebeten hatten und wir auch wussten, dass fünf Euro in Marokko ziemlich viel Geld war. Die nicht mehr ganz so süße, kleine Dame war empört. Sie beschwerte sich lautstark: So wenig wäre uns ihre Arbeit wert gewesen! Sie forderte, ohne mit einer Wimper über ihre eigene Dreistigkeit zu zucken, dass wir ihr 300 Dirham, also 30 Euro gaben. Sie versuchte es auf die absolute Spitze zu treiben und nach mehrmaligem Verneinen unsererseits, zog sie dann endlich ab.

Dieser Vorfall steckte uns noch mehrere Stunden in den Knochen. Es tat uns für die übrigen Marokkaner leid, dass eine Frau wie diese ihren Ruf nach außen hin so versaute und es tat uns auch leid, dass wir uns von einem solchen Vorfall entmutigen ließen. Wir bemerkten selbst, kurz nach diesem Vorfall, dass wir unser Herz verschlossen gegenüber all den anderen Menschen, die uns im weiteren Verlaufe des Tages ansprachen und wollten uns auf niemanden einlassen. Das ist dennoch eines der Dinge, die man in Marokko lernt: Dass man, nur aufgrund von wenigen schlechten Erfahrungen, nicht auf das ganze Land und all seine Menschen schließen darf, denn so verschließt man sich für so viele andere, schöne Erfahrungen.

Diese ersten Tage in Marrakesch waren also sehr intensiv und auch, wenn ich sie genoss, waren sie auch ziemlich stressig, weshalb ich mich riesig freute, dass wir nun ans Meer weiterziehen würden. Der Ort, an den wir dann fuhren, nannte sich Taghazout, ein kleiner Fischerort relativ weit im Süden Marokkos, der mittlerweile auch als Hotspot für Surfer bekannt ist. Außerdem gibt es hier das einzige Coworking-Space weit und breit, von dem aus ich für die nächste Zeit arbeiten wollte, denn hier war garantiert, dass ich schnelles Internet hatte.

Außerdem konnte ich mich dort mit Menschen umgeben, die ebenfalls von unterwegs arbeiteten, was immer für eine gute Arbeitsatmosphäre sorgt (eines der Dinge, die ich bei meiner Arbeit im Coworking-Space in Düsseldorf gelernt hatte).

In Taghazout änderte sich mein Eindruck von Marokko nochmal stark. Zwar gab es auch hier zum Teil aufdringliche Verkäufer und viele, die einen regelmäßig anquatschten, doch die ganze Atmosphäre war wesentlich entspannter. Außerdem lernten wir die Ladenbesitzer mit der Zeit zu einem großen Teil kennen und ihnen wurde klar, dass sie uns eh nichts andrehen konnten. Wir fanden, nach einer sehr ungemütlichen, ersten Nacht in einem Hostel, eine kleine Wohnung, mit einer wahnsinnig schönen Aussicht auf den Strand des Ortes und auf das Meer. Die Wohnung hatten wir über Airbnb gefunden und die Beschreibung in der Airbnb-Anzeige lautete: „Geht zum Tabasco Shop, der Besitzer wird euch dann zu der Unterkunft bringen". Wir fühlten uns dabei ein wenig wie auf einer Schnitzeljagd, denn Adressen gab es hier scheinbar nicht. Der alte marokkanische Herr brachte uns zum Haus, wo wir von der Besitzerin selbst begrüßt wurden. Sie und ihre Familie vermieteten schon seit vielen Jahren die zahlreichen Wohnungen ihres Hauses, das direkt am Meer lag, an Reisende. Wir verliebten uns sofort in die Wohnung und zogen prompt ein.

Morgens machten wir gemeinsam unsere Morgenroutinen, machten zusammen oder jeder für sich Yoga, gingen spazieren oder tranken einen Saft in einem der Cafés von Taghazout. Daraufhin machte ich mich meist zum Coworking-Space auf und Flo ging hinunter ans Meer, um zu surfen. Am späten Nachmittag trafen wir uns dann meist, um noch gemeinsam etwas zu unternehmen oder in einem der kleinen Shops einzukaufen und dann zusammen zu kochen.

Manchmal liefen wir auch hinunter zum Anchor Point, einem bekannten Surfspot etwas außerhalb von Taghazout, um die Surfer beim Reiten der Wellen zu beobachten. Die Tage verliefen meist sehr ähnlich, doch wir erlebten jeden Tag eine ganze Menge und mir gefiel dieser Alltag sehr.

Die ersten Abende, an denen wir einfach nur den Sonnenuntergang beobachteten, war ich jedes Mal von einem solchen Glücksgefühl und einer solchen Dankbarkeit überflutet und konnte kaum fassen, dass das hier nun das Leben war, was ich mir geschaffen hatte. Ich tanzte auf Wolken und genoss auch meine Arbeit unheimlich, auch wenn ich aufgrund meiner vielen kleinen Jobs sehr viel zu tun hatte.

Doch als die Tage verstrichen, merkte ich langsam, wie ich zunehmend unglücklicher wurde. Ich ließ mich ständig von den kleinsten Dingen frustrieren, fand die Sonnenauf- und Untergänge immer weniger aufregend und auch die

Sonne und das Meer konnten meine Laune nicht wirklich bessern. Ich begann, mich innerlich selbst auszuschimpfen und fragte mich immer wieder: „Warum zur Hölle bin ich denn jetzt so unglücklich? Ich bin hier an einem der schönsten Plätze der Welt und kann mich dennoch einfach nicht aufraffen, mich über all diese schönen Dinge zu freuen. Was ist nur los mit mir?!" Ich verspürte außerdem eine starke Unruhe in mir, hatte ständig das Gefühl, dass ich arbeiten müsste, auch wenn meine täglichen Aufgaben erledigt waren, denn ich konnte ja immer noch mehr tun, wie ich mir dann dachte, vor allem in Bezug auf meinen Blog. Ich konnte diese innere Unruhe nicht erklären und ich verstand nicht, warum ich nun so down war. Auf all das hier hatte ich doch hingearbeitet, das hier sollte meine persönliche Befreiung sein, doch ich merkte zunehmend, dass es nicht meine Umgebung war, die mich gefangen hielt, sondern ich in mir selbst gefangen war.

In dieser Zeit stieß ich auf etwas, was mich sehr reizte und zwar war es ein Online-Kurs zum Thema Persönlichkeitsentwicklung von einem Life-Coach, deren Podcast ich schon seit einigen Monaten verfolgte. In diesem Kurs von der wunderbaren Laura Seiler sollte es darum gehen, seinen persönlichen Lebensweg zu finden, sowie sein inneres Potential zu erkennen und zu entfalten. Auch mit der eigenen Vergangenheit und dem sogenannten „inneren Kind" würde man sich auseinandersetzen. Intuitiv kaufte ich mir diesen Online-Kurs, den ich nach und nach über die nächsten Wochen machte.

Schon früh im Kurs begann ich einige meiner inneren Glaubenssätze zu erkennen, beispielsweise diejenigen, die sich während meiner Kindheit ausgeprägt hatten. Innere Glaubenssätze sind fest verankerte Gedanken über uns selbst, die wir im Laufe unseres Lebens entwickelt haben und die uns oft hemmen können in dem, was wir tun oder tun möchten. Typische Glaubenssätze sind beispielsweise „Ich bin nicht gut/stark/schlau genug." oder „Ich muss mich immer um alle kümmern." und so weiter. Die Übungen, die ich im Zuge dieses Online-Kurses machte, halfen mir ungemein und ich merkte zunehmend, wie gut es mir tat, den Blick mal nach innen zu wenden und mich selbst besser kennenzulernen.

15. Januar 2017

„Innere Unruhe und Zerstreutheit

Es ist erstaunlich, wie intensiv ich momentan lebe und fühle. Jede Emotion, die ich habe, erscheint mir doppelt so stark wie sonst, vielleicht, weil ich gerade so sehr an mir selbst arbeite und in mich hineinhorche. Im einen Moment bin ich erfüllt von Dankbarkeit und Liebe, im nächsten fühle ich mich unsicher und als hätte ich gar keinen Boden unter den Füßen. Ich liebe diese Freiheit, diese Menge an Zeit und doch geht mit dieser Freiheit auch so unheimlich viel Verantwortung einher.

Manchmal habe ich das Gefühl, dass alles, was ich in meinem Leben habe, kurz davor ist, mir zu entrinnen, so wie Sand, der einem durch die Finger gleitet. Es ist eine Art Schweben in der Luft, als könnte man jederzeit seine Fähigkeit zu fliegen, verlernen und auf den Boden der Realität krachen. Jetzt, wo ich diesen ersten Meilenstein erreicht habe- selbstständig zu sein und von überall arbeiten zu können- wirkt die Zukunft plötzlich so vage. Einerseits stehen mir eigentlich alle Möglichkeiten offen und doch gibt es nicht mehr, wie zuvor, einen klaren Weg, keine klare Richtung, kein greifbares Ziel. Und so wichtig es ist, in der Gegenwart zu leben, so ist es, meiner Meinung nach, auch immens wichtig, für sich zu wissen, wo es hingehen soll, ein Endziel vor Augen zu haben. Zumal ich zur Zeit merke, dass ich mir gar nicht sicher bin, welches mein persönlicher Lebenssinn, meine Aufgabe auf dieser Erde ist. Diesen möchte ich für mich herausfinden, um eine Richtung, in die ich gehen möchte, zu bestimmen, denn ich möchte nicht „nur" eine digitale Nomadin sein, die viel um die Welt reist.

Ich möchte auch einen Beitrag leisten auf dieser Welt, möchte etwas erschaffen, Leben verändern, diese Welt auf meine Art im Kleinen verbessern. Ich möchte die beste Version von mir selbst sein. Für keine meiner Eigenschaften oder Gewohnheiten möchte ich mich schämen müssen. Ich möchte alles sein, was ich nur sein kann. In Bewegung möchte ich sein und mich stets weiterentwickeln. Ja, ich habe diesen Meilenstein erreicht, aber ich weiß, dass ich noch so viel weiter gehen kann, und dass da noch so viel mehr ist…"

Ich saß eines Abends auf unserem kleinen Balkon und blickte gen Meer. Die Sonne stand noch recht hoch am Himmel und wir hatten gerade zu Abend gegessen, eine unserer leckeren Tajines mit frischem Gemüse und Kartoffeln. Ich hatte mich den ganzen Tag mit meinen eigenen Gedanken halb in den Wahnsinn getrieben, mit den Dingen, die ich mir vorgenommen hatte zu tun und all meinen Gedanken über mich selbst und meine Zukunft.

Ich schaute in den Himmel und bemerkte einen Schwarm Möwen, die über meinen Kopf hinweg glitten. Ich beobachtete, wie die Möwen mit all ihrer Kraft versuchten, gegen den Wind zu fliegen und somit ständig an einem Punkt in der Luft verharrten. „Warum zur Hölle fliegen sie nicht mit dem Wind?," fragte ich mich. Und plötzlich machte es „klick". Plötzlich verstand ich. Denn es war genau das, was ich zur Zeit tat. Ich flog konstant immer nur gegen den Wind und erschwerte mir somit selbst das Weiterfliegen. Anstatt mich vom Wind tragen zu lassen, verharrte ich.

Das ganze letzte Jahr über hatte ich mich konstant dem Leben gewidmet, das ich mir so lange im Kopf ausgemalt hatte. Ich hatte gewusst, von meinem Herzen und von meinem Bauch ausgehend, dass ich die Willenskraft in mir trug, die ich brauchte, um mir dieses Leben zu erschaffen, welches ich gern leben wollte. Und nun war ich an dem Punkt angelangt, an dem ich dieses Stadium weitestgehend erreicht hatte und trotzdem pushte ich mich selbst immer weiter, immer mehr Neues zu schaffen, immer nochmal eine bessere Version von mir selbst zu sein, immer besser, schlauer, erfolgreicher zu werden. Und jetzt hatte es klick gemacht.

Es war an der Zeit loszulassen und das, was ich mir geschaffen hatte, einfach nur zu genießen. Der Zeitpunkt war gekommen, mich in der Gegenwart aufzuhalten und nicht ständig auf irgendwas Neues hinzuarbeiten. Einfach nur zu sein und mich vom Wind tragen zu lassen. Ich musste nicht sofort alles sein, was ich sein wollte und musste nicht sofort alles erreichen, was ich im Leben erreichen wollte. Ich konnte einfach nur sein.

Anfang Februar nahm ich dann meine erste Auszeit von der Arbeit, denn wir wollten über meinen Geburtstag einen kleinen Road-Trip starten. Ich hatte all meinen Auftraggebern gesagt, dass ich nun für einige Tage „im Urlaub" und nicht erreichbar sein würde. Ich erledigte alles, was noch anstand und wir machten uns dann auf den Weg. Es war unser erster, kleiner Road-Trip, den wir in Marokko unternahmen und wir fuhren weg von der Küste, Richtung Zentrum des Landes, nämlich in die Region des Anti-Atlas. Ich freute mich riesig, mal wirklich abschalten zu können und einfach nur meine Zeit Florian und dem Reisen selbst widmen zu können. Denn das, was wir bisher getan hatten, war schließlich nur ein „im Ausland leben“, was natürlich auch sehr schön war, dennoch fehlte hierbei der Aspekt des Abenteuers und der Entdeckung.

Die Autofahrt Richtung Anti-Atlas war eine der schönsten, die ich bisher in meinem Leben erlebt hatte. Die Landschaft wechselte gefühlt alle 15 Minuten-von Wüstenlandschaften zu bergigen Regionen und hin zu saftgrünen Feldern und Baumlandschaften. Auf unserem Weg zu dem kleinen Ort, in dem wir eine Unterkunft gebucht hatten, und der ein wenig außerhalb der Stadt Tafraoute lag, machten wir einen kleinen Abstecher in ein Gebiet, das man uns empfohlen hatte. Wir fuhren dabei über hohe Bergpässe, nur um dann in ein tiefes Tal zu kommen. Plötzlich erstreckte sich vor uns, inmitten einer eher kahlen und steinigen Umgebung, die wunderschönste Oase. Durch diese Oase floss ein schmaler Fluss, zu dessen Seiten die Erde knackig grün war und lauter Palmen in die Höhe ragten. Zwischen diesen Palmen erhoben sich hier und da, zu unserer Überraschung, einige Mandelbäume, deren Blüten in schönstem Weiß und Rosa erstrahlten. Diese Gegend war menschenleer und wir genossen einen kleinen Spaziergang inmitten der Dattelpalmen und Mandelbäume.

Nach unserem kleinen Ausflug ging es am Abend zu unserer Unterkunft. Wir hatten nicht sehr viel erwartet vom kleinen Bed and Breakfast, waren demnach umso überraschter, als wir sofort von einer sehr liebevollen Familie umsorgt wurden. Sie luden uns nicht nur regelmäßig herzlich zum Tee ein, sondern bereiteten auch noch jeden Abend eine prächtige Tajine, das typische marokkanische Gericht aus einem runden Lehmgefäß, für uns zu. Wir fühlten uns direkt ganz wie zuhause bei dieser Familie und auch mit ihrem kleinen Sohn, der gerade mal fünf Jahre alt und schon überaus intelligent und einfühlsam war für sein Alter, verbrachten wir recht viel Zeit und bauten mit ihm zusammen Lego-Häuser oder malten mit ihm. Auch unser Französisch polierten wir hier ein wenig auf, denn das Französisch des kleinen Jungen zu verstehen, fiel uns recht leicht.

Am Tag darauf, nämlich an meinem 26. Geburtstag selbst, machten wir einen Ausflug zu den sogenannten „Painted Rocks“, einem wunderschönen Platz außerhalb von Tafraoute. Hier hatte ein Künstler in den Siebzigerjahren die Felsen und Steine, die in der Region zuhauf aufeinander gestapelt lagen, in bunten Pastelltönen bemalt, sodass ein Meer an bunt gefärbten Steinen entstand. Als ich vor dieser Kulisse stand und mich so umsah, füllte sich mein Herz mit so viel Dankbarkeit und Freude darüber, an einem solch magischen Ort wie diesem, meinen Geburtstag verbringen zu dürfen, dass ich nicht anders konnte, als mit einem breiten Grinsen dazustehen.

Tiefen

Nach unserem Road-Trip ging es zurück nach Taghazout, wo wir einen Teil unserer Sachen gelassen hatte, da wir wussten, dass wir wieder in das selbe Haus einziehen würden, wenn auch diesmal in eine etwas liebloser eingerichtete und größere Wohnung. Wir machten uns trotzdem dort breit und auch aus dieser Wohnung ein gemütliches Heim. Wieder in meinem Arbeitsrhythmus angekommen, holten mich einige Tage später wieder dieselben Gefühle ein, die ich schon einige Wochen zuvor gehabt hatte. Ich fühlte mich jeden Tag immer wieder aufs Neue rastlos und unzufrieden. Bis ich an einem Tag ganz gewaltsam und ganz plötzlich von einer heftigen Panikattacke ergriffen wurde.

Obwohl ich es eigentlich hätte kommen sehen müssen, war es wie eine heftige, tosende Welle, die mich von den Füßen riss. Ich war schon mit einem Gefühl der Unsicherheit und Besorgnis in den Tag gestartet, denn ich hatte auch sehr unruhig geschlafen und schlecht geträumt. Ich hatte meine morgendliche Meditation gemacht, die Lektüre des Tages von meinem Online-Kurs durchgearbeitet, Sport gemacht und fühlte mich trotz allem einfach nur genervt und frustriert. Tausend Dinge gingen mir durch den Kopf, die ich an dem Tag noch erledigen musste, wobei ich nur noch mehr verkrampfte und meine Laune immer weiter in den Keller sank- als wäre meine Arbeit das Nervigste der Welt, was ja eigentlich überhaupt nicht der Fall war.

Flo war für unser Frühstück zum Einkauf losgegangen und nachdem er eine halbe Stunde später immer noch nicht zurück war, war der Druck so groß, dass ich glaubte zu zerbersten. Die Gedanken an meine Arbeit und dass ich jetzt sofort los müsste, um schnellstmöglich mit dieser loszulegen, machten mich rasend. Als Flo mit dem Einkauf wiederkehrte und mir dann auch noch ein Ei aus der Hand rutschte und zu Boden fiel, war es vorbei mit mir. Ich rannte auf einmal völlig unkontrolliert von Zimmer zu Zimmer mit dem Bedürfnis, einfach nur alles aus mir herauszuschreien oder meine Wut auf sonstige Art und Weise loszuwerden. So kannte ich mich nicht. Plötzlich schlug meine Wut um. Ich blieb vor unserem Bett stehen, setzte mich auf die Bettkante und begann, einfach nur die Wand anzustarren. Ich war wie festgewachsen und konnte mich kein Stück bewegen. Die Tränen liefen mir plötzlich unkontrolliert und in Strömen über die Wangen. Ich war in keinster Weise mehr Herrin meiner Sinne, Gefühle oder Gedanken.

Alles um mich herum wurde plötzlich still, als hätte ich gerade einen Hörsturz erlitten. Als Flo mich zum Frühstück rief, war es, als würde er mir aus einer anderen Welt, oder aus einer Blase heraus zurufen. Ich konnte nicht antworten. Als er mich im Schlafzimmer vorfand und mich sah, bemerkte er erst, dass ich in einer Art Schockzustand war. Ich konnte nichts erklären oder sagen. Er nahm mich einfach nur in den Arm und drückte mich fest von der Seite. Irgendwann sagte er:

„Es tut mir Leid. Ich liebe dich über alles."

Er sprach wohl von einem Streit, den wir einige Tage zuvor gehabt hatten. Er konnte natürlich nicht erahnen, was in mir vorging. Ich stammelte nur schwach:

„Du bist es nicht... Liebe dich." Dann fing ich mich langsam und kehrte zu den Lebenden zurück. Anstatt erstarrt da zu sitzen wie zuvor, begann ich im nächsten Moment an, hemmungslos zu weinen. Es brach aus mir heraus, völlig unkontrolliert und in heftigstem Ausmaße. Bis ich irgendwann herausbrachte:

„Ich... Kann nicht mehr... Meine Gedanken... Ich fühle mich wie gefangen in meinem eigenen Kopf." Er drückte mich nochmal fest an sich.

„ Ich habe ständig das Gefühl, ich muss noch mehr schaffen, muss meine Zeit noch effektiver nutzen... Es ist verrückt."

In diesem Moment wurde ich mir über meinen größten, negativen Glaubenssatz und das, was mir schon seit Jahren ständig so im Nacken saß, im Klaren:

Es war die Stimme in meinem Kopf, die mir konstant einredete, dass ich nicht genügend Zeit hatte.

„ „Heißt das, dass die dann keine Kinder mehr kriegen kann?"

„Naja, wenn man ihr die Gebärmutter mit dem Krebs herausoperiert, heißt das wohl, dass sie keine Kinder mehr kriegen kann. Da kommen die Babies ja her…", klugscheißte ich.

„Das ist ja mega scheiße… Also, ich hab' mir überlegt... ich will doch Kinder," platzte er dann heraus. Dass der Tag, an dem er dies feststellte, mal kommen würde, war mir irgendwie immer klar. Jedoch war mir zuvor noch nie klar, dass dies eine beschränkte Möglichkeit für uns sein würde. Mein Brustkorb zog sich zusammen und ich merkte, wie mir die Tränen in die Augen stiegen.

„Am liebsten wäre mir so ein kleiner Footballjunge, der wahrscheinlich genau so ein Mutant wird wie ich. Obwohl ich ein Mädchen auch total gut fände. Eins mit deiner Schönheit, deiner Intelligenz..." Nachdem er ein wenig weiter vor sich hin geredet hatte, bemerkte er, dass ich schluchzte wie ein kleines Mädchen.

Ich konnte es überhaupt nicht aufhalten und ich hatte eigentlich gar nicht mit ihm über all diese Dinge, die mich schon lange insgeheim beschäftigten, reden wollen, weil ich Angst vor seiner Reaktion hatte, und dass er selbst anfangen würde, sich ähnliche Sorgen zu machen wie ich.

„...Schatz? Hey, Schatz, was ist denn los?" Er nahm mich in den Arm und schaute mich so liebevoll und zugleich bemitleidend an, dass ich noch heftiger heulen musste.

„Nichts...," schniefte ich inmitten meiner Heulattacke. Was anderes konnte ich nicht über die Lippen bringen.

„Ey, Baby! Nicht weinen! Ist es wegen der Kindersache?"

„Vielleicht…," brachte ich nur hervor.

„Du weißt doch, dass es nicht unmöglich ist. Das kriegen wir schon hin!"

Ich dachte darüber nach, ob ich ihm meine Gedanken offenbaren sollte. In jenem Moment dachte ich mir, dass er damit nie klarkommen würde.

Also sagte ich: „Ich weiß es nicht. Ich weißt noch nicht mal, ob mein Körper das vertragen würde und überhaupt, stehen die Chancen für mich einfach scheiße, schwanger zu werden."

Er schaute mich immer noch voller positiver Energie an.

„Wir kriegen das schon hin."

Ich wollte seinen Optimismus nicht kaputtmachen, doch langsam kam ich auf das, was mich eigentlich beschäftigte.

„Naja, aber was ist, wenn wir es versuchen sollten und es auch sogar klappt... Was, wenn ich gerade mal so alt werde wie es durchschnittlich bei meiner Krankheit üblich ist und unser Kind dann vielleicht gerade mal zehn Jahre oder so was von mir hat? Man kann doch seinem Kind nicht die Mutter wegnehmen, vor allem wenn man es vorher schon vorhersagen kann?"

Daraufhin sagte er erst mal nichts. Ich bereute schon, dass ich es ausgesprochen hatte. Ich wollte ihm nicht diese Gedanken in den Kopf setzen, aber ihm musste doch irgendwie klar sein, womit er es zu tun hatte!

„So denkst du?," fragte er.

„Ja, es tut mir leid, aber es liegt mir schon lange auf dem Herzen, sorry.Ich werde halt nicht ewig leben... Natürlich wird die medizinische Versorgung nur besser und ich strenge mich auch wirklich an, gesund zu bleiben, Sport zu machen und so weiter. Aber ich kann halt nur bis zu einem bestimmten Maß meine Gesundheit beeinflussen."

„Glaub mir, Schatz, deine Bemühungen werden sich auszahlen und du wirst noch sehr lange leben."

„Woher willst du das wissen?," fragte ich ihn ernst.

„Ich will auf jeden Fall noch die fliegenden Autos mit dir erleben, also hast du wohl keine andere Wahl, als mindestens bis dahin hier zu bleiben.""

Ich wusste, dass ich diesen damaligen Satz von Timo niemals vergessen würde. Ich versuchte, mich möglichst lang an diese Worte zu klammern, weil sie mir das Gefühl gaben, dass ich alle Zweifel, die ich bis dato gehabt hatte, verwerfen konnte, und dass sie die Fähigkeit besaßen, mir immer wieder Hoffnung zu geben, egal was wir überstehen mussten. Diese Worte beinhalteten zu jener Zeit alles, was ich über seine Liebe zu mir wissen musste, doch natürlich konnten sie mich nicht heilen oder mich von meinen Ängsten und Sorgen befreien, so schön sie auch gewesen sein mögen.

Ich hatte das Gefühl, dass das Thema somit gegessen war, doch in mir breiteten sich die Gedanken immer stärker aus und ich wurde immer depressiver. Ich begann, all diese Gedanken in mich hineinzufressen, sie auch nicht mit Freunden oder meiner Familie zu teilen, denn mir war klar, dass sie meine Sorgen nur schwer nachvollziehen konnten und diese sie nur erschrecken würden. Natürlich wusste ich, dass jeder zu jeder beliebigen Zeit sterben konnte, und dass niemand vorhersehen konnte, was passieren würde, doch zu dieser Zeit fühlte es sich so an, als gehörte ein kurzes Leben, zumindest im Vergleich zu den Leben vieler anderer, zu meinem Schicksal. Diese aufgestauten Emotionen und Gedanken brachten mich irgendwann dazu, dass ich eines morgens gar nicht mehr aus dem Bett aufstehen wollte.

Mein Leben lang bekam ich immer wieder das Gleiche zu hören:
„Du schaffst das."
„Du bist genauso gesund wie jeder andere."
„Klar, kannst du ganz normal leben und zwar so lange, wie du willst."

Natürlich ist diese Einstellung auch die richtige. Ich bin unendlich dankbar, mit dieser Einstellung groß geworden zu sein und sie entspricht auch dem, woran ich jetzt aus tiefster Überzeugung glaube. Doch damals wollte ich das alles nicht hören. Damals wollte ich einfach nur das hören, wovon ich glaubte, dass es die Wahrheit sei: „Denise, du wirst mit allerspätestens 35 Jahren sterben. Du wirst sehr wahrscheinlich keine Kinder kriegen können und wenn doch, wirst du tot sein, bevor dein Kind zehn Jahre alt ist. Du wirst deinen Freund und bis dahin vielleicht auch Ehemann komplett allein lassen und im Falle eines Kindes, wirst du ihn auch mit diesem allein lassen. Du kannst eine Karriere ansteuern und deine Ausbildung und dein Studium machen, aber im Endeffekt wird es dir alles nichts bringen, weil du eh nicht genug Lebenszeit für eine wirkliche Karriere haben wirst. Deine Lungenfunktion ist schon bis in den Keller gesunken und mal ganz ehrlich, sie wird auch nie wieder wirklich ansteigen, geschweige denn so sein, wie sie früher einmal war."

Hätte ich zu jener Zeit gewusst, dass es bei vielen Menschen mit einer chronischen Erkrankung, vor allem mit einer Erkrankung wie Mukoviszidose, im Laufe des Lebens mal zu Depressionen kommt, hätte ich es möglicherweise selbst erkannt und hätte auch erkennen können, weshalb ich mich zu jener Zeit so schlecht fühlte. Zu Beginn dieser Phase, mit Anfang 20, erkannte ich allerdings keine dieser Zusammenhänge. Ich verstand damals nicht, wie sehr mich diese Gedanken herunterzogen, denn sie waren in Kürze zu meiner inneren Wahrheit geworden. Mittlerweile war das Aufstehen für mich jeden Morgen eine Qual.

Manchmal lag ich im Bett und schaffte es nicht mal, in die Küche gehen, um mir etwas zu essen zuzubereiten, weil ich einfach nur in meinem Bett liegen bleiben wollte. Ich ging nur noch selten zur Uni und trank teilweise ganz allein in meiner Wohnung, um mich zu betäuben. Ich machte nur noch selten was mit Freunden oder sprach zumindest selten über persönliches mit ihnen, sondern ging wenn dann mit ihnen feiern und trank zum Teil so viel, dass ich nur noch wenig um mich herum und in mir drin mitbekam. Ich verstand nicht, was mit mir los war, denn über diese innere Stimme, die mir all diese negativen Dinge über mich und mein Leben sagte, war ich so gut wie gar nicht bewusst.

Nach einiger Zeit, wurde mir klar, dass ich einfach mit irgendwem reden musste. Jemand musste mir sagen, was falsch mit mir war und mich wieder zusammensetzen, wie ein Spielzeug, das in lauter Kleinteile zerbrochen war. Daher tat ich das einzige, was mir noch einfiel und suchte eine Psychologin auf. Ich schämte mich zwar, diesen Schritt zu gehen, denn durch mein Umfeld und Teile meiner Familie hatte ich gelernt, dass zu einem Therapeuten zu gehen, ein Zeichen von Schwäche war oder bedeutete, dass man keine Freunde hatte, mit denen man seine Probleme besprechen konnte, doch ich wusste, dass ich sonst nie aus diesem Loch hinausfinden würde.

Mittlerweile hatte ich eine weitere Pause mit Timo eingelegt, weil ich es nicht ertragen konnte, ihn in meine Trauer mit hineinzuziehen und auch, weil ich einfach das Bedürfnis hatte, allein zu sein. Ich fand über die Webseite meiner Hochschule heraus, dass es dort eine Psychologin gab, bei der ich sofort einen Termin ausmachte. Ich wusste nicht, was ich von unserem Gespräch erwarten sollte, denn ich war schließlich noch nie bei einer Psychologin gewesen. Es fühlte sich zunächst sehr komisch für mich an, doch ich lernte, dass ein solches Gespräch nicht allzu anders war als sonstige Gespräche, nur dass mein Redeanteil wesentlich höher war. Ich verspürte ständig das Bedürfnis zurückzufragen: „Und wie geht es Ihnen? Wie war das bei Ihnen und Ihren Eltern?“ Während dieser Sitzungen weinte ich viel und ich fühlte mich unglaublich befreit, als ich endlich all diese Gedanken und Emotionen herauslassen konnte.

15. Mai 2012

„Erzählen Sie mir von Ihren Eltern.“

„Also mein Vater ist Personal Trainer. Er hat mich schon immer sehr stark unterstützt und ich verstehe mich sehr gut mit ihm.“

„Ja? Und haben Sie mal mit ihm darüber gesprochen, dass sie ihre Erkrankung so beschäftigt?“

„Naja, schon, aber ich weiß auch nicht… Ich hatte nicht das Gefühl, dass er mir da so richtig weiterhelfen kann. Er ist einfach zu nah dran an dem Thema irgendwie…“

„Wie geht Ihre Mutter mit Ihrer Krankheit um?“

„Sie ist sehr fürsorglich. Naja, schon überbesorgt eigentlich."

„Wie macht sich das bemerkbar?"

„Mh, sie macht sich halt ständig sehr viele Gedanken und Sorgen... Aber das ist auch verständlich, wenn man bedenkt, was sie durchmachen musste, als sie mich als kleines Kind fast verloren hätte. Ich war in einem ziemlich schlechten Zustand zu der Zeit."

„Und warum genau haben Sie jetzt diese Pause mit Ihrem Freund eingeleitet? Ich verstehe das noch nicht so ganz."

„Also, hauptsächlich habe ich es gemacht, weil ich das Bedürfnis hatte, diese Phase allein durchzustehen. Irgendwie wollte ich ihn da einfach nicht mit reinziehen und meine ständigen Stimmungsschwankungen und depressiven Launen an ihm auslassen. Dann gibt es auch einen Teil von mir, der auch einfach eine Zeit lang mal wieder diese Freiheit genießen wollte."

„Inwiefern sind Sie jetzt „freier"?"

„Naja, nicht „freier", so würde ich es vielleicht nicht sagen, aber es ist einfach mal ganz angenehm sich nicht so viele Gedanken darum machen zu müssen, vor allem in einer Phase wie jetzt, wie gut man sich um seinen Freund kümmert. Wie oft man ihn sieht und so weiter. Und naja… ich hatte auch, ehrlich gesagt, etwas Angst, dass ich ihm fremdgehen könnte. Da hab ich mir gedacht, dass es sein könnte, dass ich vielleicht ein wenig Zeit brauche, um mich nochmal auszuleben, bevor wir wieder zusammen kommen. Denn wenn wir wieder zusammenkommen, denke ich, dass wir dann auch sehr lange zusammen bleiben."

„Warum denken Sie das?"

„Was jetzt?"

„Warum denken Sie, dass Sie dann sehr lange zusammenbleiben?"

„Naja, ich weiß ja schon, dass er für mich der Mann für's Leben ist. Ich möchte mit ihm ein Kind kriegen, ihn heiraten, alles drum und dran. Ich habe nur irgendwie Angst davor…"

„Aber Sie können doch nicht davon ausgehen, dass Sie sehr lange oder gar für immer zusammenbleiben. Sie wissen doch gar nicht, was passieren wird. Vielleicht werden Sie eines Tages anders über Ihre Beziehung denken oder er könnte ja genauso gut Schluss machen."

„Mh, ja, das stimmt wohl."

„Ich denke, dass Sie sich zu viel Druck machen mit Ihrer Annahme, dass es, wenn sie wieder zusammenkommen, „ganz oder gar nicht" heißt."

„Sie sagten vorhin Sie haben Angst. Was macht Ihnen denn Angst?"

„Es macht mir Angst, in die Zukunft zu blicken. Ich fürchte mich davor, dass ich

eines Tages am Sauerstoffgerät hänge und mir denke, dass ich nicht gelebt habe. Oder dass ich falsch gelebt habe, falsche Entscheidungen getroffen habe. Dass ich, falls ich nicht den Weg mit Timo gehe, merke, dass ich einen großen Fehler gemacht habe, nicht mit ihm zusammen zu sein und eine Familie gegründet zu haben oder, wenn doch, dass ich merke, dass ich meine Freiheit mehr hätte ausleben und mehr reisen müssen.

Meine größte Angst ist es, wenn ich mal ein Kind bekomme, was ich auf jeden Fall irgendwann möchte, dass mein Kind dann eines Tages ohne Mutter dasteht. Und ich weiß nicht, ob ich meinem Kind so etwas antun könnte- vor allem wenn ich zuvor schon weiß, dass es mich nicht sehr lange um sich haben wird. Und ich habe unheimliche Angst davor, wenn ich lange mit Timo zusammen oder gar verheiratet bin, dass er dann auch eines Tages ganz alleine ohne mich dasteht, nachdem wir lange zusammen waren und er ohne mich weitermachen muss- der Gedanke bricht mir das Herz. Und manchmal denke ich mir, dass ich ihm eigentlich einen Gefallen tun würde, schon jetzt mit ihm auseinander zu gehen, nur damit er später nicht noch größere Schmerzen erleiden muss.

Ich weiß einfach manchmal nicht, wie ich mein Leben leben soll, wenn ich weiß, dass ich nur beschränkt Zeit habe. Studieren, Ausbildung, Arbeit, reisen, Beziehung, Freiheit: Ich habe das ständige Bedürfnis, mir selbst Prioritäten setzen zu müssen. Manchmal frage ich mich, ob mein Studium nicht zu viel Zeit in Anspruch nehmen wird- nicht von den Wochenstunden aus gesehen oder so, sondern von den Jahren, die ich dafür brauche. Da frage ich mich, ob ich nicht doch einfach nur reisen soll. Oder eine Familie gründen so früh wie möglich - ich weiß es nicht.""

Diese Stunden bei der Therapie öffneten mir in vielerlei Hinsicht die Augen und ich konnte mich langsam aus meiner Depression wieder aufraffen. Während meiner Beziehungspause mit Timo hatte ich natürlich im Endeffet doch mit niemand anderem was gehabt und ich habe mich auch nicht ausgelebt oder meine vermeintlich gewonnene „Freiheit" ausgekostet. Ich war wohl einfach hin- und hergerissen, auch wenn die Zeichen dafür, zu welchem Lebensweg ich mich am meisten hingezogen fühlte, ziemlich deutlich waren.

Mein Bauchgefühl sprach es auch laut aus, doch in meinem Kopf hing ich einfach zu sehr an Timo und war in zu vielen Aspekten abhängig von ihm und meiner Vorstellung, ein ähnliches Leben zu führen, wie das meiner Eltern, die immer so glücklich miteinander gewesen waren und ein solches Traum-Team abgaben. Die Vorstellung davon, „den Einen" zu finden und sein Leben bis ans

Ende mit dieser Person zu verbringen, war tief in mir verwurzelt und ich hatte diese Vorstellung bis dahin nie hinterfragt. Ich begann, viel über das Thema „Zeit" zu philosophieren, was „Zeit" für mich bedeutete und was es für mich hieß, meine Zeit wirklich zu nutzen.

Daraufhin ließ ich mir, nachdem ich einen Spruch in einem Werk von Seneca gelesen hatte, der sehr gut zu mir und meiner derzeitigen Lebensphase passte, diesen auf den Rücken tätowieren. Dieser sollte mich selbst daran erinnern, dass ich genügend Zeit hatte, ich diese Zeit nur mit Dingen füllen sollte, die mir wichtig waren und mit denjenigen Dingen, für die ich brannte. Was diese Dinge genau waren, das war mir noch nicht ganz klar, doch ich wusste irgendwie, dass ich zu mehr imstande war.

„Es ist nicht wenig Zeit, die wir haben, es ist viel Zeit, die wir vergeuden."

-Seneca

Ich ging wieder regelmäßiger zur Uni, arbeitete nebenher fleißig an meinem Schneidergewerbe und machte Näharbeiten jeglicher Art. Auch mit Timo hatte ich ein recht harmonisches Verhältnis, doch er machte mir auch zunehmend Druck hinsichtlich der Entscheidung, ob wir wieder zusammen kommen wollten. Seine Eltern hatten etwa ein Jahr zuvor einen Bauernhof gekauft, den sie nach und nach renovieren und ausbauen wollten und eine der Wohnungen hatten sie von Anfang an für Timo und mich bestimmt. Nun ging es also darum, ob wir zusammen, wie geplant, dort einziehen würden oder ob seine Eltern die Wohnung an jemand anders vergeben würden, denn für eine Person wäre die Wohnung damals einfach zu groß und zu teuer gewesen. Da ich der Meinung war, dass wir ja eh wieder zusammen kommen würden, sagte ich zu, denn ich hatte mich viele Jahre darauf gefreut, diesen Schritt mit ihm zusammen zu gehen und mir gefiel auch einfach die Vorstellung „mit meinem Freund zusammen zu wohnen". Sowas gehörte ja auch schließlich dazu bei einer langjährigen Beziehung. So dachte ich es mir zumindest. So kam es also, dass wir kurze Zeit später wieder zusammen kamen, obwohl es mir eigentlich, auch ohne mit ihm zusammen zu sein, gut ging- auch wenn ich mir das selbst gegenüber niemals zugegeben hätte.

Nachdem ich also noch eine Weile an mir selbst gearbeitet und meine Depression größtenteils „überwunden“ hatte, zogen wir in unsere Traumwohnung auf dem wunderschönen, alten Bauernhof in Düsseldorf am Rhein- unter den wahrscheinlich schlechtesten Bedingungen, denen ein Paar vor dem Einzug in ihre erste gemeinsame Wohnung ausgesetzt sein konnte. Die Anfangszeit unseres Zusammenwohnens war eigentlich ganz in Ordnung. Die meisten Tage fuhr ich zur Uni und er fuhr zur Arbeit ins Fitnessstudio, wo er seine Ausbildung absolvierte und demnach sahen wir uns nicht allzu viel. Nachdem er sich jedoch bei einem Footballspiel verletzt und sich das Kreuzband gerissen hatte, verschlechterte sich die Situation rasant. Da ich in meiner Prüfungsphase war, waren er und ich ständig zuhause. Er saß sehr häufig an seiner X-Box, während ich für meine Prüfungen in Betriebs- und Volkswirtschaftslehre lernte. Aufgeräumt wurde seinerseits eher selten. Ich bekam regelmäßig Wutanfälle über sein, wie es mir damals schien, völliges Desinteresse an seinem Leben, an unserer Wohnung und an mir. Oft lag ich abends neben ihm im Bett und weinte verzweifelt bei dem Gedanken, dass ich alle kommenden Nächte hier in diesem Bett, in dieser Wohnung verbringen musste. Die Situation erschien für mich ausweglos. Ich liebte ihn und ich war überzeugt, dass ich ihn brauchte, dass ich niemand anderen finden würde, der mich so liebte wie er und gleichzeitig sendete mein Körper mir alle Signale von: „Hau jetzt da ab, verdammte Scheiße! Du musst verdammt nochmal flüchten! Du willst hier nicht sein!“, doch ich ignorierte diese Signale immer wieder, oder vielleicht wusste ich sie einfach noch nicht zu lesen. Ich fühlte mich aber auch verantwortlich für ihn, als würde er sein Leben sonst nicht allein geregelt bekommen, als könnte er ohne mich nicht- dass dies natürlich nicht der Fall war und ich mich dabei selbst in eine Mutterrolle versetzte, war mir nie wirklich bewusst. Kurze Zeit später wurde er außerdem gekündigt, weshalb er dann durchgehend zuhause war.

Ich fasste also in dieser Zeit den Beschluss, dass ich auf eine große Reise gehen würde- ganz allein- um der Situation wenigstens schonmal zeitweise zu entfliehen. Vermutlich würde alles wieder besser werden, wenn ich zurückkehrte. Dass die Geschichte so nicht weiterging, wisst ihr ja bereits.

Erkenntnisse

An dem Tag meiner kleinen Panikattacke in Taghazout, lernte ich, dass meine damalige Depression mich doch stärker und langfristiger beeinflusst hatte, als es mir bewusst gewesen war. Ich erkannte plötzlich, dass ich zwar dabei war, meinen Weg zu finden und ich auch meinem Herz bei allem gefolgt war, doch dass ich mich immer unbewusst von einer bestimmten Angst hatte vorwärts treiben lassen. Nämlich von der Angst, dass mir nicht genügend Lebenszeit zu Verfügung stand und ich so schnell wie möglich meine Ziele erreichen musste, damit ich nicht irgendwann Reue empfand über ein Leben, das ich nicht gelebt hatte.

Ich wurde mir also über meine Angst bewusst und auch darüber, wie sich diese in meinem Leben zeigte- und zwar tagtäglich. Ich dachte darüber nach, wie oft ich mir täglich ins Bewusstsein holte, was ich alles noch an diesem Tag machen „musste“ und dadurch unter einem ständigen Druck lebte, als unternähme ich einen Wettlauf mit der Zeit. Es nahm mir den Spaß an meiner Arbeit, die ich eigentlich liebte und vor allem auch meine generelle Freude am Leben. In jenem Moment entschied ich also für mich, dass ich gar nichts mehr „musste“. Ich entschied, dieses Wort aus meinem Vokabular zu verbannen und stattdessen nur noch Wörter wie „ich möchte“ oder „ich habe Lust zu“ zu verwenden. Ich beschloss, diesen Tag frei zu nehmen und nur das zu tun, wozu ich wirklich Lust verspürte. Zunächst las ich ein wenig, hörte Musik, entspannte ein wenig in der Sonne. Und, zu meiner Überraschung, empfand ich später sogar die Lust zu arbeiten und setzte mich auch im weiteren Verlaufe des Tages an einige meiner Aufgaben und zwar nicht, weil ich musste, sondern weil ich es gern wollte und Spaß daran hatte.

Ab diesem Tag gewöhnte ich es mir an, mir selbst zwei Dinge zu sagen, und zwar: „Ich muss gar nichts.“ und „Step by step, immer ein Schritt nach dem anderen.“

In diesem Zeitraum wurden mir unheimlich viele Dinge klar, je mehr ich mich mit ihnen beschäftigte. Auch wurde ich mir im Klaren darüber, dass ich mir keine Sorgen darüber machen musste, wie viel Lebenszeit ich hatte- es machte keinen Sinn, denn ich konnte es nicht vorhersehen. Davon mal abgesehen, dass natürlich unser aller Leben jederzeit plötzlich enden konnte, wurde mir auch noch bewusst, dass selbst wenn ich im nächsten Moment sterben würde, ich getrost sagen konnte, dass ich ein geniales Leben geführt hatte und würde, sollte es mal soweit kommen, kein bisschen Reue empfinden, denn ich hatte in Fülle, Liebe und Dankbarkeit gelebt und das war die Hauptsache. Gleichzeitig machte ich mir klar, dass die Erhaltung meiner Gesundheit, zumindest bezogen auf die Mukoviszidose, zum allergrößten Teil bei mir lag und ich selbst bestimmen konnte, wie es mir ging, indem ich mich, so gut es ging, um meine Ernährung, den Sport und meine Therapiemaßnahmen kümmerte.

Ich lernte in diesen Tagen zunehmend, einfach zu akzeptieren und glücklich über das Hier und Jetzt zu sein, anstatt mit den Gedanken ständig in der Zukunft oder der Vergangenheit zu verharren. Ich lernte immer mehr, dass ich selbst und alles in meinem Leben gut war, genauso wie es war.

Land und Leute

Einige Tage nach meinem persönlichen Durchbruch, saß ich während meiner Mittagspause in einem Café in Taghazout und fühlte mich einfach nur zufrieden und ausgeglichen, so wie ich mich schon sehr lange nicht mehr gefühlt hatte. Ich hatte am Morgen noch einen sehr spannenden TED-Talk auf YouTube geschaut und zwar zum Thema, wie man Menschen wirklich zuhört und mit ihnen kommuniziert, der sehr zu mir gepasst hatte. Plötzlich stand ein sehr freundlich aussehender Marokkaner mit Dreadlocks vor mir und stellte sich vor.

Nachdem die ersten Gedanken daran verschwanden, dass er mir vermutlich nur etwas zu rauchen andrehen wollte (schlimm, wie manche Vorurteile dann doch zum Vorschein kommen) oder mich anmachen wollte, begann ich, mich auf das Gespräch einzulassen. Er hatte eine sehr angenehme Art und strahlte eine solche Positivität aus, dass er mich förmlich damit ansteckte. In kürzester Zeit schlug unser Gespräch um: Zum Kapitalismus, zum Thema Zeit und schlussendlich zum Sinn des Lebens. Er verriet mir:

„People think that life is so complicated, but in reality, it's so easy."

Wir sprachen noch über die Liebe zur Natur und wie wichtig es war, einfach „mit dem Flow des Lebens zu gehen". Als er sich schon zum Gehen bewegte, ergriff er noch meine Hand und bedankte sich bei mir.

„We will see each other around. Thank you for this moment." Dann schlenderte er gemütlich davon.

Das Gespräch konnte nicht mehr als zweieinhalb Minuten gedauert haben, dennoch spürte ich eine Verbindung zu ihm und zu seinem Wesen- nicht in einer anzüglichen oder interessierten Art und Weise- ich spürte jedoch sofort, dass wir dieselben Werte und hatten auch ähnliche Erfahrungen teilten. Wir waren, ganz einfach gesagt, total auf einer Wellenlänge und ich war froh darüber, dass ich mich ihm nicht direkt verschlossen, sondern mein Herz in dem Moment geöffnet hatte.

In den nächsten Tagen liefen Youssouf und ich uns noch mehrmals über den Weg, denn Taghazout war nicht sonderlich groß. Auch Flo lernte ihn kurze Zeit später kennen und auch er verstand sich auf Anhieb super mit ihm. Es war an einem Freitag, als ich ihm über den Weg gelaufen war und beschlossen hatte, mir heute mal die Zeit zu nehmen, mich ausgiebiger mit Youssouf zu unterhalten. Ich erinnere mich daran, dass es ein Freitag war, weil in Marokko der

Freitag ein heiliger Tag ist, an dem die meisten Marokkaner zur Mittagszeit für etwa eine Stunde all ihre Geschäfte schließen und aufhören zu arbeiten, um in die Moschee zum Beten zu gehen und danach gemeinsam mit ihrer Familie Couscous oder ein sonstiges Festmahl zu sich zu nehmen.

Das Gebet, das sonst etwa fünf Mal täglich über Lautsprecher in jedem Ort Marokkos, selbst dem allerkleinsten mitten in den Bergen, zu hören war, dauerte demnach länger und als wir gemeinsam im Café saßen, nutzte ich die Gelegenheit, um Youssouf über die Religiosität der Marokkaner auszufragen. Ich fragte ihn erstmal, ob er Moslem war und ob er an Allah glaubte. Er sagte, dass er zwar Moslem war, denn jeder, der in Marokko geboren wurde, war vom Gesetz her automatisch Moslem, er dennoch nicht den Glauben praktizierte und auch nicht zum Beten in die Moschee ging. Auch verriet er mir, dass er trotzdem an Allah oder zumindest irgendeine höhere Instanz glaubte, die das Geschehen auf dieser Erde leitete, ohne aber in unser Tun einzugreifen und erzählte, dass er sehr spirituell war.

Ich konnte mich sehr gut mit dem, was er sagte, identifizieren, denn ich fühlte ähnlich. Auch ich war zunehmend der Überzeugung, dass es irgendeine höhere Macht gab, die uns leitete und auffing, auch wenn ich nicht wusste, was diese Kraft war und auch wenn ich bis dato nie religiös gewesen war. Die Kirche war in meinen Augen schon immer eine Institution, die den guten Glauben der Menschen ausnutzt, um an Macht zu gelangen. Dann fragte ich Youssouf, was denn bei dem Gebet oder eher Gesang, der gerade über die Lautsprecher der Moschee ertönte, gesagt wurde, denn das hatte ich mich gefragt, seitdem ich in Marokko war.

„Meistens geht es in diesen Gebeten um Liebe und um Familie. Wie wichtig es ist, seinen Nächsten zu lieben, ganz speziell. Es wird gegen Krieg plädiert und gesagt, dass wir Allah stets in unserem Herzen finden. Solche Dinge halt. Im Islam geht es hauptsächlich um diese Dinge, nur leider wird nach außen hin, besonders in den Medien, ein ganz anderes Bild von dieser Religion gezeigt."

Ich wusste natürlich, was er meinte. Schließlich hatte man mir auch gesagt, dass ich nicht mehr alle Tassen im Schrank hätte, nach Marokko zu reisen, denn es wäre ja so gefährlich, vor allem wegen des Islams und diesen „Terroristen". Die Reaktionen hatten mich, um ehrlich zu sein, ziemlich erschreckt, doch bei dem, was die Medien uns so versuchten einzutrichtern, war es kein Wunder, dass der Islam einen so schlechten Ruf, speziell bei uns Europäern, hatte. Es machte mich extrem traurig und auch sauer, dass so wunderbare Menschen wie Youssouf und auch die vielen anderen tollen Menschen, die ich in Marokko schon so kennengelernt hatte, unter diesen Vorurteilen litten.

Dann sagte Youssouf:

„Es ist irgendwie interessant, denn wenn beispielsweise eine Person nicht aus religiösen Gründen ein Attentat begeht, ist diese laut der Medien „mental gestört“ oder „psychisch labil“, doch wenn ein Anhänger einer islamistischen Terrororganisation sich zum Beispiel in einem Flugzeug selbst und die ganzen Passagiere des Flugzeuges in die Luft sprengt, ist dies kein Verrückter, sondern ein Anhänger einer Religion, dessen Beweggründe religiöse sind. Warum wird dieser Mensch nicht als „psychisch labil“ oder „gestört“ bezeichnet? Welche Beweggründe diese Person hat, ist doch in dem Moment völlig egal, einen Knacks hat er so oder so!“

Ich dachte über seine Aussage nach und musste ihm völlig Recht geben.

„Und das Unglaubliche ist ja auch, dass diese Menschen den Koran noch nicht mal verstanden haben, denn natürlich steht nirgends im Koran, dass man diese absurden Gewalttaten tun soll. Das ist eine reine Fehlinterpretation des Korans und des ganzen Inhaltes des Islams.“

Es tat unheimlich gut, mit Youssouf über diese Themen zu sprechen, denn klar, war dieses Thema besonders in Deutschland immer präsent, doch nie zuvor hatte ich auch mal die andere Seite gehört und alles, was er mir erklärte, klang sehr einleuchtend.

„Ich finde es toll, dass du mit mir darüber sprichst,“ sagte ich dann und bedankte mich bei ihm für seine Offenheit.

„Sehr gerne. Im Prinzip sind wir Menschen doch alle gleich, wenn es darum geht, was uns im Leben wichtig ist. Da sind Muslime nicht anders als Anhänger sonstiger Religionen, Nichtgläubige oder wer immer auch sonst. Wir lieben unsere Familie mit ganzem Herzen und tun so viel, wie wir können, damit es ihnen gut geht. Wir gehen arbeiten, wir erfreuen uns der geteilten Zeit mit anderen Menschen. Es ist alles ziemlich simpel und doch sehen die Menschen nur die Dinge, die uns voneinander unterscheiden. Das macht mich manchmal sehr traurig.“

Ein weiterer Mensch, der mich tief beeindruckte, war ein unglaublich lieber Mann, dem in Taghazout ein winzig kleiner Schuhladen gehörte. Seit vielen Jahren war er schon Schuster und machte seinen Job für sein Leben gern. Neben Schuhen fertigte der gebürtige Marokkaner auch weitere Lederwaren, wie zum Beispiel Taschen an. Auch war er, wie er uns erzählte, viel um die Welt gereist und sprach mindestens sieben verschiedene Sprachen, unter anderem auch Deutsch.

Das faszinierendste an diesem Mann jedoch waren nicht nur sein handwerkliches Geschick und sprachliche Gewandtheit, sondern vor allem sein Wesen. Seine Offenheit, seine lebensbejahende Einstellung sowie seine Selbstlosigkeit und Großzügigkeit, beeindruckten Florian und mich schwer und oft besuchten wir den Schuster in seinem Laden, um eine Runde Tee mit ihm zu trinken und ließen uns Geschichten von ihm erzählen. Er wiederum war ein sehr gläubiger und religiöser Mann, dafür hatte er jedoch kein Verständnis für die Regierung und den König des Landes und verglich diesen häufig mit einem Esel.

Als Florian ihm gegenüber vor unserem Road-Trip nach Tafraoute erwähnte, dass wir über meinen Geburtstag einige Tage in die Berge fahren würden, wünschte er uns viel Spaß und gab uns noch den einen oder anderen Tipp für die Region mit auf den Weg. Als wir dann nach dem Kurztrip wieder in unserem Heim in Taghazout angekommen waren, überreichte mir der Schuster mein Geburtstagsgeschenk. Er hatte mir, während wir weg waren, ein kleines Täschchen, eine Art Portemonnaie genäht, dessen Unterseite handbestickt war mit meinem Namen auf Arabisch. Als ich mich voller Freude bei ihm bedankte, strahlte er nur zurück.

Ich konnte kaum fassen, dass er mir ein so liebes Geschenk gemacht hatte, ohne etwas im Gegenzug zu verlangen und freute mich einfach so sehr über seine Großzügigkeit und dass es auf dieser Welt solche Menschen wie ihn gab. Dies war ein weiterer Moment, der mir zeigte, wie wichtig und wertvoll es war, vor allem in einem Land, das uns sonst recht fremd erscheint, unser Herz zu öffnen. Denn nur so können diese wunderbaren Seelen, diese Herzensmenschen in unser Leben treten, uns ein wenig über das Leben lehren und unser aller Leben bereichern.

Gegen Mitte Februar stieß dann Florians und mein guter und langjähriger Freund Loan zu uns. Wir verbrachten erst einige weitere Tage in Taghazout, während ich meine Freelance-Tätigkeiten abarbeitete und zogen dann los auf einen weiteren Road-Trip, diesmal zu dritt und für eine ganze Woche. Wir hatten uns eine Route zurechtgelegt, die wir in dieser Woche abfahren wollten, packten unsere Sachen in den Mietwagen, mit dem Loan vom Flughafen in Marrakesch hergekommen war und fuhren los.

Unser erster Stopp war ein kleiner Ort im hohen Atlas, der sich Imlil nannte. Allein die Autofahrt dorthin, war ein wahnsinniges Abenteuer, denn die Straßen, die wir im hohen Atlas vorfanden, hätten sich vermutlich in einem anderen Land nicht als Straßen bezeichnen lassen dürfen. Lauter Schlaglöcher und kurvige Serpentinen mit zum Teil starken Anstiegen und Abfällen. Wir freuten uns, dass auf Teilen der Strecke kein Gegenverkehr kam, denn sonst hätten wir vermutlich bei den schmalen Straßen ein ziemliches Problem gehabt.

Als wir in Imlil ankamen, war es schon dunkel geworden. Das Gasthaus, das wir über Airbnb gefunden hatten, ließ sich zunächst nicht finden. Wir fragten uns ein wenig durch, bis uns ein Mann erklärte, wo wir unseren Wagen abstellen könnten, um von dort aus zu Fuß zu laufen. Weit konnte es ja nicht sein, dachten wir uns. Nachdem wir, samt Gepäck, bei knapp Null Grad Außentemperatur (es war ein wenig kälter, als wir erwartet hatten) eine kleine Holzbrücke überquert hatten, an einigen Kühen vorbei und knapp 15 Minuten bergauf gelaufen waren, kamen wir in unserer Unterkunft an, in der wir zu unserem Entsetzen feststellten, dass es keine Heizung gab. Wir erfuhren, dass es in Marokko selten Heizungen gibt, was wir zwar bisher bestätigen konnten, jedoch waren wir davon ausgegangen, dass es in einem kalten Ort wie diesem auf einer Höhe wie dieser Heizungen gäbe. Doch wir hatten uns geirrt. In dieser Nacht schliefen wir unter sechs dicken Wolldecken und schworen uns, nie wieder davon auszugehen, dass wir irgendwo in Marokko eine Heizung vorfinden würden, egal wie kalt es dort sein mochte.

Zwei Tage später, nachdem wir dann doch einen sehr schönen Tag in Imlil verbracht hatten, denn schließlich war es tagsüber nicht ganz so kalt, zogen wir weiter Richtung Ourzazate, einem Ort, der am Rande der Sahara-Wüste lag. Auf unserem Weg dorthin, überquerten wir einen der Bergpässe des hohen Atlasses und landeten hierbei, zu unserer Überraschung, mitten in einer schneebedeckten Landschaft. Einige Fahrtstunden später tauschten wir die Jacken dann wieder gegen T-Shirts und Flip-Flops ein, denn dort, wo wir dann ankamen, sah das Klima schon wieder ganz anders aus. Wir machten an jenem Tag noch einen Halt in Ait Ben Haddou, einer Stadt, die gänzlich aus einem Lehmgemisch erbaut war und von außen wie eine Sand-, oder eher eine Schlammburg, aussah. Hier war der höhere Andrang an Tourismus zu spüren, denn die Leute kamen aus den verschiedensten Himmelsrichtungen, um diesen Ort zu besuchen. Dennoch entdeckten wir ganz per Zufall einen Laden, in dem ein eleganter, im Gewand gekleideter Mann Teppiche verkaufte- für Flo ein absoluter Traum, denn er liebte die marokkanischen Teppiche. Der Ladenbesitzer erklärte uns die verschiedenen Symbole, die in die Teppiche eingewebt waren und erzählte auch von der Herkunft und der Herstellung dieser Teppiche.

Er war ein echter Geschichtenerzähler, wie so viele Marokkaner, die wir kennengelernt hatten, und auch wenn wir nie wissen konnten, ob das, was er erzählte, stimmte, ließen wir uns mitreißen von seinen Geschichten. Er lud uns ein, jederzeit wiederzukommen und sollten wir im nächsten Jahr wieder in Marokko sein, sollten wir die Kinder, die Flo und ich laut ihm bis dahin haben würden, unbedingt mitbringen. Wir lachten und bedankten uns bei ihm für seine Einladung, wohlwissend, dass wir uns vermutlich nie wiedersehen würden.

Der restliche Verlauf unseres Road-Trips war wahnsinnig toll, auch wenn meine Gesundheit sich in dieser Zeit etwas verschlechterte. Aufgrund der niedrigen Luftfeuchtigkeit in Ourzazate hatte ich einen starken, sehr trockenen Husten bekommen, der dazu führte, dass ich in den Nächten kaum schlafen konnte. Nach ein wenig Recherche, stellte ich fest, dass dies eine Kehlkopfentzündung sein musste, denn ich hatte diesen Hustenreiz seit Jahren immer wieder an derselben Stelle im Hals und konnte ihn nur schwer bis gar nicht beruhigen.

Als ich meinen Arzt konsultierte, bestätigte er mir, dass dies mit höchster Wahrscheinlichkeit eine Kehlkopfentzündung war, ich jedoch nicht viel tun konnte. Sobald ich wieder einige Tage am Meer war, würde es mit Sicherheit wieder besser werden und so sollte es dann auch sein, denn ein paar Tage nachdem wir wieder in Taghazout angekommen waren, ging der Hustenreiz wieder komplett zurück. Wir verbrachten abermals einige Tage in Taghazout, damit ich wieder das gute Internet im Coworking-Space nutzen konnte, um einige Videoprojekte fertig zu stellen und die fertigen Kurzfilme an meine Kunden rauszuschicken und zogen dann weiter gen Norden.

Unser nächster Stopp sollte Safi sein, ein Ort etwa drei Fahrtstunden nördlich von Taghazout, wo wir uns mit einem weiteren Freund der beiden Jungs trafen. Auf unserem Weg dorthin machten wir einen kurzen Halt in einem Ort namens Imsouane, wo Loan und Flo vor einigen Tagen zum Surfen gewesen waren und wo Flo seinen Führerschein in einem Surfshop bei der Ausleihe eines Surfbrettes vergessen hatte. Völlig unerwartet, haute mich dieser winzige Ort total um.

Das Zentrum von Imsouane bestand aus vielleicht fünf Restaurants und etwa drei bis vier Cafés sowie ein paar kleinen Surfshops, dennoch hatte dieser Ort einen so anziehenden und entspannten Vibe, dass es mich sofort magisch in seinen Bann zog. Aus den Cafés tönte Reggaemusik, einige Leute saßen vor einem Restaurant und machten Musik, in der Dunkelheit leuchteten viele kleine Lichter und die Atmosphäre war einfach nur magisch. Ich hatte sofort das Bedürfnis meine Schuhe auszuziehen und barfuß herumzulaufen und hätte mich am liebsten sofort vor eines dieser Cafés gesetzt und den Leuten dabei zugehört, wie sie Musik machten. Ich fühlte mich sehr zu diesem Ort hingezogen und war etwas enttäuscht, dass wir doch weiterziehen mussten.

Wir erlebten zwei spannende Tage in Safi, denn hier war das erste Mal, an dem wir am marokkanischen „Nachtleben" teilnahmen. Da Alkohol in Marokko weitestgehend verboten war, außer man war Tourist und kaufte im Keller einer der in manchen Supermärkten befindlichen „Alkohol Caves“ etwas, waren wir einfach davon ausgegangen, dass es nirgends eine Partyszene gab, was uns auch nicht weiter gestört hatte. Doch als wir in Safi auf einen Marokkaner trafen, der uns auf ein Bier am Abend einlud, sagten wir zu.

Zu viert gingen wir also in eine Art Restaurant, das auf den ersten Blick aussah, als sei es schon geschlossen. Als wir dennoch über eine Treppe in den ersten Stock gelangten, suchten wir uns einen Tisch aus, setzten uns und unser Begleiter bestellte uns vier Bier. Es war sehr seltsam, denn wir waren die einzigen hier und die meisten Stühle waren schon kopfüber auf die Tische gestellt worden. Hier erzählte uns unser Begleiter einige interessante Dinge über Marokko, speziell über die Korruption im Lande hinsichtlich des Rechts- und Gesundheitssystems. Es war wahnsinnig spannend für uns, denn bisher hatte niemand offen über diese Dinge gesprochen, vielleicht weil einige Angst hatten, sie könnten Ärger bekommen.

Nach unserem Ausflug in diese einsame Bar/ Restaurant, ging es weiter in eine andere Bar, die auch mit nichts vergleichbar war, was ich bis dato erlebt hatte. Die Innenwände dieses Raumes bestanden komplett aus hohen Spiegeln. Am einen Ende stand eine große Theke, mit zwei großen TV-Bildschirmen, auf denen Filme im Hintergrund liefen, am anderen Ende befand sich eine Bühne, auf der ein Sänger und ein Keyboardspieler standen und laut arabische Musik spielten. Bunte Lichter blinkten als Dekoration überall. Bis auf etwa zwei Frauen war der ganze Laden voll mit marokkanischen Männern, vor denen teilweise ganze Tische voll mit leeren Bierflaschen standen. Scheinbar räumten die Kellner die leeren Bierflaschen hier nicht ab, damit die Männer im Überblick behielten, was sie schon getrunken hatten, doch dies war lediglich unsere Vermutung.

Im Laufe des Abends wurde die Stimmung in dem Laden immer heiterer und die Leute begannen nach und nach zur Musik zu tanzen. Später erschienen, zu unserer Überraschung, dann noch zwei Tänzerinnen. Sie waren von oben bis unten bekleidet in einem bunten Kostüm, als sie dennoch begannen, an die Tische zu kommen und nicht nur die Männer, sondern auch mich und die anderen Frauen aufreizend anzutanzen, fielen uns fast die Augen aus dem Kopf. So eine Show hatten wir im Leben nicht erwartet, vor allem in einem konservativen, muslimischen Land wie Marokko, doch es war unheimlich toll, auch mal diese Welt zu entdecken, denn uns war klar, dass dies keine übliche, touristische Erfahrung war. Später tanzten wir alle sogar mit den restlichen Gästen und hatten einen wahnsinnig schönen Abend.

Nachdem Loan wieder aus Safi abgereist war, denn für ihn ging es nach knapp drei Wochen in Marokko wieder nach Deutschland, überlegten Flo und ich, wo wir als nächstes hin wollten. Wir dachten darüber nach, in eine der größeren Städte zu fahren, wie Casablanca oder Rabat, da wir eigentlich Richtung Norden weiter wollten und diese Städte praktisch auf dem Weg lagen. Von Tanger, einem Ort ganz im Norden Marokkos, aus sollte Flo in knapp drei Wochen seinen Flieger nach Hause nehmen. Doch in mir brannte der Wunsch, nochmal in den Süden zu fahren und zwar in den kleinen Ort Imsouane, der in nur 15 Minuten mein Herz erobert hatte, auch wenn dies bedeutete, dass wir dann bis in den Norden noch länger brauchen würden. Außerdem hatte ich auch wenig Lust auf diese großen Städte, zumal sie laut den Menschen, die wir befragt hatten, nicht sonderlich schön sein sollten. Ich machte Flo den Vorschlag und er war sofort einverstanden, denn auch ihm hatte dieser Ort sehr gut gefallen. Somit machten wir uns auf den Weg, nahmen einen der Überlandbusse, mit dem sonst nur die Einheimischen fuhren (was für ein Erlebnis!), und fanden uns dann nach nur einigen Stunden in Imsouane wieder, wo wir uns erstmal in eines der Cafés setzten und uns einfach nur freuten, an diesem entspannten, schönen, kleinen Ort zu sein.

Obwohl wir nur eine Woche für Imsouane eingeplant hatten, gefiel es uns so gut, dass wir insgesamt zweieinhalb Wochen dort verbrachten, sodass uns nur noch wenige Tage blieben, um nach Tanger zu kommen. Wir beschlossen jedoch, dies in Kauf zu nehmen. Wir kamen in einer wunderschönen Unterkunft unter, eine Art Gasthaus, dessen Besitzer halb Franzose, halb Marokkaner war und mit dem wir uns sehr gut verstanden. Das Haus ging über mehrere Stockwerke, unser Zimmer war groß und hell und hatte neben einem gemütlichen Bett, auch eine große Sitzecke mit einem kleinen Tisch in der Mitte.

Die Zimmer waren, im Gegensatz zu vielen anderen Unterkünften, die wir bisher in Marokko erlebt hatten, sehr liebevoll dekoriert mit einer schönen Lampe, Spiegeln und gemalten Bildern an den Wänden und sonstigen hübschen Kleinigkeiten, die herum standen. Die Dachterrasse inklusive Hängematten hatte natürlich auch ihren Reiz. Flo ging tagsüber oft mit Mehdi, dem Besitzer, surfen, während ich arbeitete und abends schauten wir häufig zu dritt Serien im Wohnzimmer des Hauses oder kochten zusammen. Oft machten Flo und ich kleine Wanderungen an der zauberhaft schönen, rauen Küste entlang und genossen einfach unsere letzte gemeinsame Zeit in Marokko in vollen Zügen.

Als ich eines Tages entlang des menschenleeren Strandes von Imsouane spazierte und dabei einen Podcast hörte, kam wieder die Frage auf, was ich nun mit meinem Leben anstellen sollte. Ich fühlte mich gut und auch erfüllt, wenn dies auch immer mal schwankte, aber ich hatte das Bedürfnis, ein neues Projekt anzugehen. Zwar hatte ich meinen Blog, den ich sehr liebte, doch ich hatte das Gefühl, dass ich noch etwas „erschaffen“ wollte.

Ich setzte mich auf einen der Felsen und schaute hinaus auf das Meer und nahm die Stimme des Podcastredners in meinen Ohren kaum wahr, bis ein Wort aus allen gesprochenen Wörtern plötzlich laut herausstach. Das Wort war „Buch“. Und in diesem Moment wurden all meine Sinne auf einmal hellwach. Ich muss ausgesehen haben wie ein Hund, der bei der Vernahme eines Geräusches in der Ferne plötzlich aufschaut und die Ohren aufstellt. Der Rest des Satzes war: „..Buch zu schreiben schon immer dein Traum war, dann, verdammt nochmal, tu es!“ Es war ein so merkwürdiger Moment, dass ich kaum fassen konnte, dass er wirklich gerade so passierte.

Ja, na klar! Die Vorstellung, ein Buch zu schreiben, löste sofort ein unglaubliches Kribbeln in meinem Bauch aus und mein Herz begann gefühlt zu tanzen. Ich hatte schon viele Jahre zuvor die Idee gehabt, ein Buch zu schreiben, dennoch wusste ich damals, dass meine Geschichte noch nicht diejenige war, die ich erzählen wollte, weshalb ich noch länger abgewartet hatte.

Ich hatte damals ein Buch von einem Mädchen gelesen, das an Mukoviszidose erkrankt war und das Buch hatte mich so deprimiert, weil die Message des Buches so negativ war, dass ich es kaum fassen konnte, dass man anderen CF-Erkrankten ein solches Buch in die Hand drücken konnte. Dem Mädchen war ihr Leben lang eingetrichtert worden, dass sie nicht lange leben würde und, wie man sich vorstellen kann, wurde ihr dadurch der ganze Lebensmut genommen. Sie sah keinen Sinn darin, die Schule zu beenden oder eine Ausbildung zu machen und im Großen und Ganzen war das gesamte Buch einfach unglaublich entmutigend- oder zumindest empfand ich es so.

Ich beschloss damals, dass ich mal ein Buch schreiben würde, das Menschen mit Mukoviszidose oder sonstigen chronischen Erkrankungen ermutigen würde, ein erfülltes Leben zu führen, anstatt sich ihren Lebensmut durch eine Erkrankung nehmen zu lassen. Zwar wusste ich in jenem Moment noch nicht exakt, was alles in dieses Buch hinein sollte, doch ich wusste genau, dass dieses Buch meine nächste Aufgabe war.

In dieser Zeit beschloss ich, dass ich doch nur eine Woche nach Flo wieder zurück nach Deutschland fliegen würde, anstatt der weiteren vier Wochen, die ich eigentlich geplant hatte, denn ich hatte ursprünglich überlegt, noch nach Spanien rüberzufahren. Ich änderte meine Meinung, denn ich wollte mein nächstes Projekt, das Schreiben meines ersten Buches, so schnell wie möglich angehen und brauchte dazu meine ganzen Notizbücher, die bei meinen Eltern lagen. Da ich gerade nicht das Gefühl hatte, dass ich hier wirklich produktiv arbeiten konnte und ich außerdem meine Familie unheimlich vermisste, buchte ich meinen Rückflug und freute mich, zuhause wieder richtig durchzustarten.

Bevor es allerdings zurückgehen sollte, erwartete ich noch Besuch von meiner Freundin Celina, mit der ich die letzte Woche im Norden Marokkos verbringen würde. Flo und ich starteten also gen Norden, nahmen einen Nachtzug von Marrakech nach Tanger und waren somit innerhalb von etwa 24 Stunden plötzlich im Norden. Wir verbrachten noch einen schönen letzten Tag in Tanger (auch wenn diese Stadt absolut nicht mein Fall war), bevor ich Flo dann zum Flughafen brachte und wo Celina nur wenige Stunden später landen sollte.

Die Probe

Ich war unheimlich traurig darüber, mich von Flo verabschieden zu müssen, denn unsere gemeinsame Zeit war noch viel schöner gewesen, als ich es mir hätte erträumen können. Meine Angst, dass es mit uns beiden auf Dauer nicht klappen könnte, hatte sich definitiv nicht bestätigt und es tat gut zu wissen, dass diese Reise uns noch enger zusammengeschweißt hatte. Dennoch freute ich mich auch sehr auf die letzte Woche mit Celina.

Als sie gelandet war, machten wir uns auf den Weg in einen Ort, der sich Asilah nannte. Ich hatte ihn ausgeguckt, denn laut einiger Beschreibungen, war dies ein ganz entspannter Ort mit wenig Tourismus und einer etwas künstlerisch angehauchten Szene. Interessant, wie Eindrücke auseinander gehen können, denn nach nur wenigen Stunden in diesem Ort, wurde uns klar, wie unspektakulär er doch war. Es stimmte zwar, dass er nicht sehr touristisch war, doch das hatte auch seinen Grund. Dadurch, dass so wenige Touristen da waren, kam es auch, dass wir in diesem Ort ständig angeglotzt und angequatscht wurden, denn speziell zwei europäische Mädels waren hier natürlich etwas ganz Außergewöhnliches. Selbst der Strand, der etwa eine halbe Stunde von unserer Wohnung entfernt war, war nicht sonderlich schön und ziemlich zugemüllt. Unsere Wohnung war zwar ganz in Ordnung, doch es gab keine wirklichen Fenster- nur hölzerne Fensterläden- sodass es am Abend und Morgen ziemlich kalt war und, wie wir zu unserem Entsetzen am ersten Morgen feststellten, wurde gerade die Dachterrasse ausgebaut, sodass wir ständig den Krach der Bauarbeiten unmittelbar über uns hatten.

Wir beschlossen dennoch, das Beste aus allem zu machen und unsere Zeit trotzdem zu genießen. Die ersten beiden Tage verliefen auch super, wir verstanden uns gut, ich war positiv gestimmt, doch am dritten Tag kippte die Stimmung ganz langsam ganz extrem. Wir gerieten immer wieder aneinander.

Ich bemerkte, wie ich Celina ständig von mir weg schob, obwohl sie mir in keinster Weise Unrecht tat. Ich hatte in dieser Woche noch einiges an Arbeit anstehen und wurde plötzlich das Bedürfnis nicht los, nur noch allein sein zu wollen, während Celina natürlich nur die eine Woche Urlaub hatte und diese Zeit verständlicherweise gern mit mir verbringen und auch verschiedene Dinge unternehmen wollte.

Ich wusste dennoch nicht so recht, was mit mir los war. Ich zog mich nicht nur vor Celina komplett zurück, sondern fühlte mich von meiner ganzen Umgebung fürchterlich eingeengt. Ich wollte nie raus, weil ich keine Lust hatte, ständig angequatscht zu werden. Ich wollte einfach nur meine Ruhe. Und gleichzeitig konnte ich nicht in der Wohnung arbeiten, weil es dort wegen der Bauarbeiten ständig laut war. Ich geriet in Verzweiflung, ich war unglaublich frustriert, ich vermisste Flo und meine Familie und hätte ich mich in jenem Moment nach Hause beamen können, hätte ich es vermutlich getan. Ich fühlte mich einfach wie gefangen in meiner eigenen Haut. Es frustrierte mich zudem, dass ich so viel an mir selbst gearbeitet und sich so viel in mir getan hatte, und dass ich jetzt wieder an einem solchen Punkt wie diesem angelangt war.

Ich verspürte plötzlich vor allem eins: Ausweglosigkeit.

Nachdem Celina und ich uns dann hier und da gezofft hatten, weil sie natürlich merkte, wie sehr ich sie von mir wegdrückte und sie nicht verstand, warum, beschloss sie, einen Tag allein etwas zu unternehmen und einen Kitesurf-Kurs im nächsten Ort zu belegen, damit ich einen Tag ein wenig Ruhe hatte und mich ein wenig mit mir und meinen Emotionen auseinandersetzen konnte. Zwar kam ich an diesem Tag auf keine konkrete Antwort auf meine Frage, was zur Hölle mit mir los war, dennoch schaffte ich es, mir langsam wieder etwas mehr Klarheit im Kopf zu verschaffen. Ich meditierte, ließ meinen Frust bei lauter Musik und etwas Gejohle heraus, ich weinte, telefonierte mit Flo und danach mit meiner Mutter und schrieb, schrieb einfach nur nieder, was mir alles auf der Seele lag.

Als Celina am Abend zurückkam, setzte ich mich mit ihr hin und erklärte ihr ganz offen, was ich gerade durchmachte, wie intensiv ich mich in den letzten Wochen mit mir und meiner Vergangenheit auseinandergesetzt hatte und wie emotional all das für mich gewesen war, und dass mir gerade einfach alles zu viel war hier an diesem Ort. Wir überlegten uns also, dass wir, zumindest für eine Nacht, an einen anderen Ort fahren würden, denn auch sie hatte die Schnauze voll von Asilah. Also planten wir für das Wochenende unsere Reise nach Chefchaouen, einem Ort, der etwa vier Stunden entfernt war und von dem wir beide sehr viel Gutes gehört hatten und wir freuten uns beide, rauszukommen.

Chefchaouen

Nachdem wir unseren Plan geschmiedet hatten, beruhigte sich alles nach und nach in mir. Wir buchten ein Doppelzimmer in einem Hostel im Zentrum von Chefchaouen, suchten unsere Busverbindung raus, packten eine kleine Tasche, während wir den Rest unserer Sachen in unserer Mietwohnung in Asilah ließen, und machten uns auf die Reise. Wie immer, tat es mir unheimlich gut, für mehrere Stunden in einem Bus zu sitzen und einfach nur die vorbeiziehende Landschaft, die Dörfer und Menschen im Fahren zu beobachten. Seltsamerweise beruhigte mich dies immer und ich liebte einfach das Gefühl, auf der Reise zu sein.

In Chefchaouen angekommen, bezogen wir unser Hostelzimmer und beschlossen zunächst, ein gemütliches Café aufzusuchen, um erstmal ein wenig runterzukommen. Während wir so durch die schmalen Gassen schlenderten, wurde uns bewusst, dass dieser Ort noch schöner war, als wir ihn uns vorgestellt hatten. Die Außenwände der Häuser waren alle in einem hellen, pastelligen Blau gestrichen, die Häuser waren dekoriert mit bunten Blumentöpfen und aus den Läden blitzten die schönsten Stoffe, Teppiche, Ledertaschen und Schmuckstücke hervor. Unterwegs entdeckten wir einen wunderbaren, kleinen Laden, in dem der Besitzer, der, wie es sich hinterher herausstellte, viele Jahre in Deutschland gelebt hatte, ganz feinen Silberschmuck sowie handgemachte Messinglampen und viele weitere, wunderschöne Einrichtungsgegenstände verkaufte. Hier hätten wir vermutlich unseren kompletten Hausrat gekauft, hätten wir nicht so wenig Platz in unseren Taschen (und ein begrenztes Budget) gehabt. Der freundliche und offene Besitzer lud uns ein, noch am selben Abend mit ihm essen zu gehen und wir sagten mit Freude zu.

Von hier schlenderten wir weiter in Richtung des Flusses, der durch den Ort lief und setzten uns dort in ein Café, in dem wir direkt an einem kleinen Wasserfall sitzen konnten. Wir quatschten, tranken frisch gepressten Orangensaft und badeten in der Sonne, während ich merkte, wie ich mich zunehmend wieder wie ich selbst fühlte und wirklich runterkam. Auch unsere Streitereien waren vergeben und vergessen, so wie es immer in unserer Freundschaft gewesen war.

Am Abend gingen wir dann zu dem kleinen Laden, um unseren marokkanischen Freund, Hicham, abzuholen und er ging mit uns zu einem eher unscheinbar wirkenden Restaurant in der Nähe des Marktplatzes im Zentrum von Chefchaouen. Dort angekommen, trafen wir direkt auf zwei weitere, deutsche Mädels, Schwestern, die für etwas mehr als zwei Wochen in Marokko unterwegs waren und luden sie ein, sich mit an unseren Tisch zu setzen.

Zu fünft quatschten wir fröhlich über die verschiedensten Themen, bis wir merkten, dass die Stimmung ein wenig kippte. Hicham wirkte zunehmend verunsichert und schaute immer mal wieder über seine Schulter zur Besitzerin des Restaurants, die sich gerade mit einem zwielichtig aussehenden Mann unterhielt. Nachdem der Mann dann auf uns gezeigt hatte, wurden auch wir hellhörig und Hicham stand auf, um herauszufinden, was los war. Die Diskussion zwischen Hicham und dem Mann wurde immer aufgeheizter und wir nahmen nur wahr, wie dieser Mann Hicham auf Arabisch auszuschimpfen schien. Die Besitzerin des Restaurants ging dazwischen und machte eine lautstarke Ansage, woraufhin sich der Streit auflöste.

Als Hicham an unseren Tisch zurück kam, erklärte er uns, was dieser Mann von ihm gewollt hatte: Scheinbar hatte dieser Kerl die beiden Mädels, Sarah und Lena, im Auge gehabt, weil er ihnen Drogen verkaufen wollte. Nachdem sie sich dann zu Hicham gesetzt hatten, warf er Hicham vor, dass er ihnen „die Kundinnen wegnehmen wollte", was natürlich nicht der Fall gewesen war und Hicham auch keine Drogen vertickte. Der Mann ließ nicht locker, bis Hicham sich dazu entschied, sich von uns zu verabschieden, weil er uns den Abend nicht wegen einer solch blöden Sache versauen wollte. Nach einigen Protesten unsererseits ging er, nicht aber ohne uns vorher noch einen schönen Abend zu wünschen und uns mitzuteilen, wie sehr es ihn gefreut hatte, uns kennenzulernen.

Wir verbrachten den restlichen Abend damit, über die verschiedensten Dinge zu plaudern und die beiden Mädels fand ich auf Anhieb einfach nur super. Lena war Sozialarbeiterin und erinnerte mich in mancherlei Hinsicht ein wenig an meine Mutter. Sie hatte eine sehr direkte Art, eine raue Stimme und eine sehr ansteckende Lache. Sarah, ihre Schwester, die nicht andersartiger hätte sein können, strahlte irgendwie eine Ruhe aus, die ich als sehr ansteckend empfand. Sie hatte einen sehr interessanten Beruf, denn sie hatte sich als ganzheitliche Pferdetherapeutin selbstständig gemacht. Dies war ein Beruf, den es sonst so gut wie gar nicht in dieser Ausprägung gab und ich bewunderte, dass sie sich ihren ganz individuellen Weg geschaffen hatte.

An diesem Tag hatten mich sehr starke Rückenschmerzen geplagt, sodass ich kaum sitzen konnte, weshalb wir uns, nach einem sehr schönen Abend, von den beiden verabschiedeten und uns auf den Weg zu unserem Hostel machten, nicht aber bevor wir uns für den nächsten Tag mit ihnen zum Frühstück und zu einer Wanderung verabredet hatten.

Nachdem ich mit noch stärkeren Rückenschmerzen und zusätzlichen Magenbeschwerden aufgestanden war, beschloss ich, dass ich zwar mit den anderen frühstücken, ich jedoch nicht an der Wanderung teilnehmen würde. Mir gefiel auch die Vorstellung, meinen letzten Tag in Marokko, bevor es am nächsten Tag zurück nach Deutschland gehen sollte, nochmal ein wenig in mich zu gehen, mich einfach nur in ein Café zu setzen und ein wenig zu schreiben.

Wir zogen also los zum Hauptplatz von Chefchaouen und trafen die beiden in einem der Cafés, wo sie sich schon mit zwei Jungs unterhielten, die backpackermäßig in Marokko unterwegs waren. Wir setzten uns zu ihnen, bestellten uns das typisch marokkanische Frühstück mit vielen leckeren Teigwaren und Süßkram und machten es uns in der Sonne bequem.

Im Laufe des Gespräches kamen wir auf meine Bauchschmerzen zu sprechen und ich erklärte, dass ich diese schon lange immer mal wieder hatte, die Ärzte mir jedoch immer gesagt hatten, dass sie vermutlich mit meiner Grunderkrankung zusammenhingen. Wir kamen auf die Mukoviszidose zu sprechen und zu meiner Überraschung stellte sich heraus, dass die beiden die Erkrankung kannten.

„Ein guter Freund von mir hat gerade die Diagnose vom Arzt erhalten, dass sein zwei Monate altes Kind Mukoviszidose hat," sagte Sarah dann.

Sie erzählte, wie niedergeschlagen er und seine Frau waren und wie hilflos und verzweifelt sie sich fühlten, weil sie überhaupt nicht wussten, wie sie mit der Situation umgehen sollten und was auf sie zukommen würde. Sie wussten äußerst wenig über die Erkrankung und hatten auch keinen blassen Schimmer, ob ein normales Leben für ihr Kind überhaupt in Frage kam. Sie hatten einen Arzt, der, wie sich im Gespräch mit mir herausstellte, extrem veraltete Behandlungsmethoden vorschlug und sie wussten nicht, wem sie in der Situation glauben oder vertrauen sollten. Ich wusste sofort und ganz instinktiv, was ich den beiden Eltern sagen würde, wie ich ihnen helfen und sie ermutigen konnte, deshalb bat ich Sarah, ihrem Freund meine Nummer zu geben und sagte, dass die beiden sich gern jederzeit bei mir melden konnten.

In diesem Moment machte etwas „Klick" in mir. Mich überkam ein Gefühl, als würde sich plötzlich Klarheit in meinem Leben ausbreiten und es fiel mir wie Schuppen von den Augen: „Ich kann helfen. Und zwar kann ich helfen, wo so gut wie kein anderer in dieser Situation helfen könnte." Die drei Mädels zogen los auf ihre Wanderung und ich begann, ein wenig durch die Gegend zu spazieren.

Ich gelangte zu dem Café, an dem ich noch am Vortag mit Celina gesessen hatte und setzte mich an einen Tisch direkt neben dem Wasserfall. Ich fühlte mich so, als wären gerade plötzlich tausend Lichter um mich herum aufgegangen und als wären die Farben in meiner Umgebung in ihrer Sättigung um das zehnfache hochgeschraubt worden. Plötzlich fühlte ich alle Schwere von mir abfallen. Ich kam mir leicht vor und hatte auf einmal glasklare Gedanken. Nichts war mehr unklar in diesem Moment und ich fühlte mich einfach nur inspiriert, voller Liebe und Vertrauen. Meine Zukunft und den Grund meines Seins sah ich plötzlich so klar vor mir, wie noch nie zuvor und während ich so da saß, breitete sich meine Lebensvision, meine Aufgabe im Leben nach und nach vor meinen Augen aus.

Ich schaute auf den Fluss, der neben mir floss und beobachtete die Menschen, die auf der anderen Seite des Flusses in der Sonne verweilten, während sie die Füße ins kühle Nass streckten. Ich holte mein Notizbuch und einen Stift aus meiner Tasche hervor und versuchte, meine neuen, frischen Gedanken zu ordnen.

„Na, jetzt hast du wohl verstanden, was?“

Die Erleuchtung

Ich schaute mich um, denn die Stimme schien aus nächster Nähe zu kommen, doch ich sah niemanden.

„Keine Sorge, ich bin gar nicht wirklich da. Aber wie es scheint, bist du nun an dem Punkt angekommen, den du prädestiniert warst, zu erreichen."

„Was zur Hölle?"

„Ja, du magst jetzt denken, dass du spinnst, aber in Wirklichkeit hast du gerade die Schwelle übertreten zum Übermenschlichen. Mag verrückt klingen, aber du hast soeben verstanden, wie die Gesamtzusammenhänge dieser Welt funktionieren und wie du ein Teil dieses großen Ganzen bist. Und du hast deine Aufgabe in dieser Welt erkannt."

„Wer bist du?"

„Ich bin die Kraft, die dieses ganze Ding, was du das Leben nennst, steuert. Nein, ich korrigiere mich. Ich steuere eigentlich gar nichts. Es liegt alles immer bei dir, du triffst deine Entscheidungen immer selbst, aber ich bin das, was dich auffängt, ich bin das, was dir liebevoll mit kleinen Stupsern die Richtung weist. Ich bin diese Instanz, die dir all diese Zeichen gesendet hat im Laufe deines Lebens und dich geleitet hat."

„Was für Zeichen denn?"

„Na, du weißt schon… die Möwen zum Beispiel letztens in Taghazout, als dir plötzlich klar wurde, wie du ständig mit all deiner Kraft versuchst, gegen den Wind zu fliegen, anstatt einfach loszulassen und mit der Kraft des Windes zu gleiten. Oder als ich dir mitgeteilt habe, dass du dein Buch schreiben sollst. Erinnerst du dich noch deine allerersten Reise damals in Spanien? Da habe ich dir besonders viele Zeichen in Form von Menschen geschickt. Das abgedrehte Mädel aus Kalifornien, erinnerst du dich an sie? Die fand ich ganz besonders interessant und ich wusste, dass sie dir den Mut geben würde, immer weiter zu reisen und immer wieder schlechte Erfahrungen abzuschütteln und tapfer weiterzumachen. Ich weiß auf jeden Fall, dass du dich noch an den hübschen Brasilianer erinnerst! Wie hieß er noch? João! Genau! Das war ein gut gemeintes Zeichen von mir, dass es endlich mal für dich an der Zeit war, im Moment zu leben, anstatt dir ständig Sorgen um Dinge zu machen, die in der Vergangenheit oder der Zukunft liegen und die du nicht beeinflussen kannst... und damit du endlich mal lernst, auf dein Bauchgefühl zu hören, statt immer nur auf deinen Verstand! Ich wusste, dass du bei dem tollen Mann nicht ‚nein' sagen könntest..."

Bei diesem Gedanken konnte ich mir nur das Grinsen vorstellen, das sich auf dem Gesicht meines unsichtbaren Gesprächspartners ausbreitete.

„Und die Menschen, die du auf deiner zweiten Reise kennengelernt hast? Als du dabei warst, dich vor Selbstmitleid im wahrsten Sinne des Wortes zu ertränken mit deiner Partymacherei? Diese Leute haben dich teilweise wirklich gerettet. Vor allem John war ja eine sehr inspirierende Persönlichkeit, mit seinem Projekt, das er in so jungen Jahren schon gestartet hatte, um syrischen Flüchtlingen zu helfen. Dass ein Mensch wie er dir wieder etwas Klarheit verschaffen konnte, war meine große Hoffnung.

Und Philipp? Der dir das Herz so gebrochen hat? Hast du gemerkt, wieviel stärker du nach der Erfahrung mit ihm geworden bist? Und wie hättest du sonst einen so wunderbaren Mann wie Florian so schätzen können, wie du es heute tust? Den hast du ja auch zu genau dem richtig Zeitpunkt kennengelernt, nicht wahr? Sonst wärst du vermutlich komplett in deiner Arbeit versunken und hättest vor allem nie angefangen, dich so intensiv mit dir selbst auseinanderzusetzen. Er war das, was du brauchtest, um dich selbst verstehen zu lernen.

Und wenn wir einmal ganz weit zurückgehen: Was meinst du denn, wie es überhaupt dazu kam, dass deine Eltern sich so oft „rein zufällig" getroffen haben? Meinst du, das waren alles Zufälle? Nein, das hatte schon alles seinen Sinn, dass sie zusammenkamen und du kurze Zeit später auf die Welt gekommen bist sowie deine kleine Schwester einige Jahre danach.

Und zuletzt natürlich Sarah, heute Morgen erst. Sie war das letzte Zeichen, um dir klarzumachen, wozu du erschaffen wurdest und warum du hier bist. Du hast übrigens auch ihr geholfen, aber das wird sie dir später erzählen. Es gibt natürlich noch mehr Beispiele, aber all diese Menschen, und vor allem auch deine unglaublich starke und einfühlsame Familie, ergeben zusammen den Menschen, der du heute bist. Du hast von ihnen allen ein Stück mitgenommen."

„Das ist ja der Wahnsinn. Ich wusste irgendwie in diesen Situationen immer, dass dieser Moment von besonderer Bedeutung war und in manchen Momenten wusste ich auch intuitiv, dass das, was ich tat, richtig oder falsch war, aber dass da eine treibende Kraft hinter steckte... Das leuchtet mir jetzt erst ein, wo du es sagst. Warum hast du mir all das nicht früher deutlich gemacht?"

„Wie wärest du sonst an diesem Punkt angelangt? Das zu schaffen, erfordert eigene Erfahrungen. Es erfordert, viel in sich selbst hineinzuschauen. Es braucht ein hohes Maß an Ausdauer und es braucht ganz besonders das Durchleben dieser Tiefphasen, denn nur durch diese erfahren wir das größte Wachstum. Nur durch diese Hürden im Leben lernen wir, was das Leben eigentlich bedeutet. Du musstest deinen eigenen Weg finden und auch wenn ich dir hier und da einige Hürden gestellt habe und ich es dir besonders in den letzten Monaten etwas schwer gemacht habe, heißt das nicht, dass ich nicht an dich geglaubt habe-ich wollte dich lediglich auf die Probe stellen, um zu sehen, ob du bereit bist für diesen Moment. Aber nun bist du hier und du hast es geschafft."

„Soll das heißen, dass all das Leiden, das meine Eltern durchlitten haben und all die Dinge, die sie getan haben, einen größeren Sinn hatten? Und überhaupt, dass ich diese Krankheit von Geburt an habe?"

„Ich weiß, dass du diese Krankheit oft verflucht hast, aber du erkennst ja jetzt selbst, dass sie keine Bestrafung durch mich war. Mit dieser Krankheit geboren worden zu sein, war in keinster Weise ein Schicksalsschlag oder ähnliches, sondern dein größter Segen, denn wie wäre dein Leben möglicherweise sonst verlaufen?

Ich nehme dich einmal kurz mit auf eine kleine Reise. Natürlich kannst du nicht wissen, wie alles gelaufen wäre, hättest du die Erkrankung nicht gehabt, doch schauen wir einmal, was sie doch alles bewirkt hat in deinem Leben.

Wahrscheinlich erinnerst du dich nicht, denn du warst sehr klein, aber deine Eltern waren natürlich anfänglich zu Tode betrübt, als sie von der Diagnose erfuhren. Sie wussten nichts mit dieser anzufangen und es schien, als würden sie nun vor einer riesigen Hürde stehen, die kaum zu bewältigen war. Das war die größte Lebensaufgabe deiner Eltern. Hätten sie diese nicht gehabt und hätten dies nicht als Familie mit dir zusammen durchlebt, wäret ihr vermutlich nicht die liebevolle, eng verbundene Familie, die ihr heute seid. Deine Eltern hätten nicht gelernt, auch die Tiefen miteinander durchzustehen und wären vielleicht nicht gewappnet gewesen für alles andere, was im späteren Verlauf des Lebens auf sie zukam. Hätten sie außerdem in dieser Zeit nicht die Kraft aus der Situation geschöpft, wie sie es getan haben, hätten sie diese auch nie an dich weitertragen können und du hättest heute nicht den Lebenswillen und -mut, den du hast. Denn Lebensmut bedeutet, wirklich den Mut haben zu leben, anstatt nur zu existieren. Und diesen hast du über die Jahre definitiv von deiner Familie erhalten.

Und dann, denke doch mal an deine Kindheit, an all die Therapiemaßnahmen, die Inhalationen, die ewige Springerei auf dem Trampolin- mit größter Wahrscheinlichkeit hättest du niemals die Disziplin erlernt, die es gebraucht hat, dich selbstständig zu machen, dir immer wieder neue Ziele zu setzen und diese zu verfolgen, wenn du diese strenge Disziplin nicht schon in der Kindheit erlernt hättest. Zwar hast du sie dann in der Jugend manchmal ganz schön schleifen lassen, aber dennoch war sie immer in dir und später hast du sie dir wirklich zugute gemacht.

Ja, die folgende Phase war gemein und sehr schwierig, vor allem aufgrund deiner inneren Stimme, die dir gern gesagt hat, dass du wegen deiner Erkrankung nicht genügend Lebenszeit hättest. Sie hat dich zwar zeitweise in eine Depression getrieben, doch hättest du diese innere Stimme nicht gehabt, hättest du dein Leben möglicherweise nie begonnen zu hinterfragen und hättest auch nie die großen Schritte gewagt, die du letztendlich gewagt hast. Du hättest dich vielleicht niemals von Timo getrennt oder hättest nie den Mut gehabt, ganz allein auf deine erste Reise loszuziehen. Womöglich hättest du dann nur ein Zehntel von dem gesehen, was du nun schon alles gesehen hast und hättest nur einen Bruchteil dessen erlebt. Vielleicht hättest du nie diesen fürchterlichen Job, der dich so krank und unglücklich gemacht hat, geschmissen und dich selbstständig gemacht, weil du nie gelernt hättest, den Wert deiner Zeit so sehr anzuerkennen und zu schätzen, wie du es aufgrund der Erkrankung tust. Sehr wahrscheinlich hättest du nie deinen Traum verwirklicht, überall zu leben und zu arbeiten oder hättest dieses Ziel gar nicht erst ernsthaft verfolgt, weil du dir gedacht hättest, dass du es sowieso nie erreichen würdest und nie den Mut dazu aufgebracht hättest, denn das ist auch eines deiner größten Geschenke: Nicht jeden kleinen Schritt zu überdenken, sondern den Mut zu haben, den Sprung einfach zu wagen.

Ganz allgemein hättest du vermutlich nie gelernt, das Leben so sehr zu schätzen, wie du es jetzt tust und „Zeit" für das anzuerkennen, was es ist: nämlich unser wertvollstes Gut."

„Wow.. Ich erkenne langsam wirklich, wie alles zusammenhängt und warum alles seinen Sinn hat. Aber was ist denn nun genau meine Lebensaufgabe?“

„Deine Lebensaufgabe ist es, zu erschaffen, zu geben, zu kreieren. Das tust du ja zu einem großen Teil schon, aber jetzt geht es darum, dein Geschenk an diese Welt auch hinauszutragen. Nutze die Formen, die dir zur Verfügung stehen, um deine Geschichte zu erzählen, reiße andere Menschen mit und teile einfach mit ihnen, was du gelernt hast. Bringe ihnen bei, dass auch ihre Beeinträchtigungen, ihre Erkrankungen und was auch immer sie sonst zurückhält im Leben, keine Hürden sind, sondern Geschenke, um ein noch schöneres und erfüllteres Leben zu führen. Zeige ihnen, dass man trotz oder gerade wegen diesen Dingen in Liebe, Vertrauen und Dankbarkeit leben kann, und dass auch ihnen immer alle Türen offen stehen im Leben.

Teile den Leuten mit, dass es nicht darum geht, dass einem im Leben schlechte Karten zugeteilt wurden, sondern darum, diese Karten als einmalige Chance zu sehen, sie für sich selbst ganz individuell neu zu legen, denn ihr seid diejenigen, die die Karten eures Lebens auslegt, niemand sonst.

Du hast dich durch's Leben gekämpft und das Leben belohnt dich dafür mit Klarsicht, dem starken Gefühl des Vertrauens in es und der Fähigkeit, auch andere Menschen zu begeistern und deren Leben zu verändern, also nutze und schätze diese Geschenke! Es gibt so viele Menschen auf dieser Welt, die ihre Hoffnung verloren haben oder die in ihrem Leben nie Hoffnung geschenkt bekommen haben, so wie du. Teile deine Hoffnung und deinen Lebensmut mit ihnen, denn du hast diese Dinge nun im Überfluss.“

„Über die Botschaft bin ich mir jetzt im Klaren und ich bin auch sehr dankbar, dass ich nun plötzlich so klar sehen kann, aber wie kann ich meine Botschaft denn nun am besten nach außen tragen?“

„Na, durch dein ganzes Sein! Durch deine Arbeit, durch das Buch, das du schreiben möchtest, in Gesprächen mit anderen Menschen, durch deine Aura, durch deine Liebe zum Leben, durch das Sprechen vor anderen Menschen- was auch immer! Hauptsache du tust es, denn sonst hast du zwar ein wahnsinnig tolles Leben geführt und du kannst auf alles, was du bisher durchlebt hast, auch sehr stolz sein, doch deine wahre Aufgabe auf dieser Welt ist es, deinen persönlichen Fußabdruck auf dieser Erde zu hinterlassen. Und ich glaube du verstehst und weißt in Wirklichkeit genau, wie du das tun wirst.“

„Okay, ich werde mein Bestes geben, versprochen."

„Ich hoffe du verstehst jetzt, dass du niemals Angst zu haben brauchst. Denn egal was du tust, egal was passiert, es hat alles seinen Sinn im weiteren Verlaufe deines Lebens. Also lasse dich bitte auf das Leben ein, sage ‚ja' zu ihm, genieße jeden Augenblick und auch wenn du große Ziele hast: du hast Zeit, sie zu erreichen, also hetze dich nicht mehr so.

Vertraue darauf, dass du das Richtige tust, denn selbst wenn du etwas tust, wonach du dir denkst, dass es vielleicht ein Fehler war: Es ist nie ein Fehler, denn du wirst immer daraus lernen und ich werde immer da sein, um dich aufzufangen und selbst deine größte Niederlage und dein größter Schmerz werden dich nur stärker machen. Und merke dir auch, dass wenn du gerade keine Antworten auf deine Fragen findest und nicht weißt, welchen Weg du wählen sollst, du immer Ausschau halten kannst nach einem Zeichen von mir, denn ich werde sie dir senden- du musst nur offen und bereit für sie sein und vor allem die richtigen Fragen stellen.

Lasse dich niemals von den Hürden, die sich dir in den Weg stellen, abhalten, denn du kannst jede dieser Hürden überwinden, egal wie groß oder unüberwindbar sie erscheinen mögen. Sei immer ganz du selbst, trage dein authentisches Ich nach außen, bringe dein Licht in diese Welt, höre immer auf deine Intuition und auf dein Herz anstatt auf deinen inneren Kritiker und vor allem:

Vergiss nie, dass das Leben immer für dich und nie gegen dich passiert."

Ich sehe von meinem Laptop auf und höre auf zu schreiben. Tränen schießen mir in die Augen und ich merke, vier Monate nach diesem Moment, dass ich genau das lebe, was mir meine innere Stimme damals gesagt hat.

Danksagungen

Von ganzem Herzen möchte ich mich bei meiner wunderbaren Familie bedanken, speziell bei meinen Eltern und meiner kleinen Schwester. Ohne euch wäre dieses Buch niemals zustande gekommen. Ihr gebt mir immer wieder Halt und Kraft und seid ausnahmslos für mich da. Danke für eure grenzen- und bedingungslose Liebe.

Florian, dafür, dass es dich gibt und du in mein Leben getreten bist, bin ich unendlich dankbar. Ich danke dir für all deine Liebe und Unterstützung.

An alle Menschen, denen ich auf meinen Reisen begegnet bin und die mir immer etwas mit auf den Weg gegeben haben.
Und an meine sagenhaften Freunde, die bei der Umsetzung dieses Buches geholfen haben, wo sie nur konnten, ob in Form seelischer Unterstützung oder anderweitig... Danke!

Ein riesiges Dankeschön geht auch an Marco Eder vom Blog Smarticular.net für all seine Unterstützung in Self-Publishing-Fragen. Ohne dich hätte mir womöglich der Mut gefehlt, diesen Weg zu gehen.

Für das Lektorat bin ich Katharina Perlbach vom Blog Sonahundsofern.com dankbar, die mir auch als Freundin und Unterstützerin zur Seite gestanden hat.

Ein großer Dank geht außerdem an meine Vorbilder der letzten Jahre, ohne die ich mich womöglich nie getraut hätte, diesen etwas ungewöhnlicheren Lebensweg einzuschlagen, unter anderem: Conni Biesalski, Laura Seiler, die DNX Community und einige mehr.

Ich danke vor allem auch jedem einzelnen für die Mitwirkung bei der Crowdfunding Kampagne, die den Druck dieses Buches ermöglicht hat, sowie der Crowdfunding Platform „Startnext“ für all ihre Hilfe!

Ein ganz besonderer Dank geht an die folgenden Unterstützer:

Ralf Pfeifer
Mourad Dendane
Carsten Haneveld
Sabrina Charlotte Hille
Karl N. Fürst
Patrick Buenzli
Andres Handschy

Und auch ein ganz großes Dankeschön an:

PURE.VENTURE

Forschungsreisen

by Dr. Striewski

Die PURE.VENTURE Reisen von Dr. Striewski nehmen Teilnehmer mit auf einzigartige und unvergessliche Reiseabenteuer. Mit PURE.VENTURE entdeckst du die unvergleichliche Natur und Tierwelt unter anderem in Kenia, Norwegen oder Patagonien, auf Bali, den Azoren und den Seychellen.

Mehr Infos gibt es unter www.pure-venture.de

Birds and Trees

Birds and Trees ist eine Agentur für digitale Lösungsstrategien im Bereich der Kinder- und Jugendmedizin. Der Schwerpunkt liegt dabei auf dem Krankheitsbild Mukovizidose. Der Gründer, Marc Kamps, hat selbst einen an Mukoviszidose erkrankten Sohn. Nalu Kamps ist 4 Jahre alt.

Mehr Infos findet ihr unter www.birds-and-trees.de